北齐神武帝高欢

Emperor Wu of the Northern Qi Dynasty Gao Huan

李志国 著

中国书籍出版社
China Book Press

图书在版编目（CIP）数据

北齐神武帝高欢 / 李志国著. — 北京：中国书籍出版社，2019.11
ISBN 978-7-5068-7552-3

Ⅰ.①北… Ⅱ.①李… Ⅲ.①高欢（496-547）—传记 Ⅳ.①K827=392

中国版本图书馆CIP数据核字（2019）第269784号

北齐神武帝高欢

李志国　著

策划编辑	王志刚
责任编辑	王志刚　严晓慧
责任印制	孙马飞　马　芝
封面设计	楠竹文化
出版发行	中国书籍出版社
地　　址	北京市丰台区三路居路97号（邮编：100073）
电　　话	（010）52257143（总编室）　（010）52257140（发行部）
电子邮箱	yywhbjb@126.com
经　　销	全国新华书店
印　　刷	三河市顺兴印务有限公司
开　　本	710毫米×1000毫米　1/16
字　　数	270千字
印　　张	16.75
版　　次	2019年11月第1版　2020年4月第1次印刷
书　　号	ISBN 978-7-5068-7552-3
定　　价	52.00元

版权所有　翻印必究

序　言

读了那么多年的小说之后，终于开始写小说了。

人们对写作，有着各种不同的理解。有人说，写作源于兴趣，是一个充满活力的心理和行为过程；有人说，写作基于生活，是将自己的生活感受表达出来；也有人说，写作是对人生和社会的思考；还有人说，写作是一种孤独的生命体验。

虽然众说纷纭，但不管怎样，一个人开始写作时，一定是从自己最熟悉的领域开始。唯其如此，才能在艰辛的写作过程中，做到某种程度的放松。从这个意义来说，作为一个古典文学专业出身的人，我从历史小说的创作着手，也是自然而然的，毕竟熟读过《资治通鉴》《史记》等史学典籍，而且在研究历史的过程中，接触到众多帝王将相的资料，也从中发现很多精彩绝伦的历史故事。那些既往英雄人物与他们创造的伟业，总在脑海里萦绕不去，有种不吐不快的感觉。即便自知难望史学大家或文学巨擘的项背，但内心一直有种写作的冲动，促使着我提起笔来，去尽力还原那段历史，叙说历史人物的喜怒哀乐，努力触碰那个时代的脉搏。

《北齐神武帝高欢》是我创作的第一部小说，取材于历史上的真人真事，以北齐创始人高欢的生平为主线，串联当时主要历史事件，塑造高欢、宇文泰、司马子如、侯景、窦泰、高敖曹等众多历史人物，讲述那段精彩的历史。本书严格遵循艺术的真实，既不哗众取宠，也不虚张声势，保留主要人物与事件的原貌，不事造作地诠释、解读历史大事，又采用小说的表达方式，引领读者细细品味古代英雄们波澜壮阔的一生。当然，为了使书中的人物形象更加丰满，也为了使故事情节更加生动，免不了在艺术真实的基础上，对历史做一番剪裁和熔铸。

这本书从高欢的青年时期写起，描述这么一个出身贫寒的少年，凭借自己的智慧、胆识和魄力，一步一步走向权臣的过程。高欢作为一代枭雄，毕生都在惊涛骇浪里度过，肯定有阴险狡诈的一面，但也不是完全没有人情味儿，比如发现宇文泰可能会对自己造成威胁，仍然给了他逃跑的机会；明知侯景难以驾驭，却不忍先下手将其除掉。正史也称："（高欢）每获敌国尽节之臣，多不之罪。"高欢这一复杂的性格，给我留下深刻的印象。希望通过这本书，表现出这一历史人物的人格魅力，使读者体会到他的心灵历程与内心世界，进而了解那段风起云涌的历史。

这部小说的稿子写了大半年，又修改了半年。限于水平，书中肯定还有不少问题，无论内容、风格、写法都还需要有进一步的拓展。在此，也欢迎读者朋友不吝指正。

李志国

2019年6月25日于聊城

目 录

第一章 / 001

北魏末年，怀朔镇兵高欢随军护送娄内干回乡。在卧虎林，高欢枪挑前来打劫的贼首，获得娄内干的青睐。娄内干将女儿娄昭君嫁与高欢。

第二章 / 010

高欢的好友侯景与司马子如前来报信，称贼人余党欲前来报复。高欢勇探武家山，继而率镇军荡平贼巢，初展军事才华。

第三章 / 021

高欢平贼成功后回到白道村与家人团聚，高欢妻子娄夫人为高欢诞下长子高澄。

第四章 / 024

高欢去洛阳报送公文，适逢羽林军作乱，救出张始均，又与窦泰不打不相识，成为莫逆之交。自此，高欢知魏政将乱，暗中积蓄力量，倾财结客。

第五章 / 039

高欢回到怀朔后不久，北魏六镇起义爆发。高欢家宅被毁，资财荡尽，与一众好友投入肆州刺史尔朱荣麾下。

第六章　/　047

　　高欢驯马展奇才，受到尔朱荣赏识，又随尔朱荣攻入洛阳，拥立敬宗皇帝。尔朱荣发动河阴之变，尽屠北魏公卿两千多人，失去了人心。

第七章　/　062

　　高欢平定山东邢杲起义，受封为晋州刺史。尔朱荣的侄子尔朱兆暗怀嫉恨，设下酒宴，将高欢灌醉，又派手下刺杀高欢。高欢将刺客反杀，连夜引兵出走。

第八章　/　071

　　敬宗皇帝假称太子降生，将尔朱荣骗进宫中杀掉。高欢乘机在晋州坐大，招兵买马，于石鼓山剿灭纥豆陵部落。

第九章　/　087

　　高欢听说高乾到来，便出帐相迎。二人帐外相见，一边拱手寒暄，一边各自打量着对方。这一年，高欢三十六岁，精神体魄都处在人生的巅峰，头戴帅盔，脸上的线条棱角分明，目光锐利深邃，抿着两片薄薄的嘴唇，上唇一抹黑亮的髭须，身材伟岸，披着一件青色战袍，足下一双虎头靴，腰间悬刀，一副英武干练的样子。

第十章　/　097

　　高欢虽坐镇冀州，但与尔朱家族已是面合心不合。封隆之的父亲是前司空封回，惨死于"河阴之变"，高乾则一心为孝庄帝复仇。二人常找高欢密议，鼓动高欢兴兵讨伐尔朱氏。

第十一章　/　114

　　韩陵之战后，高欢手握兵权，权势日隆。把持朝政。他废普泰帝另立孝武帝，官拜大丞相，为防尔朱兆东山再起，高欢率军进攻晋阳，尔朱兆战败而亡。

第十二章　/　124

　　关中大行台贺拔岳派宇文泰出使晋阳。高欢见宇文泰相貌不凡，打算将其留在自己麾下。宇文泰不从，逃归长安。高欢巧施反间计，害死了贺拔岳。关中军团拥立宇文泰为首领。

第十三章　/　133

　　孝武帝不甘为高欢操控，清洗洛阳的高欢党羽，杀了高乾。高欢自晋阳起兵，攻入洛阳，继而迁都邺城。孝武帝逃往关中，依宇文泰。从此，北魏分裂成东魏西魏。

第十四章　/　148

　　贺拔岳死后，其兄荆州刺史贺拔胜欲与宇文泰联合对付高欢。高欢率兵打下潼关，生擒潼关大都督毛鸿宾，又派侯景去取襄阳。侯景买通襄阳守军都督邓诞，兵不血刃，拿下襄阳，逼迫贺拔胜逃往江南。

第十五章　/　165

　　高欢把持的东魏与宇文泰把持的西魏爆发小关之战。高欢麾下的骁将窦泰兵败自杀。战前，窦泰的夫人娄瑞娥做了一个怪梦，预示着窦泰的悲惨结局。

第十六章　/　184

　　小关战败后，高欢前往汾阳天池避暑，夜见奇石，重新振作。回到晋阳后，高欢巡视青州、冀州等地，用海盐从柔然换取了大批战马，组建重装骑兵。

第十七章　/　193

　　高欢与柔然联姻，为长子高澄娶柔然公主。高欢姐夫尉景在邺城仗势跋扈，引起牢狱之灾，但在高欢运作下安然出狱。

第十八章　／　206

　　高澄行事跋扈，逼反了虎牢关镇将高仲密。高仲密向宇文泰请援。高欢率军往讨，在邙山大败宇文泰，将关中六军消灭殆尽。

第十九章　／　229

　　高欢的长子高澄到邺城辅政，与尚书令司马子如争权。高澄以御史中丞崔暹为心腹，将司马子如下狱。高欢入邺朝见。前吏部尚书尔朱文畅勾结都督郑仲礼、任胄等人欲刺杀高欢。任胄的门客薛季孝向高欢告密。高欢捕杀尔朱文畅等人。

第二十章　／　243

　　公元546年，高欢五十一岁，已是满头银发的老人了，颔下一部胡须也变得斑白，高大的身躯略显佝偻，虽自感体力衰迈，但仍想在有生之年吞并关中，消灭宇文泰这个宿敌，完成统一天下的大业。

第二十一章　／　252

　　546年，高欢倾国出兵，围攻玉璧，遭到西魏名将韦孝宽的顽强抵抗。高欢损兵八万，黯然而返，途中勉坐见诸将，令斛律金唱起《敕勒歌》。公元547年1月9日夜，东魏渤海献武王高欢去世。一代枭雄，披星戴月地离开人间，永不复返。

　　公元549年，高澄被仆人刺杀，高洋接东魏大丞相之位。

　　公元550年，高洋迫东魏孝静帝禅位，遂登基称帝，国号为齐，尊高欢为神武皇帝。

第一章

> 北魏末年，怀朔镇兵高欢随军护送娄内干回乡。在卧虎林，高欢枪挑前来打劫的贼首，获得娄内干的青睐。娄内干将女儿娄昭君嫁与高欢。

公元515年4月的一天早晨，一轮红日自东方冉冉升起。严冬已过，塞外到处显露出春天到来的迹象。广袤的原野上，绿草如茵，百花烂漫，榆叶梅、丁香、真珠穗、马兰苹争奇斗艳。茫茫的戈壁滩上，也零星生长起红柳、胡杨、骆驼刺、麻黄草等耐旱植物，顽强地点染出一抹绿色，使千里戈壁显得不那么峥嵘萧瑟。远方偶有一股旋风卷起，带着一柱黄沙悠悠升空。一只苍鹰穿云破雾，在湛蓝的天上展翅盘旋着。

临近正午时分，平城之外五六十里处，自北而南，不紧不慢地来了一队人马。当先一人，约有五十多岁年纪，头戴兜帽，帽檐低垂，直压到了眉毛，露出一张古铜色脸膛，脸上的皱纹如同刀刻的一般，颔下飘洒着一部黑白相间的长须，身披锦袍，内衬窄袖袴衣，交领左衽，腰束丝绦，脚蹬革靴，手执马鞭，胁下悬刀。这人正是怀朔镇白道村的娄内干，挺直着腰板，骑在一匹大黑马上。那大黑马的四蹄有碗口大小，踏着地上细碎的砂砾，发出"嚓嚓"的声音。娄内干的马后，是一辆四匹马拉的轿式马车，车轮滚滚，向前匀速行驶着。这辆大车做工考究，车辕上包着皮革，车厢外裹着青色锦缎。车门开在车厢之后，上挂着熊皮制成的车帘。车厢的两侧各有一扇小窗，窗帘半掩。车内铺有软垫毛毯，甚是舒适，坐着娄内干的夫人和他的女儿娄昭君。大车的后面，是两辆蓝呢轿式马车，坐了些丫环仆妇。再后面是数十名家丁，各执刀枪，或骑马或步行。原来，娄内干的兄长官拜真定侯，住在平城。这次，娄内干携家人远道而来，是要去看望兄长。

太阳升上中天，地面气温逐渐升高，让人觉得有些暖意。娄内干一行人出了戈壁，又绕过了巍峨的四方山。连日来，四方山上的皑皑积雪开始消融，雪水汇入平城旁边的武州河里。武州河里的坚冰也开始融化，滔滔急流裹挟着磨盘大小的碎冰绕城而过。娄内干一行人沿着武州河向南又行了十几里，眼前不远处就是平城了。那平城方广四十余里，数十年前，还是北魏的都城，历经六帝，极盛时曾达百万人口，端的是"双阙万仞，九衢四达"。今日，娄内干等人到了城下，却见城门紧闭，浑不见熙熙攘攘的人群。娄内干勒住坐骑，抬眼向城头望去，见城上旌旗飘扬，隐隐可看到刀枪折射出来的寒光，还有军士在来回走动。娄内干觉得奇怪，回头命家人叫城。一个家人答应一声，一手按着头上的帽子，小跑着来到城下，仰起脸来，对城上喊道："城上的弟兄，我家娄老爷要进城探视真定侯。请开城放行。"

城上的军兵早就看到娄内干一行人，听到家人叫城，飞跑去禀报守将。平城守将姓段名长，本是怀朔镇的镇将，听说是真定侯的兄弟到了，吩咐军士打开城门，并亲自下城迎接。守门的军士领命，卸下粗大的门闩，将两扇厚重的城门徐徐开启。娄内干催动坐骑，率家人进城，刚走过长长的城门洞，就见段长一身戎装，带着两个军士从城上接了下来。段长素闻娄内干豪富之名，立于道旁，执礼甚恭。娄内干为人倒很谦和，又知段长是本镇的镇将，不肯怠慢，欣然下马，将马缰交与家丁，与段长叙话。娄内干问道："不知段将军何时调任平城？"段长答道："倒不是调任。因山贼猖獗，上峰下令关城几天，又调镇军协防。所以我带了几百号弟兄来此守城，过段时间，还要回怀朔。"娄内干道："原来如此，段将军公忠体国，可是辛苦了。"段长忙谦谢道："不敢，段某受国厚恩，守城是理所当然。"

娄内干正与段长攀谈，忽见段长身后侍立着一名顶盔挂甲的军士，不觉心中一凛。这名军士有二十岁左右年纪，身高八尺，面色淡黄，双目有棱，神态英武，左手握着腰间的刀柄，右手垂于身侧，站在那里，真有山凝岳峙之势。娄内干一边与段长说话，一边用眼角余光暗自打量着这名军士，心想："此人年纪虽轻，却是气韵沉雄，目如曜星，当无所不照，是大贵之相。想不到平城居然有这等人物！"娄内干假做不在意地问道："不知将军身后这位带刀军士来自何处？"段长扭头看了看，回过头来答道："啊，这人就是你们白道村人氏，名叫高欢，是标下一名镇军，随我来平城驻防的。"娄内干听了，暗暗记在心里，与段长又说了一会儿话，上马拱手而别，携家人自去城南真定侯府。

娄内干在真定侯府住下后，与兄长盘桓了几日，又抽出时间，遍走平城各大商铺，采买了大批绸缎、皮革、衣物及四方珍异，满满地装了几大车，这才准备回白道村。临行前，真定侯知道地面上不太平，见兄弟携有重货，便遣人知会段长，请他派一队镇军随行护卫。段长见真定侯有命，自是点到奉承，忙遣了一百名精锐骑兵，由队主韩轨统领，护送娄内干等人回家。

到了回程之日，娄内干携家人辞别真定侯，约齐韩轨的人马，押着数辆大车，浩浩荡荡地出了平城，一直向北行去。白道村离平城有六百余里，在路上要走十几天。娄内干等人行了三四日，来到一座密林前。这座林子叫卧虎林，方圆十余里，是回白道村的必经之路。卧虎林东面百十里，有一座武家山。山中有一伙山贼，足有上千人，四处打家劫舍，常抢往来平城的富商巨贾。娄内干从平城满载而归，早被山贼的探子盯上。山贼的探子见娄内干携有重资，忙回武家山报信。那日，贼首武平龙正在寨中与喽啰饮酒。这武平龙生得如半截黑铁塔似的，阔口裂腮，目露凶光，披着件青缎锦袍，坐在交椅上，见探子前来报信，先用右手匕首切了块半生不熟的牛肉，用刀尖挑起，放进嘴里嚼着，又灌了半碗酒，才将探子招到面前，仔细询问。探子称："当家的，小的打听过了，这回是官眷出城，油水丰厚得很！只是有一百镇军随行，倒有些扎手。"武平龙知道是桩大买卖，不由得动心，虽听说有镇军护卫，倒也不惧，即将二当家鲁威找来，赏了两碗酒，命他带五百喽啰，去半路拦截娄内干。鲁威是个一脸横肉的矮壮汉子，平日惯做杀人越货的勾当，见大当家有命，拍着胸脯应允下来，连干了两碗烈酒，抹了抹嘴唇，回身招呼众喽啰下山，连夜埋伏在卧虎林中，单等娄内干等人到来。

且说娄内干与韩轨并马而行，引着队伍，行至卧虎林数里之外。韩轨是个粗中有细的人，骑在马上，打量着眼前这座黑沉沉的林子，对娄内干说：“大官人，前面这座林子气象甚恶，怕不是有贼匪埋伏？不妨先让队伍停下，待我派几个弟兄前去探察一番！”娄内干正待答话，就听林中一棒锣响，从林子里涌出几百名山贼，拦住了去路。这些山贼全都是黑布蒙面，手执刀枪。为首的便是武家山的二当家鲁威，骑着匹红棕马，手执大环刀，立于队前。娄内干虽素日里养尊处优，但也粗通武艺，身旁又有一百名训练有素的镇军护卫，见有山贼挡路，倒也不惧，左手勒住坐骑，右手一探，抽出腰刀，将刀身横在马鞍上，冷冷地看着对方。韩轨向后一招手，一百名骑兵纵马赶上前来，在娄内干身后排成两列，亮出兵刃，准备厮杀。数十名家丁也"忽啦"一声散开，各执刀枪，分散在车辆近旁护卫。

鲁威脸上蒙着一块黑布，露出两只凶光四射的眼睛，倒提大刀，催马向前，仰天打了个哈哈，哑着嗓子对娄内干道：“久闻大官人家财万贯，今日弟兄们前来拜见，还请大官人赏口饭吃。”娄内干冷哼一声，道："你们这伙蟊贼，敢来捋虎须，可是活得不耐烦了？"鲁威道："少说废话，乖乖地将财物留下，便放你们走路。如若不然……"鲁威正自说得高兴，忽见娄内干身后一骑飞出，闪电般地冲来。那人枪疾马快，也就一眨眼的功夫，已冲到山贼队前，手起一枪，正中鲁威咽喉。鲁威话未说完，已被那人挑于马下，喉咙里鲜血涌流，登时气绝而亡。众人一片哗然，娄内干也吃了一惊，定睛看那人，正是军士高欢。高欢刺死了鲁威，又策马冲入山贼队里，将手里的长枪舞得风雨不透，一枪一个，犹如扎蛤蟆似的，霎时间刺死了十几个山贼。韩轨见状，手挥长刀，催马率众骑兵上前掩杀。众山贼皆是乌合之众，见二当家已死，自知不敌，唿哨一声，四散

奔逃。高欢与众镇军又逐出三十多里，方才收兵而回。娄内干纳刀还鞘，催马向前迎接，拱手道："高壮士真是神勇，大家也都辛苦了。请到前面镇甸歇息，我要好好犒劳大家一番。"高欢虽枪挑贼首，立下殊勋，却容色谦冲，将长枪在马上挂好，抱拳回礼，口不言功，只是逊谢了几句，便回到队伍里，与娄内干一行人继续前行。

众人知山贼远遁，自是放心入林行进。这卧虎林里长满了参天古木，重重叠叠的枝桠像一把把巨伞，遮天蔽日。偶有几束阳光透过树叶间隙照射下来。林间小路旁，不时可见几棵烧焦的树桩，大概是昨夜山贼生火宿营之处。娄内干一行人走在林间小路上，车辆辚辚，夹杂着脚步声、马蹄声，打破了林中的幽静。树上的鸟雀闻声惊起，发出清脆的鸣叫。灌木丛后有几只野兔，也慌忙逃开。娄内干一行人在林中走了几个时辰，出了密林，转上大路，继续北行。再往前走不到二十里，就是连台镇了。

这连台镇是方圆百里最大的一个镇甸，有上千人口，一条东西大街，两旁是客栈、酒楼、钱庄、当铺等，很是繁华热闹。娄内干一行人进镇子时，已是傍晚。残阳将尽，大地涂金，河鱼归渊，倦鸟投林。众人准备在镇上打尖，沿着大街，来到西头的一家客栈前。这客栈是镇上最大的一家，门前挑着两盏气死风的灯笼，灯笼上写着"迎宾客栈"四个大字。娄内干等人走进门去，见迎面是一个宽敞的大厅，灯烛高烧，摆着几十套桌椅。大厅里人声嘈杂，已有十几桌正在吃饭的客人，还有五六个伙计，正在端酒递菜地忙活着。客栈掌柜的姓王，就是本镇人，四十多岁，身材矮胖，一张圆脸，两只小眼睛里透着精明，见有贵客到来，忙不迭地笑脸相迎，又让伙计去后院腾出几间最好的上房。娄内干随着伙计来到后院，见院中倒也清静，便挑了几间干净整洁的房间，将家眷安置好，命仆人将车马停到客栈的马号，又来到前面的柜台处，取出一锭大银递过去，请王掌柜在大厅里备置十几桌酒馔，要请众镇军团坐饮酒。王掌柜接过银子，掂了掂，足有二十两重，忙道："客官，使不了这许多银子，待小人找钱。"娄内干摆手道："不必了，多的钱，就赏了小二与厨子。"王掌柜见娄内干出手豪阔，笑得两只眼睛咪成一条缝，亲到后厨去吩咐。不多时，十几桌酒席整整齐齐地摆了上来。每桌上都罗列着鸡鸭鱼肉和时鲜菜蔬，更有几坛上好的高粱酒。众军士坐在桌旁，打开酒坛，各自斟满酒碗，呼卢猜枚，划拳行令，吃喝得不亦乐乎。

娄内干又在客栈雅间里单设了一桌丰盛的酒馔，请韩轨、高欢同席而饮。酒席上，娄内干起身把盏，称扬二人的杀贼之功。韩轨、高欢见娄内干富而不骄，很是感佩，忙站起来辞谢。三人客气了几句，便坐下边饮边谈。塞外苦寒之地，但凡当兵的无不好酒。那韩轨更是嗜酒如命，见佳酿在前，喝得极是痛快。娄内干与高欢也十分大量，三人推杯换盏，没多大工夫，一坛酒堪堪饮尽。娄内干又命人开了一坛，动问道："高壮士今年贵庚啊？"高欢道："小人今年整二十岁。"娄内干道："不知家中可曾娶妻？"高欢道："还不曾。"娄内干心中暗喜，笑道："可知也是男子汉'摽梅之年'了。"娄内干一边与高欢交谈，一边留心察看他的才干品行。那高欢虽是一名镇兵，却是胸次浩大，识见不凡，与娄内干聊得甚是投机。至晚席散，娄内干与家人回房休息，命家丁在客栈周围巡逻值夜。韩轨已是酩酊大醉，由高欢扶着辞去。众镇兵就在连台镇外，搭起几座帐篷，周围安排好岗哨，各自在帐篷里安歇了。

一夜无话，第二天黎明，娄内干等人起来，洗漱已毕，用过早饭，结算了店饭账，又另给了赏钱，收拾好行装，准备继续赶路。王掌柜带着店小二，哈着腰将娄内干等人送出了店门，一直看着娄内干上马离开。娄内干一行人离了连台镇，在路上又走了五六天，前面便是白道村了。白道村是怀朔出名的大村，有一千多户人家。村南有蓬山，北有芦湖，四周皆为绿树环绕，村外是一望无际的良田。白道村与怀朔镇军驻地相去不远，村北住的除了村民，还有很多镇军家眷。娄内干家财百万，僮仆千余，宅邸连阡陌，尽是雕梁画栋，独居于白道村南。这一日，娄内干摧动队伍，到了府门前，见众家人已立在门前相候，便翻身下马，指挥着众人将车辆赶到院中，又命家人将车上的财物搬到屋内。待诸事妥当，娄内干拿出十匹锦缎，分赠韩轨与高欢,又赏镇军每人一匹布帛。韩轨等人道谢,收下礼物,告辞回转平城。高欢是本村人,向韩轨告了假,要回家看望亲人。

自平城归来后的第二天,娄内干用过早饭,与夫人在房中啜茗而谈,因道:"夫人,你可知我们白道村有个叫高欢的军士?我观此人真是豪杰。听说他尚未婚娶。我打算把女儿昭君许配与他,你意下如何?"娄内干的长女娄昭君,已然十八岁,生得杏脸桃腮,容貌端严,很为娄内干夫妇所宠爱。这几年,为昭君提亲的人踏破了娄府的门槛,娄内干却一个也没看上。这会儿,娄夫人听了丈夫的话,先是一楞,瞪着眼瞅着丈夫的神情,知道不是玩笑,忙说:"这个高欢,我闲时倒也听仆妇们说过。他的祖父曾在燕朝任过御史,因罪发配怀朔,已然身故。他的父亲高树搬来白道村,却又不善治生,家道败落。想我们家世代簪缨,里亲外戚非富即贵。你却怎么要把女儿嫁给他?"娄内干道:"岂不闻'王侯将相,宁有种乎'?我敢说那高欢现在虽穷困,不过如蛟龙失水,他日必能勋名盖世,常人莫及。"娄夫人向来是听丈夫的,见娄内干这般说,料难更改,也就不再相劝。过了几天,娄内干打听得高欢尚未归队,便请媒人前去高家提亲。

高欢的母亲早亡,与父亲高树住在白道村北一处不大的宅院里。院内三间正房,两间偏房,有些破旧,倒很整洁。院墙边倚放着几把锹镐,墙根下有一口井。井口石板铺好的地面上,架着一个木制的辘轳。高家与娄家虽是村邻,但因贫富相悬,平日里却素无来往。高树已然六十多岁,身子骨不是太好,平时种着家里的几亩薄田,农闲时也做点儿小生意,勉强维持一家人的生活。高欢的姐姐高娄斤,早年嫁与镇军队主尉景为妻,也在同村居住。高欢四岁失母,高树又忙于生计,从小是由尉景与高娄斤抚养长大。所以,高欢与姐夫、姐姐的感情很好。这一日,高欢执役归来,见过了父亲。尉景与高娄斤听说弟弟回家来了,一齐走来看望。尉景与高娄斤都是三十七八岁的年纪。高娄斤穿着家常衣服,因平日里操劳家务,鬓边已有了星星白发,挽着发髻,头发上斜插着一把荆钗。尉景黑红色脸膛,手长脚长,身材高大,孔武多力,为人倒很厚道,穿着一身旧军装。早上,尉景在野外打了两只兔子，一并提了过来，交与高欢。二人在屋外将兔子去皮，洗剥干净，拿到厨房里，用菜刀片成薄薄的肉片。高娄斤在厨房一侧的案板上准备着葱姜作料，又收拾了一只炭火炉，准备做火锅。中午时分，高欢与家人在堂屋落坐，在屋子正中放好一张方桌，将炭火炉摆在桌上，点燃炉下的炭火，在炉上放上一只盛有清水的敞口锅。不一会儿，锅里的清水就冒出热气，一个个小气泡从锅底升起，很快沸腾起来。高娄斤将片好的新鲜兔肉放进锅里，又将盛有葱姜作料的碗碟分给大家。一家人围桌而坐，一边涮着兔肉，一边述说别来见闻。

正在这时，忽见村中媒婆笑盈盈地走进院中。高树等人不知何事，忙起身相迎。媒婆进得堂屋，不及坐下，先在高树跟前道喜，备说娄内干慧眼择婿，愿将娄昭君许亲之事。高树听了，简直不敢相信自己的耳朵，忙问："娄家是富贵人家，怎肯将女儿许配给我们家高欢呢？"媒婆也不隐瞒，道："那日娄老爷去平城探亲，见过高公子一面，很是中意，故愿结亲，彩礼一些也不要。"高树一家人听了，喜从天降，谢过媒婆。尉景又到厨房拿来一副碗筷，请媒婆坐在桌前，一同用过午饭。饭后，高娄斤将碗筷家什收拾下去，将桌子揩抹干净。高树走进内室，取出一匹高欢带回家的锦缎，送与媒婆作谢礼。媒婆欢欢喜喜地接了，又与高树共择了迎亲的良辰吉日，便先行离退，回复娄内干去了。送走媒婆后，高树便与尉景、高娄斤打点为高欢娶亲。

到了成亲之日，高欢天不亮就起来，换上簇新的衣帽，牵着匹马，与高树、高娄斤引着一乘八抬大轿，去娄家迎亲。这乘大轿是尉景去连台镇上租来的，专为迎亲之用。白道村的村民挤在道路两旁看热闹，听说娄家千金嫁与了镇兵高欢，无不啧啧称奇。前几天，娄家也已筹备好嫁女之事，并按当地风俗，在大门外搭起一座青色幔帐，谓之青庐。这青庐足有两间屋子大小，里面的桌椅上都铺着大红的绸缎，从早到晚烧着数对红烛，桌上的杯碟、烛台一应全是新的。高树、高娄斤与高欢进入青庐，等候新娘子出来。不多时，娄府前立着的赞礼官高声喊道："新娘子出门喽……"话音刚落，门前两挂千字头的鞭炮一齐点着，噼噼啪啪地震响了起来。待鞭炮的硝烟散去，娄昭君头蒙红盖，身穿绣衣，被两个丫环搀扶着走进青庐。随后，娄内干夫妇也相携而入，坐在中间的两张椅子上，又请高树坐在旁边的一张椅子上。在赞礼官的引领下，高欢与娄昭君站在青庐中的一块红毡上，一齐跪倒，拜过天地父母。行礼已毕，高欢与娄昭君立起身来，转身跨过一个马鞍（"鞍"即"安"的谐音，取其平安之意）走到青庐外。顿时，门外鼓角齐鸣，唢呐声直冲云霄。这都是娄家雇来的乐队班子，奏出喜庆欢快的音乐。在乐声里，两个丫环掀起轿帘，请娄昭君上了轿。高欢头戴礼帽，胸佩红花，骑马在前，四个轿夫抬着花轿在后，高娄斤在轿旁扶着轿杠，两个丫环于轿后相随，又有几十名家人仆妇，捧着衣物、妆具、盆桶等，跟着花轿，一齐去了高家。娄内干又拨给田产、奴婢、牛羊、犬马等作为女儿的嫁妆。从此，高欢也成为乡里富户。昭君入门后，谨遵父嘱，躬持家务，克遵妇道，不以富贵骄人，见者无不赞其贤孝。

　　娄内干嫁女的消息在当地迅速传开，一连三天，娄府内外宾客盈门，车马填巷，远近官宦乡绅无不前来道贺，真定侯也派人从平城捎来了贺礼。白道村上了年纪的村民说，村里已经有十几年不曾这么热闹过了。娄内干命人在府中搭起彩篷，从连台镇请来了名厨，准备了流水席，招待远近前来道贺的客人。这三天，娄家斟尽了几百坛的美酒，放翻了几十头牛马猪羊，鸡鸭更是不计其数，令前来赴席的客人们大快朵颐。婚礼第二日，怀朔镇将段长带了几个镇兵，抬着二十匹锦缎，前来贺喜。娄内干将段长请到家中，盛情款待，又送给段长六匹骏马，托他关照高欢。段长推辞了一番，见娄内干其意甚诚，便收下骏马，告辞离去。不久，段长率部从平城回防，签了一纸委任状，将高欢升为军中队主。

第二章

> 高欢的好友侯景与司马子如前来报信,称贼人余党欲前来报复。高欢勇探武家山,继而率镇军荡平贼巢,初展军事才华。

时间一晃到了年底,已是隆冬,白道村中的道路硬冻而干裂。村里村外的树木掉光了叶子,只剩光秃秃的树干在寒冷的空气里摇颤着。草丛、柴垛、田间、原野,都蒙上了一层薄薄的白霜。高欢成婚已有大半年的时间。在这段时间里,高欢将老宅翻修了一遍,让与父亲高树居住,自己在老宅旁买了一块地,盖起了新宅。新宅坐北朝南,三进十二间,倒也轩敞,前两进为门屋、倒座房、客厅与东西配房,第三进便是内宅。新宅里,所需物事一应齐备,还有十几个家人服侍。镇军驻地离白道村不到四十里,每天早晨,高欢骑着马去怀朔镇上的镇军驻地,晚上回白道村。晨去暮归,倒也方便。

入九之后,一连几天,太阳都未露面。这天下午,高欢牵着马走出军营,抬头看看天空,见天色阴沉,空中飘起了雪花。渐渐地,那雪越下越大。高欢飞身上马,朝镇外行去,不一会儿,出了镇子,转上大路。高欢扬起马鞭,"啪"的一声,在空中虚击了一下,双脚点蹬,那马撒开四蹄飞驰起来。高欢骑在马上,只觉耳畔风声呼呼作响,两旁的树木不断地向身后闪过。四十里路,那马一撒欢儿就到了。

在村口,高欢放缓了马速,沿着村巷来到家门前。冬天昼短,天已经

快黑了,家门前挂起了灯笼,照着雪花飘落在地上。高欢跳下马,将马交与家丁,自己走过前院,又穿过一道月亮门,来到内宅。这工夫,那雪扬扬洒洒,下得越发大了,地上积起了薄薄的一层。高欢踩着积雪,来到廊下,掀起门前挂着的厚帘子,走进屋内。屋子分里外两间,都点上了灯。外间非常宽敞,打扫得干干净净,迎门摆着一套红木桌椅。桌上放着一套茶具和一盏油灯,桔黄色的灯光摇曳着。里间是高欢夫妇的卧室,门口挂着一张蓝布帘子。高欢撩起帘子,走进卧室。卧室南窗下,放着一个铜火盆。那铜火盆的口径近一米,底下有三足鼎立,旁边放着一把铁制的扒火铲。火盆里的炭火燃得正旺,使得室内非常温暖。北边靠墙,放着一张雕花大木床,上挂蜀锦流苏帐。床上铺着一层厚毛毯,摆着一张炕桌,还放着几床被褥和两个枕头。娄夫人已怀有数月身孕,未施粉黛,缓鬓倾髻,上着夹袄,对襟交领,下身穿条多折缎裙,裙长曳地,腰束帛带,脚下踩着一双凤头履,正坐在床边,为将来的孩子缝着小衣服。娄夫人身旁,坐着两个丫环,头梳短髻,穿宽袖短衣、布裙,也在做着女红。娄夫人见丈夫回来,忙命仆妇们去做饭,又与几个丫环在炕桌上摆设碗筷。高欢侧身坐在炕沿上,与娄夫人说着家常话,忽听门外有家人来报,说有司马子如与侯景来访。高欢命家人将他们引至客厅,自己披了件棉袍,随后出来相见。

司马子如与侯景皆是高欢的至交。司马子如是云中人,二十五岁,面孔白皙,身形瘦长,头戴小冠,身穿左衽宽袖短袍,足下一双皮靴,外罩蓑衣,现任怀朔镇省事,年龄虽然不大,却是博涉经史。侯景就是本地人,比高欢小着几岁,身量瘦矮,面如锅铁,一双三角眼,目光闪烁不定,腰悬短刀,足蹬皮靴,裹着一件半新不旧的大氅。这侯景生来左腿略短一些,走起路来一跛一拐的,鬼点子却是极多,现任怀朔镇外兵史。二人并肩走进前院,又走上几级台阶,来到厅堂的屋檐下。司马子如跺了跺脚,脱下蓑衣,搭在檐下。侯景掸掸衣服,将上面的雪珠抖落。然后,二人跟着家人一齐进到客厅。

高欢出了月亮门,由后院来到前院的客厅,与司马子如、侯景相见,命家人在客厅里多点几盏灯烛，使客厅明亮一些，又搬来一炉炭火。三人围炉而坐，司马子如与侯景伸出两手，在火上烤着，却是半晌默然不语。炉火闪烁，照着二人脸上阴晴不定。高欢有些奇怪，笑问道："你们二位踏雪来访，必有要事，不妨明言，闷着头的算怎么回事？"司马子如望望高欢，叹了口气，道："昨天，咱们怀朔镇的伏路军在连台镇外擒到两个山贼的探子……"高欢见司马子如说话吞吞吐吐的，奇道："那又怎样？"侯景接口道："弟兄们给这两个探子上了大刑。其中一个家伙熬刑不过，供称是受了武家山贼首的指使，前来访你。"高欢心里一惊，想起自己在卧虎林枪挑山贼之事，道："难道是山贼余党前来寻仇？"司马子如点了点头道："想必是这样。山贼既能探至怀朔镇，用不了多久，大概就会寻到白道村。"高欢冷笑道："来得正好，我还怕他们不成？"侯景道："高兄，贼暗我明，不可不防啊。"司马子如道："我也是这个意思。今天一听到消息，我就约了老侯前来报信，盼你早做准备，别着了山贼的道儿。"高欢望着炉火，思索了一会儿，霍然抬头，沉声道："既如此，不如我先下手为强，干脆请兵平了武家山。"司马子如听了，有些愕然，说："这事谈何容易！武家山上的贼寇有上千人，个个霸道凶悍，颇善战守。若要平贼，须得调动大批军马方可。"高欢道："明日我就去找段将军，请兵讨贼。若能消灭武家山的贼寇，也是镇军的功劳，想来段将军不会拦阻。"司马子如听高欢如此说，觉得此事似乎可行，与侯景对视了一眼，道："段将军若肯发兵，我二人自当同行相助。"侯景也搓着手道："那自然是没得说！"高欢大喜，笑道："若得二位相助，平贼指日可待。"当下，三人计议已定。高欢便命家人杀了一只羊，煮了一锅羊肉，又开了两坛酒。三人饱餐一顿。到了半夜，那雪渐渐停了，司马子如与侯景相继辞去。

　　当晚，高欢并不向家里人提及此事，免得他们担心。第二天，高欢早早起来，梳洗已毕，用过早饭，别了娄夫人，骑马来到怀朔镇，先去找姐夫尉景商议。校场上，尉景上着裲裆，下着裤装，手执长刀，正率本队镇兵练习着横砍斜劈的动作。尉景见高欢到来，命部下继续操练，自己与高欢回到校场旁的兵营。偌大的兵营里空荡荡的,将士们差不多都在出操,只有几个值守的军士。尉景与高欢找了间无人的营房,在一张几案前相对而坐。坐定后,高欢也不隐瞒,开门见山就说:"姐夫,你可记得,数月前,我从平城回来,在卧虎林外杀了几个山贼?"尉景点点头,说:"这事早就传扬开了,方圆数十里,无人不知。"高欢道:"现在麻烦来了。山贼的同党寻仇,已将眼线派到了怀朔镇。"尉景大吃一惊,变了脸色道:"有这等事?你是听谁说的?"高欢道:"昨晚司马子如与侯景专程来告诉我的。这事假不了。"尉景皱眉道:"那你可要小心提防,……不如就搬到营房里来住,还安全些。"高欢道:"防得了三天五日,防不了半载一年。我打算趁着山贼未至,先请兵平了卧虎山,永绝了这一患,也算为周边乡亲们除害。"尉景沉吟道:"平山灭寨,不是小事,非大动干戈不可……"高欢道:"我这就去见段将军请兵。"尉景道:"目前看来,也只好如此。你待会儿见了段将军,只可说平贼之事,却不要提山贼寻仇这一节。"高欢道:"姐夫提醒的是。"高欢与尉景商量已定,便告辞出营,离了校场,前往怀朔镇将府而来。

怀朔镇(今内蒙古固阳西南)是道武帝时期设置的军镇,屯兵近万人,与怀荒(今河北张北)、柔玄(今内蒙古兴和西北)、抚冥(今内蒙古四子王旗东南)、武川(今内蒙古武川西)、沃野(今内蒙古五原东北)等军镇,并称六镇,拱卫着平城。怀朔镇将段长上马管军,下马管民,掌握着方圆数百里内的生杀大权。镇将府就建在校场东面,占地十几亩,青条石砌成的围墙,四角建有碉楼。每个碉楼里都有哨兵,不分日夜值守。正南面是两扇黑漆漆的大门,门口有镇兵站岗。高欢来到大门前,称有要事求见段将军。守门的镇兵倒有几分认得他,便进去通报。段长正在前厅,听守门的军士禀报,便命高欢进来。那段长五十多岁年纪,行伍出身,鬓角虽已斑白,但精神矍铄,身材魁梧,穿一件团花战袍,胁下佩剑。高欢进入厅内,见段长正坐在一张阔大的书案之后。书案上摆列着几张地图,还有一沓军中文报。

段长见高欢进来，指把椅子，命其坐下说话。队主是镇军中最低级的军官，平日在镇将面前只有站着听训的份儿。段长知道高欢是娄内干的女婿，这才另眼相看，破例让他坐下。高欢先行谢过，然后坐在书案旁边的一张椅子上。段长将身子向后一靠，倚在椅背上，一只手捋着须髯，问道："高队主今日来，有什么事吗？"高欢道："启禀段将军，卧虎山的贼寇四处杀人越货，罪恶滔天。末将愿领一彪军马，前去灭了这伙山贼。故此特来请令。"段长闻言一愣，坐直了身子，将双手放在书案上，沉吟了片刻，道："那伙山贼有上千人马，声势甚是浩大。往年我也曾派兵剿过几次，但因山势险峻，皆未得手，徒折损了不少兵士。今日高队主主动请缨，勇气可佳，但不知有何必胜之策？"高欢道："'知己知彼，百战不殆。'末将愿先往卧虎山走一趟，探明贼情，再来向将军回禀。"段长心道："卧虎山群寇久踞怀朔，让我的面子很不好看。今日你既自愿讨贼，不妨试试。万一得手，岂不也是我的功劳？"段长想罢，笑吟吟地说："高队主果然少年可畏，既有此志，就请辛苦一趟吧，但路上一定要小心。"高欢见段长允了，心中甚喜，站起身来，告辞而出。

　　第二天，高欢对娄夫人称军务繁忙，不及回家，要在怀朔镇上住几天。娄夫人听了丈夫的话，并未起疑，只嘱咐丈夫不要过于操劳。高欢点头允了，又叮嘱丫环仆妇们在家好生服侍，便辞了娄夫人，从白道村来到兵营。在营房里，高欢换去镇军装束，穿上一身猎装，打扮成猎户模样，腰间悬刀，背上弓箭，骑马出了怀朔镇，直奔卧虎山而来。那卧虎山离怀朔镇有二百多里路程，高欢快马加鞭，在路上足足走了三四天，这天傍晚时分，才来到了山脚下。高欢抬眼望去，只见那卧虎山隐在暮色里，黑苍苍的没边没沿，危峰兀立，犹如刀削斧剁一般，上顶云天，甚是险峻。山上长满了杂树，漫坡皆是荒草。山巅上，有一处密匝匝的屋宇，在云雾里时隐时现，想必就是群贼的巢穴，影影绰绰，还可见旗帜飘扬。山前有一条小径，弯弯曲曲地通向山顶。高欢知是山贼们常走的小路，必有哨兵把守，不敢上去，慢慢地绕到了山后。山后杂草丛生，怪石林立。高欢下得马来，将马匹拴在山下一棵树上，找到一处坡势较缓之处，趁着夜色，手执长枪，踏着积雪，慢慢地向山顶爬去。

时近午夜，月亮隐在云中，天上没有几颗星，四周一片黑沉沉的。高欢爬到了半山腰，耳畔不时传来枭鸺的啼叫，很是瘆人。高欢觉得有些疲倦，扶着一株枯木停下脚步，立在齐腰的杂草丛中四处瞭望，只见前方隐隐有灯光射出，便走了过去，又走了约摸一里多地，见前面地势平坦，赫然建有一个道观。道观门前不见有雪，想是早上有人打扫过。高欢来到观前，发现两扇大门虚掩着，从门缝里透出灯火之光，抬头向上望去，见门楣上挂着一块横匾，隐隐约约见匾上三个大字："清风观"。高欢觉得奇怪，心想："这后山怎么会有所道观？"正在琢磨，忽听得道观内传出一阵喝骂之声。有个粗喉咙的在叫道："说不说，不说立即宰了你……"又有一个较细的声音道："我们出家人，哪有什么财物，你就是杀了我们，也没有钱财与你……"高欢蹑手蹑脚地走上台阶，从门缝向里窥去，却是只闻人声，看不到人，便伸手将观门微微推开，刚够一人侧身而进，所幸没有发出声音，又一闪身，轻步走进道观，见迎面是一座大殿。殿内点有灯烛，吵嚷叫骂之声是从殿后传来。

高欢抽出腰刀，轻抬腿，高落足，从前院向殿后绕去。来到殿后，高欢伏在拐角处，抬眼向前看，只见前边是一大片空地，地上支着数支火把，照得一片通明，又立着两根木桩。木桩上绑着一老一少两个道士，看样子应该是师徒。两个道士旁边围着四个山贼，其中一个大概是小头目，手里挥舞着鞭子，正在拷打两个道人。那个年老的道士已经被打得血肉模糊、奄奄一息，年轻的道士带着哭腔说："我们出家人一贫如洗，哪里还拿得出钱财？"高欢一听就明白了，这一定是山贼来观里抢劫。那个为首的山贼狞笑道："贼不走空。俺毛六下山一趟，从没有空手回去的道理。没钱就拿命来！"说罢，毛六将鞭子扔在地上，顺手从腰里抽出一把锃亮的短刀，一刀捅入老道士的前胸。老道士哼都没哼一声，当场毙命。毛六拔出短刀，走到小道士的面前，将血淋淋的刀尖抵在那小道士的胸口，恶狠狠地说："怎么着？难道你真是舍命不舍财？"那小道士见师父被杀，又悲又怕，一时间说不出话来。毛六见小道士不答，手腕用力，就要刺死他。高欢见情势危急，不及多想，抽弓搭箭，一箭飞去。那箭不偏不倚，正中毛六的后颈，箭尖直从前面透了出来。毛六"吭哧"一声，扑倒在地，手刨脚蹬，眼见是不活了。其余三个山贼大惊，抽出刀剑四处乱望，却不见敌踪所在。高欢趁机又是连珠两箭飞去，将两名山贼射死。这时，最后一名山贼看准了高欢所在的方位，大吼一声，提刀冲了过来。高欢毫不畏惧，撇下弓箭，持刀迎战，一招力劈华山，搂头盖顶就向那山贼砍去。那山贼横刀招架，刀锋相碰，发出"呛啷"的一声脆响。高欢右手的刀不待收回，左足陡起，疾踢而出，"澎"的一声，结结实实地踢在那山贼的胸口上。这一脚的力道很是凌厉，将那山贼踢得大口吐血，倒地不起。高欢赶上前去，一刀挥落，将那山贼砍死，接着，又四下搜寻了一番，见观中再无余贼，便来到木桩前，割断绳索，将那小道士从桩子上放了下来。那小道士已是吓得魂飞魄散，绳子刚一断开，就从桩子上瘫倒在地。

高欢抬起靴子底，蹭了蹭刀上的血迹，纳刀还鞘，将小道士从地上扶起，搀到前院大殿内，借着殿内的灯烛之光，看那小道士约摸十八九岁年纪。此刻，小道士也渐渐恢复了神智，知道是高欢救了自己，顾不得遍身伤痕，强挣扎着，要给高欢磕头。高欢连忙拦住，扶着他来到殿侧，倚着墙坐在一张蒲团上。高欢也坐在一旁，问道："你们出家人怎么招上山贼了？"那小道士叹了口气道："我们清风观在这卧虎山上已有上百年，向来香火旺盛。山顶原有一座道观，是为总观。后来，前辈祖师在半山腰里又修建了这处别院。不想十几年前，来了这么一伙强人，强夺了山顶的总观，改作大寨。师父不敢争竞，只好带着我们师兄弟搬到了这所别院。这别院内原有四五十号道众，因山贼常来骚扰，走的走，逃的逃，就剩下我和师父二人。师父与我舍不得前人基业，就在此看守。不想，今晚山贼又来抢劫，还杀了我师父。"说着，那小道士落下泪来。高欢道："你不必伤心，我是怀朔镇军，奉上司之命，前来探路。不久，镇将就要发兵来平这伙山贼了。"那道

士一听，登时精神一振，道："无量天尊！这伙天杀的，终于要恶贯满盈了。"高欢又道："只是这山势险峻，强攻恐怕不易得手。你久居山中，可知有什么小路通向山顶的贼寨么？"那道士略一沉吟，道："山顶贼寨里的聚义厅，原本是我们三清总观的大殿，与这别院之间，有一条地道相通。这地道甚是隐秘，只有师父与我知道。如果你们要攻山的话，倒可以从此上去。"高欢大喜，道："那地道现在何处？可否能用？"那道士道："就在此殿的神像之后，你扶我起来，我去指给你看。"高欢将那道士从地上搀起，二人绕到大殿神像之后，只见地上铺的都是一块块的青石板。那道士指着一块石板道："这里就是地道的入口了。"高欢用脚跺了石板一下，果觉下面是空的，便俯下身去，用力抬起石板，只见下面黑洞洞，不知深浅。小道士道："当年创观祖师为往来方便，打通了地下的数个溶洞，改建成这条地道。后来，因不常用，便渐渐废弃了。"高欢扶着小道士回到殿前，让小道士在蒲团上坐下，道："你先在这里休息，我下去探探道。"那道士道："好。你可要小心了。"高欢点点头，回到殿后，从地道口钻了下去。

　　高欢下到地道内，见里面一片漆黑，又侧耳听了听，没有半点儿动静，便从腰里掏出火折子点亮，借着微光，见那地道并不算窄，可容数人并行，只是不甚高。地道内有些潮湿，两侧的石壁上有冰凉的水珠渗出。高欢微低着头，手握腰刀，全神戒备着慢慢前行，只觉地势向上，弯弯曲曲地越走越高，走了差不多一个多时辰，才来到地道的尽头。那地道的尽头也盖着一块厚厚的青石板，就在高欢脑袋的正上方。高欢双手撑住那块石板，轻轻一用力，托了起来，微微露出一条缝隙，由外面透进光来，便屏住呼吸，从缝隙里向外望去，只见外面是一所大殿的模样，却不见有神像，四周的墙上插着数支火把，"毕毕剥剥"地燃着，将大殿照得通明。殿中有一把铺着虎皮的交椅，两侧摆列刀枪，却是寂无人声。高欢知道这里必是贼寨聚义厅了，便轻轻将石板放下，按原路返回，从地道口出来，回身将入口处的石板盖好，绕到殿前，见那道士闭目坐在蒲团上，斜靠着墙壁，正在昏昏沉睡。

　　高欢走到那道士身边，轻轻推了他一下。那道士睁开眼睛，见是高欢，喜道："你回来了！"高欢点点头，道："那地道果然通向山顶，我这就回去请兵。只是这里你已不能待了，不如跟我投了镇军吧。"那道士思量片刻，知道观里死了四个山贼，日后事发，自己无论如何脱不了干系，叹了一口气道："看来也只能如此了。"那道士只是受了些皮肉之伤，行走倒是无碍，休息了这一阵子，已恢复了些气力。二人到后院将尸首掩埋，擦净地上的血迹，忙忙收拾了些衣物，出观带上了大门，从后山来到了山脚下。这时，天已蒙蒙亮了，四外一片雾气弥漫。高欢将马让与小道士骑，自己步行。到了前面村庄里，高欢到一户农家买了一匹马。二人快马加鞭，一同赶往怀朔镇。半路上，这道士告诉高欢，自己名叫潘相乐，是卧虎山南边潘家庄人士，父母早亡，自幼出家。

几天后，高欢与潘相乐并辔回到了怀朔镇，不及歇息，立即赶往镇将府。二人来到镇将府前，却见大门紧闭，听门前当值的镇兵说，段将军正在东郊外训练骑兵。高欢又与潘相乐拨转马头，来到东郊，远远就听见一片人喊马嘶之声，到得近前，只见数百名骑兵骑着战马，挥舞着马刀，在郊原上纵横驰骤，作击刺砍杀之状。虽是隆冬，人、马嘴里都喷着热气。乌黑的冻土被马蹄子刨了起来，飞溅出多远。高欢知段长不得闲，不便上去打扰，就与潘相乐在一旁相候。直到正午时分，段长方收住兵马，命将士们歇息。高欢与潘相乐赶去大帐禀见，在帐前下马，请军士通报。自高欢走后，段长倒有些担心，怕高欢有个三长两短，不好向娄内干交待，今闻高欢安然而返，不禁大喜，命其速来相见。高欢与潘相乐一前一后走进大帐，向段长躬身施礼。段长见高欢引着一个道士回来，有些奇怪，问道："高队主此行辛苦，这位小道长来此何干？"高欢便将前事详细述说了一番。段长听了喜道："既有这条地道，我们再次出兵，定能犁庭扫穴，荡平山寇。"高欢道："将军所言不错，只是'夜长梦多，迟则生变'。我们还是及早发兵，免得让山贼有了提备。"段长一生从戎，深谙军机，也知情况紧急，立即调拨三百骑兵、一千步兵，交由高欢统领，明日开拔，前往卧虎山平贼，又赏潘相乐军粮一份，随军听令。高欢请示段长，让尉景、司马子如、侯景三人一同出征。段长也答应了。

　　第二天，高欢点齐人马开出兵营，为防山贼发现地道，率部一路急行军，风驰雨骤般的开到卧虎山，在山前安营扎寨，挖好壕沟，埋下鹿角。巡山的小喽啰见有镇军来攻山，飞跑回寨向武平龙禀报。武平龙闻报，晃了晃大脑袋，满不在乎地对手下说："怀朔镇的段老头儿屡次派兵来攻，却从未能踏进咱这寨子半步。这次不知又要些什么新花样。小的们，给我守好寨门，别让镇军攻上来。现在天儿这么冷，冻也冻死了他们。"众山贼领命，并不出来交战，只是在山上严守。

　　到了晚上，高欢请尉景、司马子如带骑兵守住山前，自与侯景、潘相乐带了一千步兵，悄悄地绕去后山。到了后山，高欢让侯景与潘相乐领八百人留在山脚下，准备接应，自选二百精锐，换上黑衣，皆执利刃，一齐爬到了半山腰，来到三清观下院。那院门仍是掩着，和高欢上次离去时一样。想必是山贼虽知少了四个同党，却未及前来搜寻。高欢走上台阶，附耳贴在门上听了听，里面也很安静，轻轻推开观门，潜入道院，先四下探查了一下，见无敌踪，唿哨一声，众兵从院外涌入。高欢带着众人进入大殿，转到神像之后，抬起石板，露出地道口来。高欢手持火把，身先士卒，下到地道里，众兵随后鱼贯而入，神不知鬼不觉，一齐来到了山顶贼寨的地下。高欢听得地道上方没有动静，便将火把在地上踏灭，双手轻轻推起石板，率兵从地道口爬了上来。

　　这天，山上群贼因有镇军来攻，彻夜轮值，在外戒备，却只在聚义厅门外留有五六人把守。高欢带着二百精兵从地道里上来，打开殿门，冲将出来。门外的几个山贼一见高欢等人，大惊失色，拿起兵刃上前抵敌，未及数合，就被高欢等人杀死。高欢命众人取出引火之物，在聚义厅内外放起火来。时值隆冬，天干物燥。那聚义厅又是木质结构，沾火即着，顷刻间火光烛天。寨里的群贼登时大乱，犹如没头苍蝇一样乱撞。高欢等人一边四下放火，一边在贼寨里左右冲突，放手砍杀。武平龙从卧室里冒烟突火地跑出来，靴子都没来得及穿，一头就撞见高欢，被高欢手起一刀砍死。山下的尉景、司马子如、侯景等人见山头火起，知道高欢已然得手，各率军士扑上山来。高欢等人冲到寨门前，杀散把门的山贼，乘乱打开寨门。众镇军呐喊着冲入寨中，将山贼杀死了数百人。余下的山贼全部投降，无一漏网。

黎明时分，山上的战斗结束。高欢命人打扫战场，砍下武平龙的首级示众，又派人将山寨拆毁，免得再为贼人盘踞。然后，高欢率兵押着俘虏，回到了怀朔镇。远近的百姓听说平了卧虎山，无不拍手称快。段长亲自出府相迎，将平贼之事详报兵部。没多久，兵部行文下来，通令嘉奖了段长，并颁下重赏。段长大悦，赏高欢绸缎一百匹，命其兼任军中函使，又赏赐了尉景、司马子如、侯景、潘相乐等人，还在兵营里杀牛宰马，大摆筵宴，犒赏出征将士。经此一役，段长对高欢刮目相看。在庆功宴上，段长将高欢召至身边，慨然赞道："你这般年轻，却已文武足备，定能做出一番康济时世的大业。可惜我老了，不及见你发迹的那一天。希望将来你能关照我的儿子段荣。"高欢听了之后，很是感动。二十多年后，高欢任北魏大丞相，被封为渤海王，执掌朝权。那时，段长已然逝去多年。高欢便追赠段长为司空，提拔段荣为官。

第三章

> 高欢平贼成功后回到白道村与家人团聚，高欢妻子娄夫人为高欢诞下长子高澄。

庆功宴后，高欢牵挂着家里，不及在怀朔镇久留，辞了段长与一众同袍，骑马回到了白道村。高欢不知，这几天，他带兵平贼之事已不胫而走，在白道村里传得沸沸扬扬。时当农闲，每有好事的村民聚在村巷里，摇唇鼓舌地讲说高欢奇袭武家山的英雄事迹。只见讲的人口沫横飞、手舞足蹈，听的人目瞪口呆、连连点头。娄夫人虽足不出户，却也听了丫环仆妇的转述，才知丈夫数日不归，是去了武家山。娄夫人又喜又恼，喜的是丈夫建功，恼的是丈夫瞒了自己。这天下午，高欢回到家中，在门前下马，将马匹交与家丁牵去马号，自己来到内宅房中。娄夫人穿着家常衣服，将头发绾成单鬟髻式，腕上戴着玉镯，正在房内刺绣，见高欢回来，便将手里的女红放在一边，起身相迎。一个怀孕的女人，性子难免急躁些。娄夫人接过高欢的大氅交与丫环，嘴里嗔怪道："我虽是个妇道人家，却也非庸脂俗粉，岂不知好男儿自当杀敌报国？你这次出兵讨贼，却又何必瞒我？"高欢见夫人着了恼，忙笑着说："夫人莫怪，我不对你说实情，是怕你担心，并无他意。"说着，又好言慰劝了一阵子，娄夫人的气这才消了。正在这时，门外家人来报，说是娄府家人前来召请。

原来，娄内干闻听高欢扫平武家山之事后，乐得掀髯大笑，自赞有眼光，今日听说女婿回村，特命家人前来相邀。高欢见岳丈遣人来招，不敢怠慢，忙与来人出了家门，步行向娄府而去，不一会儿，就来到了娄府大门前。偌大的一个娄府独居村南，是按前厅后寝的格局建筑而成，只见一片飞檐挑角，雕甍绣槛，更有金碧辉煌的亭台楼阁、池馆水榭，映在青松翠柏之中。娄府前院很宽敞，建有五间客厅及两侧厢房。绕过客厅便是后院的内宅，有后堂十余间及两厢配房，最南边是花园及后罩楼。花园里佳木茏葱，奇花闪灼，更有假山怪石、花坛盆景、藤萝翠竹点缀其间。娄府的朱漆大门敞开着，门前站着五六个家丁。家丁们见是高欢来到，忙上前施礼。高欢略一点头，步入府门，走过院落，再走上几级台阶，就进了客厅。客厅里布置得堂皇又雅致，地上铺着光滑平整的大理石，四壁上挂着名人书画，靠墙摆着一圈红漆檀木椅子。迎门处，是一张八仙桌，左右放着两把太师椅，皆是紫檀打造，上雕花纹。八仙桌后，有张阔大的玉石屏风，上面刻着仕女图。

娄内干正坐在八仙桌旁，一边喝茶一边翻看着一本棋谱。高欢见了岳丈，拜倒行礼。娄内干笑吟吟地说："罢了。"命高欢平身，指着八仙桌旁的一个座位，让其坐下。高欢坐下后，先向岳丈问了安，慢慢说起武家山贼人曾来寻仇之事。娄内干听了，暗吃一惊，道："若非平了此贼，必成大患。"高欢说："正是，所以我才冒险请兵。好在天助人愿，得除此害。"二人说着话，娄内干命人献茶，杯中沏的是上好的明前碧螺春，茶芽细嫩，每六万枚才得半斤，非娄内干这样的豪富之家是绝不敢问津的。那茶水在杯中热气腾腾，顿时一股清香四溢。高欢品了口茶，将茶杯撂在桌上，又说："今天庆功宴上，段将军命我兼任函使，过了年就要去洛阳报送军中公文，倒可增扩些眼界。"娄内干听了，点了点头，捋着胡子道："这函使任职三年之后，皆许优转，算得上是个美差。看来，段将军倒拿你不外。"高欢原没想这么多，听娄内干如此说，也有些高兴。二人说着话，不觉天色暗了下来。高欢起身告辞，回到家中。

到了十一月份，娄夫人顺利地诞下了一个男婴。高欢翻查了一夜的书，为儿子取名叫高澄。高澄出满月那一天，高欢给儿子办了满月酒。因为是头胎儿子，这场满月酒办得很是热闹。高欢请尉景帮忙，杀了一头牛做席面，遍请司马子如、侯景、潘相乐、韩轨等军中同袍与左邻右舍前来吃酒。那天一早，娄内干与夫人坐着两乘大轿，亲来道贺，还给外孙子带了整整一马车的礼物。娄内干与夫人来到女婿门前，命人落轿，从轿里走出来，让家人将一束谷草分为数小把，交叉着用黄泥粘固在门楣上，中间又钉上一柄木勺、一双筷子和一个木碗。这是当地风俗，希望孩子将来有吃有喝，福禄双全。高欢听得岳父、岳母到来，忙出来迎接。娄内干的夫人自去房中看望女儿与外孙子。娄内干不忙进去，命人将礼物从车上卸下来。礼物里不仅有孩子的衣物、小被褥，还有小银锁、银项圈、天官牌、八卦图、脚环、手镯等各种各样的避邪饰品，意在锁住小孩，永保长命。院子正中铺下一块红毯，娄内干指挥着家人从车上抬下三百尺布料，叠成山形放在红毯上。这三百尺上好的布料，是娄内干专门派人去平城买回来的，在院内堆叠得高高的，很是醒目，让前来道贺的人们赞不绝口。中午时分，院内四周搭起了彩棚，前来贺喜的客人们一边吃酒，一边看村中艺人的表演。艺人敲着手鼓，唱起当地流行的一段《满月》："钻窟峦，九面羊；石头馍馍保寿长；九石榴，一佛手；守住亲娘再不走；奶葫芦，咔桃虫；宝宝吃成胖墩墩；婆婆送，姨姆接；观音送子子成龙；根根扎在高门中；姥爷欢喜姥姥笑；爸爸高兴妈妈抱；身体强壮乐逍遥；为国为家忠敬孝……"精彩的表演激起彩声一片，将满月宴的热烈气氛推向高潮。

第四章

> 高欢去洛阳报送公文，适逢羽林军作乱，救出张始均，又与窦泰不打不相识，成为莫逆之交。自此，高欢知魏政将乱，暗中积蓄力量，倾财结客。

倏忽新年已过，高欢因添了儿子，在军中告了假，一直未去怀朔。开春后，高欢与娄夫人商量，找了两个精细的丫环，帮着照料高澄。高欢便去销了假，还是到镇军里当差。这一天，段长命人将高欢找来，对他说："有几份军情密件，须报送洛阳。你回家准备一下，后日就动身吧！路上的一应花费，回来后实报实销。"高欢领命，辞了段长，先到镇军营内，交待了本队之事，然后便骑上马，回了白道村。

高欢到家后，告知娄夫人后日要去京城。娄夫人见丈夫要远行，忙带着几个丫环为丈夫打点行装，想到春寒料峭，又找出件皮袍放进包裹里。临行前一天，日将近午，高欢在马号看家人喂马。这匹马是高欢托人从秀容川买来的，口青力大，遍身黑色的鬃毛闪闪发光，腰背滚圆，四肢粗壮，蹄子如碗口一般，又大又圆，跑起来，像不沾地似的。高欢很喜爱这匹马，只要自己在家，常亲自刷洗饮溜。这时，门上家人来报，说尉景到来。高欢忙到前院迎接，刚走到廊檐下，就见姐夫笑着步入庭院。原来，尉景知道高欢要出远门，特带了两个小厮，抬了两坛高粱酒，来为兄弟钱行。高欢请姐夫到客厅落座，又命家人快去整治几个菜出来。不多时，家人摆上五六个碗碟，里

面盛着些牛、羊、鸡、鱼,还有几样时鲜的蔬果。

酒过三巡,尉景说:"这一年多,咱们镇军的日子渐渐不好过了。朝廷军饷短缺,听说怀荒镇的钱粮已有大半年不曾发放。那里的镇兵人不聊生,有不少落草为寇的。"高欢道:"不错,本镇的捕盗官最近捉了不少盗贼,押在大牢里。我听侯景兄弟说,这些盗贼,原本就是各镇的镇兵。"尉景道:"那你这次去洛阳,路上可要小心些。"高欢点头答应,又叹了口气,道:"'兔死狐悲,物伤其类',六镇同袍落得这步田地,想想也怪不是滋味的。"尉景听了,深有感触,道:"可不是!"说着,仰头饮下一杯酒,将酒杯往桌上一摆,说:"对了,你这趟去京城,倒可探探路子,看是否能够入京任职,那可比在怀朔神气多了。"高欢笑道:"哪有那么容易。国家承平日久,重文抑武。洛阳的武将想出头更难一些。"二人边喝边聊,饮了半日酒,到了傍晚,都喝得大醉。高娄斤见尉景久去不回,料想丈夫一定又在贪杯了,便遣家人来招。尉景扶着家人,步伐踉跄着回家去了。高欢也不胜酒力,到内宅睡下。第二天,高欢早早起来,收拾行装,辞别娄夫人,跨上黑鬃马,去了怀朔镇的镇将府,向段长辞行。段长从桌上取过一个牛皮包裹递给高欢,包裹里装着一沓用火漆密封过的公文,又嘱咐了高欢几句。高欢一一应了下来,双手接过包裹,背在身上,辞了段长,骑马离了怀朔,向洛阳进发。

高欢虽是第一次去京城,又是单人独骑,却并不打怵,心里还有些兴奋。从怀朔到洛阳,每隔六十里就有一个驿站。一到傍晚,高欢就到驿站歇宿,非常方便。驿站里,除了一名驿长,还有八名驿卒。作为镇军函使,在往来途中,还负有监察驿站之责。所以,驿站中的驿长与驿卒见了高欢,都是远接近迎,招待得周到无比。时当初春,高欢纵马疾驰,历朔州、忻州,来到河北境内。一过阳泉,高欢就发现旱情严重起来。从阳泉直到邯郸,一冬无雪不说,入春以来,有四十多天没下一滴雨。漳水已经断流,龟裂的河床仿佛是历经风霜的老人脸上的皱纹,清晰而又深刻。河堤上的树木虽冒出了嫩芽,原上的野草却仍是一片枯黄,丝毫没有返绿的迹象。大片的田地虽已犁耕过，但因春旱的原故，仍难以变得酥松平整。

没几天，高欢进入河南境内，来到了黄河岸边。因为干旱，河面缩窄了许多，露出了大片的河床。黄河的两岸越显陡峭，密生着树木。所有的树木都被藤蔓攀附缠绕着，披满了各种半枯的附生植物，从树顶一直垂挂到板结似铁的土地上，如串串璎珞，又如老人的长须。河水浑浊，却不甚深，尚不及马腹。高欢骑马涉过黄河，又走了几天，这一日，终于来到洛阳城。洛阳城是数代帝王都，北有邙山，南有龙门，西有秦岭，东有虎牢关，素有"河山控戴，形胜甲天下"之誉。整个城市东西二十里，南北十五里，宫阙壮丽，列树成行，城内有十余万户人家。高欢骑马穿过城门，进得城来，不及观赏街景，先打听着找到内史衙门，见了内史麻祥，缴了公文密件。麻祥验过公文无误，命高欢过几日再来取回复批文。高欢领命，出府找了家客栈住下，静候消息。

第二天早上，高欢起床，梳洗已毕，想着左右也是无事，倒不如去观赏一下京城的景致，便向店小二打了个招呼，走出客栈，沿着街道，信步走去。这条街是洛阳最繁华的正阳街，青条石铺就的道路，宽阔又平整，可容数驾马车并行。街上人头攒动，行人如织，摩肩接踵，川流不息，有骑马的，有坐轿的，有挑担的，有驾车的，也有背着包袱行色匆匆的。道路两边开列着布庄、茶坊、酒肆、珠宝玉器店等，鳞次栉比，陈列着绫罗绸缎、名茶好酒、珠宝香料、古董文物等。店铺门前立着几个穿戴整齐的伙计，起劲吆喝着招揽生意。大街两侧还摆列着许多小摊，打出五颜六色的市招旗帜，陈列着面点干果、字画风筝、胭脂水粉等各类杂货。摊主们站在摊位后，卖力地招徕着南来北往的客人。

高欢一边向前走，一边抬眼四下望着，见洛阳果然比怀朔热闹了数倍，约摸走了一箭地，来到前街，觉得有些肚饥，看到街边有一家面馆，招子上题着"王家面馆"四个大字，正在营业，生意倒是兴隆，里面坐着许多吃面的客人。高欢走进店去，找个位子坐下。小二过来，一边揩抹着桌子，一边热情招呼道："这位军爷，来碗面？"高欢点了点头，店小二又问道："过桥不过桥？"高欢闻言，不禁一愣。小二见高欢听不明白，又见他一身镇军装束，知他不是本地人，便陪着笑解释道："军爷，小店的面与卤放在一起叫'不过桥'；如果是卤另盛，客人随意用筷子挟，叫'过桥'。"高欢这才明白，笑着道："来碗'过桥'的。"小二听了，答应一声，扭头对里边高声喊道："过桥面条一碗，硬的。"不一会儿，小二端上来一个托盘，里面放着两个碗。一碗是面，另一碗盛着鸡蛋卤。那小二也颇健谈，将面与卤放在桌上，又热情地介绍道："军爷，小店的面条与别处不同，不是用清水煮，而是用特制的酸味豆浆煮成，再配以时鲜菜蔬和油炸花生米，您慢用啊！"高欢点点头，只见面碗里洒有一簇韭菜花，还滴着几滴辣椒油。面条是白的，配菜是绿的，辣椒油是红的，令人食指大动，便抄起筷子，尝了一口面，只觉酸辣中透着香甜，很是可口。

高欢吃完了面，抹抹嘴，结算了饭钱，又道："小二，不知洛阳有什么热闹好玩的所在？"店小二笑咪咪地说："军爷，咱们洛阳城里新修了座永宁寺，很是富丽堂皇。您若得闲，不妨前去看看。"高欢一听，来了兴致，问道："你说的这个永宁寺在哪里？"小二说："不远，出门左转，过三个街口就是，在永宁街上。"高欢道了谢，走出面馆，沿着街道向永宁寺方向走去。其时，北魏朝野崇佛之风甚盛。前几年，孝明帝之母胡太后下诏，命工匠在洛阳城西建成这座永宁寺。这永宁寺堪称当时规模最大的一座寺庙，占地数百亩，招提栉比，宝塔骈罗，辉煌壮丽，无与伦比。永宁寺中建有一座九十丈的高塔，塔的四面悬着铃铎。风吹铃动，响闻全城。

这时，太阳已升到了中天，街道上更是热闹。高欢出了面馆，随着熙熙攘攘的人流，向永宁街方向走去，刚走到一个十字路口，忽见东面来了一群拿刀执仗的羽林军，约有百余人，为首一人，手持一张大榜（告示）。这伙人气势汹汹，吵吵嚷嚷，直奔永宁寺方向去了，两旁的路人避之不迭。高欢也闪在一边，望着那群军士过去，心中纳闷，见路旁一家茶舍里有一名老者，正在独坐饮茶，便走过去，向老者作了一揖，问道："老丈，这帮军士如此模样，所为何故？"那老者六十多岁年纪，须发皓白，看高欢一身的镇军打扮，又见四周无人，便低声道："这位小哥，你大概是从外地来的吧？"高欢道："正是，我是怀朔镇的函使，来京报送公文，昨天刚刚到京。"老者又道："难怪你不晓得。前几天，朝中的给事中张仲瑀大人上了封奏折，请朝廷变革选举制度，不许武人担任清要之官。这下子好比捅了马蜂窝。在京的羽林军们炸了营，吵吵着要去拆了张府。你说这可怎么得了？"高欢奇道："我听说那张仲瑀的父亲是镇西将军张彝，手握兵权。羽林军就敢如此放肆？"老者连连摇头，叹道："法不责众。在京羽林、虎贲上万人，素日里不遵约束，横行霸道惯了，没少惹事生非。朝廷也只是睁只眼、闭只眼，但求息事宁人罢了。"高欢听了，不再多问，谢过老者，转身继续前行。不一会儿，高欢来到永宁街，未到寺前，已看到了高大的永宁塔，又见寺外围着许多羽林军，便停下脚步，远远望去，只见寺门前赫然立了一张大榜，上面写了几行碗口般的大字。高欢虽离得远，却也瞧得清楚。那大榜上写道："张仲瑀包藏祸心，上书朝廷，排抑武人。凡我将士，莫不怨愤，明日聚众大集，屠灭其家！"那字的笔划劲直，一看就是出自武人之手。众多羽林军围在榜前，攘袂叫骂，群情激愤。高欢见了，心下惊讶，也不及观赏景致，自回客舍。

　　到了第二天中午，高欢用过午饭，回房小睡了一会儿，起身来到了店前，与那店主人闲谈，忽听街上人声鼎沸。有人从店门口跑过，一边跑一边喊道："不得了啦，张府被人烧了。快去瞧瞧！"高欢忙走出店门，见很多人向西涌去，抬眼望向西面，见远处一片火光升腾，便也随着看热闹的人流，走过两条街道，到了洛阳西坊。这里正是领军府所在，四周围观的人不计其数。高欢挤不到近前，只能从远处看着，见那张彝的府第已被烧成了一片火海。张府门外不远处仍聚集着数百名拿刀执杖的羽林军，喝骂之声不绝于耳。原来，昨天镇西将军、平陆侯张彝听说了军人立榜闹事的消息，但自恃位高权重，不以为意。没想到这天早上，真来了上千名的羽林军，将张彝的家团团围住。张彝不及调兵自卫，只得穿戴整齐，带着长子张始均、次子张仲瑀及几十个家丁，走出府门，打算驱散闹事的军士。哪知张彝一脚迈出

府门，还没来得及说话，就被几个羽林军横拖竖曳地扯过去。随即一顿拳脚，把张彝打了个半死。张始均、张仲瑀忙上来阻拦，可哪是这帮羽林军的对手，被打得头破血流。众家丁也被打得抱头鼠窜。后来，闹事的将士干脆一把火烧了张府，还将张仲瑀扔进火里，烧成了重伤。

  高欢见那火势越来越大，已是无法扑救，心下骇然，连忙回身，想按原路返回店里，不料身后挤满了看热闹的人群，将道路堵得严严实实，只得挨进张府左侧的街道，又转进一条小巷，想从这里绕回店里。高欢走到巷子尽头，渐觉僻静，行人也稀少起来，忽见前面路边趴着个人，忙疾步走到近前，俯下身去，伸手扳住那人的肩膀，将其翻转过来。那人是一个三十多岁的男子，眼眶青肿，头上、脖子上还有数道伤痕，都在渗出血丝，衣服被扯得破破烂烂。高欢忙从衣襟上撕下几块净布，替那人裹了伤口。那人悠悠地睁开眼睛，见高欢蹲在自己身边，微微点了点头。高欢扶起他的肩膀，问道："你怎么倒在这里，是为什么人所伤？"那人缓缓道："我叫张始均，在朝任兵部左郎中，是镇西将军张彝之子。前面那座被烧的府第就是我家。今天，一帮羽林军来我家闹事，打伤了我们父子三人。我好不容易逃到这里，不想晕了过去。"高欢惊道："原来你就是张大人，那可太巧了。"张始均向四周望望，道："这里不能久留，我得快些离开。"说着，扶着墙壁勉力站了起来。高欢忙上前搀住了他，见张始均面色惨然，不禁动了恻隐之心，道："你现在伤成这个样子，也走不了多远，不如先随我到客栈歇息。明日养好了伤，再去报官。"张始均摇摇头，道："我这个样子，行在街上太扎眼。"高欢道："不妨，我到前面找辆马车。你坐马车过去，便可以避人耳目。"二人正说着，忽听巷口外一阵人声嘈杂，走来五六个虎贲军。这几个虎贲军见巷里有人，便过来查看。张始均见状，很是惊骇，忙低下头去。那伙人来到近前，见张始均衣服破烂，身上有伤，警觉起来。为首的一名校尉盘问道："你这人的伤是怎么来的？"张始均不敢说出实情，只得答道："是不小心摔的。"那校尉喝道："胡说，摔能摔成这样吗？你走路又不是不带眼睛！"旁边一名军士道："头儿，这人不会是张家的人吧？今天羽林军的弟兄们烧了张府，将张家父子痛打了一顿。你瞧这人身上的伤，明明是打出来的。"那校尉道："不错。"伸手一把抓住张始均的衣领，逼问道："说，你是不是张家的人？"张始均抵死不认，那校尉不耐烦起来，道："老子管你是不是呢，先把你送到羽林军大营，让人认一认。若不是，自然放你回来。"说着，命两个军士一左一右架起张始均就走。张始均当然不肯随他们去，拼命挣扎着。

高欢心中不忍，上前拦阻道："他身上有伤，恐怕不宜去军营。"那校尉一瞪眼，道："看你的打扮，是个镇军。这事与你无干，走开些，不要自找不自在。"说着，伸手将高欢一推。高欢大怒，左手一翻，擒住那校尉的手腕，右手握拳，就是一记"黑虎掏心"。那校尉痛叫一声，捂着胸口蹲了下去。其余几个虎贲军见状，喝骂着一齐扑了上来。高欢浑然不惧，松开那校尉的手，一脚踹在一人的小腿上。高欢只使了三成力，可也着实不轻，只听"咯嚓"一声，那军士的小腿险些被踢折，只疼得倒地乱滚。接着，高欢侧头躲过迎面的一拳，顺势挥出右掌，正中一人的太阳穴，将其击得晕了过去。剩下几个虎贲军见高欢如此悍勇，远远地散开，不敢近前。高欢弯下腰，将张始均背在身上，快步离开了小巷。那几个虎贲军眼睁睁看着高欢离去，只是在后面叫骂，却不敢前来追赶。

高欢背着张始均，来到大街上，见天色渐渐暗了下来。众铺户门前已点上了灯笼，街上一片灯火辉煌。正当晚饭的时候，路上的行人少了许多。高欢背负着张始均，低着头，溜着街边向前疾行。这时，前方一辆马车驶来，驾辕的是一匹枣红马，车上用蓝布围成一个简易的车厢。车老板是个中年汉子，头戴皮帽，身穿夹袄，侧坐在车辕上，手里摇着马鞭，催马而行。高欢几步跨到街心，挡在马前，将那车拦下。车老板"吁"的一声，勒住缰绳，问道："这位军爷，是要坐车吗？"高欢点了点头。那车老板从车上跳了下来，绕到车后，撩起车帘。高欢将张始均放到车上，让他躺在车厢里。车老板还以为高欢背的是个病人，并没多问，撂下车帘，与高欢一起回到车前。二人跳上车，分坐在两侧车辕上。车老板一边扬鞭催马前行，一边问道：

"军爷，去哪儿？"高欢知道自己刚打了虎贲军，不能回客栈，略一思索，便道："先去西门，再出城！"车老板有些迟疑，说："军爷，天都快黑了，城外可不怎么太平，听说有些剪径的，还是不要出城了吧？"高欢焦躁起来，喝道："怕什么！我有要事，多给你银子就是了！"那车老板见高欢凶巴巴的，不敢多说，只得硬着头皮，赶上车，向洛阳西门行去。张始均卧在车厢里，合上眼睛，随着车子的颠簸，沉沉睡去。

不一会儿，车子出了西门，又走了约摸七八里路。天色已全然黑透，夜风乍起，透着一股子凉意。路上看不到一个行人，道旁的古木夹道而立，树叶子随风抖动。树上栖息的鸟儿被车马行走的声音惊醒，"扑啦啦"地飞起。高欢知道离城越远越安全，命车老板赶着马，一直向前行去。车老板不敢违拗，只得呼喝着，扬鞭赶马向前。正走着，忽然，那车老板一声闷哼，扔了鞭子，从车上一头栽倒在地上。高欢吃了一惊，伸手带住缰绳，正要下车查看，就觉耳畔恶风不善，忙一侧头，只觉擦着耳朵掠过一物，"砰"的一声，正击在车厢上。高欢低头一看，见是一块鹅卵石滚落在地，知有人暗算，闪身从车上跳下来，抽刀在手，凝神待敌。这时，又是一块鹅卵石疾掠而至，直奔高欢的面门。高欢听风辨位，不慌不忙地横刀一挡，只听"噌啷"一声，鹅卵石击在刀面上，迸出了几点火星，落在地上。高欢瞅准那石头是由数丈外的一棵大树上飞来，便扬头喊道："树上的朋友，下来吧，凭几块石子儿可伤不了人。"话音未落，从那大树上跃下一人，黑巾蒙面，腰间悬刀，手执弹弓。高欢见了，并不惊慌，握刀在手，双脚不丁不八，稳稳地站在车前。车老板哼哼唧唧地从地上爬了起来，脑袋上被鹅卵石击出好大一个包，吓得浑身抖个不停。

那强盗迈步走到高欢近前，停下脚，将弹弓收好，手腕一翻，亮出一把寒光闪闪的劈风刀，点着头，对高欢说："行，够灵巧的，能躲过我的飞石，也算有些本事。识相点儿，乖乖交出财物，放你走路。如若不然，让你刀下做鬼。"高欢四下看看，见再无别的贼寇，知面前是一个独行大盗，倒放下心来，冷笑一声道："天子脚下，你也敢这般猖狂，不怕王法吗？"那人并不答言，蓦地一个纵身，跃近前来，挥刀就砍。高欢见来势猛恶，侧身躲开这一刀，横刀顺势削了过去。那人撤刀一立，硬接硬架。"噹啷"一声脆响，双刀相碰。两人都震得膀臂发麻，各自后退半步，又同时纵身向前，激斗在一起。车老板在一旁吓得魂飞魄散，连大车都不要了，连滚带爬地顺原路逃回城去。

　　高欢与那人翻翻滚滚，直斗了小半个时辰，不分胜负。两人越战越精神，丝毫不见疲态。又斗了良久，那人虚晃一招，跳出圈外，道："且住，你这人倒好本领，定非洛阳本地人，可否通报个名姓？"高欢也有惺惺相惜之意，见那人罢斗，便收住招势，道："我是怀朔镇函使高欢，来洛阳公干。你是什么人？"那人道："我叫窦泰，是西边二十里的窦家庄人氏。今日，你我也算不打不相识，就此罢斗，交个朋友如何？"高欢笑道："我也正有此意。"说着，二人纳刀还鞘。窦泰摘下面巾，露出一张长条形脸，微微有些络腮胡须，年纪与高欢相仿，身高八尺，细腰乍背，双肩抱拢，一身黑衣劲装。高欢道："你这般好身手，怎么剪起径来？"窦泰叹了口气，道："我原本是怀荒镇的镇兵。上个月，镇将于景克扣粮廪，激起兵变，被乱兵杀死。我不肯从乱，便回到了洛阳，又无以为生，故在此做些没本钱生意。"高欢闻言，暗吃了一惊，心想："怎么于景将军被杀了！"窦泰又道："你这车里拉的是什么？"高欢道："今天，洛阳城中的武士作乱，烧了镇西将军府，还把张将军和他的两个儿子打伤。车里就是张将军的长子张始均，被我救了出来。在城里待不住，便想在城外找个客栈，先避避风头再说。"窦泰道："嘿，边关镇兵杀镇将，京城羽林凌大臣。这大魏的江山是要完啊。"高欢听了，心里一动，转了话头，道："你可知这附近有什么镇子吗？"窦泰道："这荒郊野外的，哪有什么镇子？不如去我家吧。反正我是无亲无故，一人独居。"高欢踌躇了片刻，道："那也只得如此了。"窦泰撮唇唿哨一声，只见从树后跑出来一匹青鬃马。那马鞍辔俱全，来到窦泰身边，挨挨擦擦，甚是亲热。窦泰翻身骑在马上，双脚点蹬，当先便行，在前面引着路。高欢拾起马鞭，跳上车，赶着马车在后相随，一路向西行去。

在路上，高欢回过身，撩开车上围着的蓝布，向车内看了看，见张始均仍在昏睡，对刚才车外的激斗竟是浑然不知。

　　高欢随着窦泰向西南行了一两个时辰，果见前面黑压压的有一片村落。已是深夜，整个村子笼罩在一片黑暗中，看不到一丝灯光，人们早已进入梦乡。窦泰骑马在前，高欢赶着车在后，一起进到村里。村巷不是很宽，勉强可容马车行进。车辆辚辚，行驶在村巷中，引得狗儿狂吠起来。窦泰引着路，在村子里七扭八拐，在一处院落前停下，从马上跳了下来，打开院门，将马牵进院中。院门不大，高欢勉强把马车赶进院子，停在院墙边上。二人仔细打量院子，两间正房，一间偏房，很是破旧。窦泰走进屋子，打着火镰，点起了油灯。高欢将张始均从车上搀了下来，背进屋内。屋里迎门摆着一套旧桌椅，旁边的脚地上扔着些扫帚、水桶、扁担等杂物，显得非常凌乱。屋子里边还有个套间。窦泰让高欢将张始均背进套间。套间里有一个大土炕，应是主人歇宿之处了。炕上铺着一条薄薄的褥子，还有几床旧被子。窦泰与高欢将张始均架上土炕，让他躺在褥子上，又给他身上搭了条被子。

　　然后，高欢与窦泰来到外间，分别坐在两张独凳上歇息。过不多时，天也就亮了，村里雄鸡报晓之声此起彼伏。高欢掏出一锭银子，交与窦泰，让他去附近找个大夫，来给张始均治伤，顺便买点早饭回来。窦泰也不推辞，接了银子，出去买了一包烧饼，又到村里寻了一个跌打郎中，领回家里来。跌打郎中四十多岁，面容干瘦，一双小眼睛，唇边长着两撇山羊胡，穿了件半新不旧的棉袍，身上背着个小药箱，随着高欢与窦泰走进屋子里间，看了张始均的伤势，又给他把了把脉，对高欢说："无大碍，身上并无骨折之处，不过是些拳棒之伤。我给你开个方子，你按方子抓几副药，熬好后给他灌下，再敷上几帖我自制的膏药，过几日便会好转。"说罢，提笔开了一个方子，又从药箱里取出几贴膏药递过来。高欢接过膏药，谢过郎中。窦泰送郎中出了门，付了诊费。那郎中自去了。

　　高欢与窦泰分吃了几个烧饼，又和衣在里间的炕上躺了一会儿。临近中午时分，高欢将张始均托给窦泰照料着，自己赶上马车去了洛阳，按大夫开的方子,到药铺买了药来。窦泰在院里支了几块砖,做了个简易的炉灶,又从邻家借来个药罐子,架在炉子上熬药。须臾,汤药熬好。高欢将药倒入碗里,放凉后,慢慢喂张始均喝下去,又将郎中留下的治伤膏药为张始均敷上。到了傍晚,张始均的伤势有所好转,已能勉进饮食。窦泰在灶上熬了一碗浓浓的小米粥,端进屋里来。高欢坐在炕上,将张始均的上半身扶起来,用小勺儿喂张始均喝下。张始均一边喝着粥,一边对高欢说:"多谢救命之恩。不知恩公贵姓大名?"高欢道:"张大人不必客气。我是怀朔镇的函使,名叫高欢。此次是来洛阳公干,不想碰上这等事。"张始均道:"若非恩公搭救,这次我命休矣。"高欢道:"路见不平,拔刀相助,原是应该的。"张始均又用眼睛打量着窦泰,迟疑地问:"这位是?"高欢说:"这是我的朋友,名叫窦泰。你现在就是在他家。张大人只管安心养伤,不必多说话。"不一会儿,张始均喝完了粥,觉得有些疲倦,便倒在炕上睡去。

过了两天,张始均的伤势渐渐复元,已能下地活动。高欢又赶上马车,去洛阳城打探消息,让窦泰在家中照料。进城之后,高欢先去了城西的领军府,见那日的大火已将领军府烧成了一片废墟,还殃及了邻近的十几户人家。废墟旁,有些捕役正在值守,不许闲杂人等靠近。高欢调转车头,又去了王家面馆。在面馆外的街边,高欢停住车马,系好缰绳,走了进去,还在上次的位子坐下。那小二倒记得高欢,热情地上来招呼着。高欢要了一碗面,又对小二说:"小二哥,向你打听点儿事。你可知前几天领军府被焚之事?"那小二道:"军爷,这事哄动了九门四关厢,来吃面的客人无不议论。小人耳朵里都灌满了!听说那张府被羽林军放火烧成了白地,张彝大人和他的二儿子张仲瑀皆已伤重身死。张大人的长子张始均却是下落不明,生死未卜!"高欢心里一沉,自言自语道:"这群羽林军如此凶横!朝廷怎么也不管管?"小二道:"军爷有所不知,前天,朝廷已在午门外斩了为首的两名军士。"高欢惊道:"那日闹事的军士足有上千人,怎么只斩了两个?其余的呢?"小二道:"朝廷已下了大赦诏书,其余的羽林军皆不问罪!"说着,见无人注意,便俯下身来,在高欢耳边低声道:"杀俩人算是给张家一个交待，还待怎样？朝廷也怕激起兵变啊！"这时，店里又来了几个客人。那小二便离了高欢，自去招呼。高欢吃完了面，结了账，又给了小二赏钱，便走出店外，赶上车，向内史衙门行去。

在路上，高欢一边赶着马车避让着行人，一边琢磨："天子脚下，宿卫将士公然击毙大臣，又烧了大臣府第，已与叛乱无异。朝廷却一味姑息，不敢严正纲纪，未免太过疲弱！"高欢在车上想着，行过了几条街，来到了内史衙门，找到衙门里的书办，打听得批复尚未下来，便离了衙门，去药铺抓了几副药，再到成衣铺买了几套新衣服，打算给张始均换上，又买了些牛肉、蔬菜和一袋面粉，全都装在车上，然后，便赶着车出了洛阳城，回到了窦家庄。窦泰见高欢回来，出来相迎，帮着高欢将车上的东西卸下来，搬进屋内。高欢来到里间，见张始均的精神好了许多，便坐在炕沿上，慢慢将城中见闻告知。张始均听说父亲和兄弟已死，伏在枕上大哭起来。高欢与窦泰好言安慰了一番，张始均勉强收住悲声，但仍是伤心不已。又过了四五天，张始均的伤势基本痊愈。高欢便请张始均换上新衣服，到院里套上马车，别了窦泰，拉着张始均回了洛阳。临别前，高欢将窦泰叫到一旁，对他说："你这一身的本事，不要在乡村里埋没了。不如与我回怀朔，将来或可做一番事业出来。"窦泰点了点头，道："说的也是。我孑然一身，并无牵挂，待你办完了洛阳的事，就与你去怀朔。"高欢喜道："好，那你待我从洛阳回来，便一同起程。"

二人说定了。高欢到院里驾上马车，拉着张始均出了院门，离了窦家庄，转上了去洛阳的大路。在路上，高欢问道："张大人，你回城后，准备去哪里？"张始均坐在车厢里道："进城后，我要先去皇宫，面见太后请旨。"其时孝明皇帝年幼，自登基以来，便由母亲胡太后垂帘听政。高欢又道："贵府已被焚，住哪里呢？"张始均道："我城中还有亲戚，暂时可以借住在他们那里。"二人说着话，很快就进了城，沿着大街，来到了皇宫前。北魏皇宫建于孝文帝迁都洛阳之后，是在汉、曹魏、晋三朝宫殿的基础扩建而成的，合并了原有的南北两处宫城，内有太极殿、式乾殿、宣光殿、

035

含章殿等六千多间殿宇,都是黄琉璃瓦顶,青白石的底座,饰有金碧辉煌的彩绘。皇宫四外环有高达数丈的宫墙,宫墙上开有四门,南有午门,北有神武门,东有东华门,西有西华门。宫城的四角,还耸立着四座角楼。每座角楼有三层屋檐,七十二个屋脊,玲珑剔透,造型别致。

高欢赶着马车到了东华门,见门前站着数十名挺胸叠肚的侍卫,便勒住马缰,停下了马车。张始均从车上下来,走到宫门前,恭恭敬敬地向领班的侍卫头领作了个揖,自报身份,要求见太后。那侍卫头领也听说了张府之事,见是张始均,忙命一侍卫进去通禀。不一会儿,侍卫带着一名太监出来传旨,命张始均到崇训宫晋见。张始均谢了侍卫头领,便随着那太监进了宫,高欢自在宫外等候。

胡太后名充华,安定临泾(今甘肃镇原县)人,原为宣武帝世妇。彼时北魏皇家为防妇人干政,立太子时必杀其母,自立国以来,曾先后有八位帝母被赐死。胡充华怀孕后,身边的宫女都劝她赶快服药堕胎。但胡充华断然拒绝,表示宁愿一死也要为宣武帝生下嫡子以继承王位,还对宣武帝称:"依照国家的旧制,儿子为储君,母亲应赐死,但妾宁可为皇家育一继承人而不愿贪生!"这让宣武帝大为感动,特为胡充华废除了杀太子生母的制度。后来,胡充华真的生下一个男婴,取名为元诩。胡充华被封为贵嫔。三年后,元诩被立为太子。公元516年,宣武帝去世,年仅六岁的元诩继位,是为孝明帝。胡充华母以子贵,以皇太后的身份入居崇训宫,开始临朝听政,掌握了北魏最高权力。胡太后虽然聪明且有手腕,但她的政治胸怀浅薄,追求奢靡,挥霍无度,流风所及,导致朝政疏缓,威恩不立,天下牧守,所在贪婪,激起朝野内外的不满。

张始均随着太监来到崇训宫内,见丹墀之上,立着几个太监,执着拂尘。殿上垂着一道珠帘。帘后龙椅之上,影影绰绰地坐着一人。张始均知帘后就是太后,忙双膝跪倒,行三跪九叩的大礼,将这几天的事情述说了一番,说到伤心处,不禁流下泪来。胡太后温言安慰了几句,下旨命张始均为兵部侍郎,令其袭了平陆侯的爵位,让工部为张始均修缮府第,又派侍卫护送他去亲戚家暂住。张始均叩头谢过太后，躬身退下，与几名侍卫一同回到宫外，见了高欢，将这些事情告知，又说："大恩不言谢，你救了我的性命，不如就留在洛阳吧。"高欢道："些须小事，张大人不必介怀。我的家在怀朔，出来日久，思乡情切，惟愿速回。张大人既已无事，那我们就此别过。"说着，高欢躬身一揖，回身跃上马车，一挥马鞭，那马车辚辚行去。张始均欲再挽留，却见高欢已去得远了。

高欢离了皇宫，到内史衙门领了批复，回店收拾起包裹，结算了店钱，将马车就撇在店里，骑上黑鬃马离开了洛阳。出城后，高欢直奔窦家庄，找到了窦泰。窦泰见高欢果不失约，大喜，简单收拾了几件衣物，包成个小包裹背在身上，锁好了家门，便与高欢联辔同行。二人出河南，入河北，栉风沐雨，晓行夜宿，一路向北行去。这一天，高欢、窦泰来到山西境内，见有很多沿街乞讨的灾民。这些灾民个个衣衫褴褛，因营养不良，眼睛都眍䁖着，脸上的颧骨凸起，嘴角无力地向下耷拉着。灾民里还有很多孩子，小脸黝黑，蓬乱着头发。春寒料峭，这些孩子们连御寒的衣服都没有，只能穿着大人的粗布上衣，用麻绳拦腰一围，下摆已经到了膝盖。脚上没有鞋子，只裹着一层薄薄的麻布。麻布已磨得破烂，露出了一双双细小的、长满水泡的脚。高欢看了，心中不忍，对窦泰道："这里怎么会有这么多的灾民？"窦泰道："去年大旱，河北一带大批的庄稼枯死，很多地方颗粒无收。老百姓勒紧裤腰带交了租赋，剩不下几颗口粮。转过年来，夏粮接不上，可不是要逃春荒？不携家带口地外出乞讨，只能饿死！"高欢叹道："洛阳城里何等的繁华，想不到地方上穷困至此。"窦泰道："那帮官老爷只顾自己花天酒地，哪管别人的死活？"二人说着，都没了观赏春光的兴致，扬鞭策马，疾驰而行。回到怀朔后，高欢先到本队，在营房里腾出间屋子，让窦泰住下。然后，高欢去了镇将府，面见段长，缴了批复。段长看过批复，知公文已送达，慰劳了几句。高欢又面禀段长，将窦泰补了本队镇兵。过了半载，窦泰在高欢队中办事勤谨，着实得力。高欢便在白道村买了一所宅院，赠与窦泰。尉景与高娄斤都是过日子的人，平时省俭惯了，知晓此事后，便将高欢找到家里来责备道:"你去洛阳一趟,怎么花钱变得大手大脚起来?日子还长着呢!"高欢笑笑,对姐夫与姐姐说了洛阳见闻,又悄悄地道:"幼主孱弱,母后临朝,政令日乖,天下不久将乱了。财物岂可常守?倒不如用来结交些朋友。"

第五章

> 高欢回到怀朔后不久，北魏六镇起义爆发。高欢家宅被毁，资财荡尽，与一众好友投入肆州刺史尔朱荣麾下。

自洛阳回来后，高欢每于闲暇之时，便约上尉景、窦泰、司马子如、侯景、潘相乐等人，去蓬山上打猎。蓬山坐落在白道村北，青黛色的山峦如巨龙夭矫，蜿蜒起伏，连绵不断，一直延伸到遥远的天尽头。山上奇峰兀立，高耸入云，长满了无数的参天古木。一阵风过，树冠齐摇，宛如海上起伏的波涛。山林中有成群的野鹿、山鸡、野兔、狐狸、野狼、岩羊、狍子、野牛，还有野猪、豹子等野兽。过了这座山再向北，便是坦荡无际的敕勒川大草原了。

这年九月份的一天，天气亢爽，惠风和畅。高欢又与一众好友到山中打猎。众人穿着袷衣，带好短刀弓弩，骑上骏马，牵着猎犬，来到蓬山南麓。这边山势较为平缓，长满了白桦、山杨、杜松、侧柏、油松、山柳等树木。这个季节，正是野鹿四处觅食的时候，常有大群野鹿出没于低丘草坡之处。高欢、侯景、司马子如等人放出猎犬，赶起成群的野鹿，便策马弯弓，竞相逐射。一头野鹿的头上长着枝枝叉叉的鹿角，不时挂在灌木丛上，影响了它奔跑的速度，不一会儿就连中数箭，跑得越来越慢。高欢吹唇呼哨，骑在飞驰的骏马上，右手一扬，甩出套索，缠住那头野鹿的两条后腿。那头野鹿一个趔趄，跌倒在地，刚挣扎着站起来，随即又摔倒。众人齐声欢呼，策马赶上前去。侯景从马上跃下，一跛一拐地走到野鹿旁边，拔出腰间短刀，将它刺死，随手砍去两支鹿角，将猎物驮在马上。众人有说有笑地，一起来到山脚下的溪水旁边。尉景、窦泰七手八脚地将野鹿去皮，剔除内脏，分肌劈理地切剁成块，在溪水里冲洗干净。司马子如、潘相乐拾了一堆干柴，在溪畔燃起篝火，烧烤起鹿肉来。大块的鹿肉上还挂着一层薄薄的油脂，这样烤出来的肉瘦而不干。不一会儿，鹿肉烤熟，脂香四溢，吃起来细嫩鲜香。众人各自取出酒袋，坐在溪畔的草地上，大口喝酒，大块吃肉，谈文论武，逸兴遄飞。

这些日子，司马子如、侯景等与窦泰渐渐熟络起来。司马子如提起酒袋，先灌了几口酒，便将酒袋递给窦泰，道："窦兄弟，听高欢说你原来是怀荒镇的？"窦泰点头道："正是。"说着，接过酒袋，喝了两口酒，擦了擦嘴，又道："只因本镇的镇将被乱兵所杀，兄弟便回了洛阳。"高欢插话道："回洛阳后，窦兄弟做起了那没本钱的买卖，倒也生意兴隆。不想碰上了我，这才来了怀朔。"众人早知高欢与窦泰相识的经过，都大笑起来。潘相乐在一旁好奇地问："窦兄，你那怀荒镇上的兵士缘何杀了本镇统将？"窦泰取了块烤鹿腿，慢慢啃着，道："那一年，柔然入侵，我怀荒镇首当其冲，被围了个水泄不通。弟兄们日夜苦战，搭上几百条人命，才击退了来犯之敌。可于景将军却将朝廷颁下的粮赐扣住，不肯发放。军中将士衣食无着，一家老小啼饥号寒，岂有个不反的？有两队的弟兄聚众哗变，闯入镇将府，将于景将军拉出来当街砍了。待朝廷调武川镇兵前来平乱，作乱之人早已逃得无影无踪！"司马子如慨叹道："六镇设立，至此已数百年了。想道武皇帝在位时，我镇军着实威风，多少王公贵族，也要来六镇图个出身。如汝阴王元天赐、高凉王孤之子元镶、元镶之子元苌等，都曾任六镇的大将。不料到了现在，镇军竟沦落至杀官造反的境地。"尉景拿一根树枝拨了拨火堆，使它燃得更旺些，接口说："当初，大魏定都平城，设立六镇是为了应对柔然的威胁。后来，孝文皇帝迁都洛阳。六镇失去了拱卫京畿的作用，地

位自然大不如昔。"高欢听了，道："姐夫这话说得很是。大魏自迁都之后，六镇就再不受朝廷待见，成了流放罪犯的场所。当年，我的祖父就是被朝廷发配到怀朔的。"窦泰在一旁愤愤地道："朝廷以囚实边，虽然增加了镇军的数量。但洛阳权贵子弟，从此更不肯来六镇任职。现在六镇的镇将，除了段长将军，非贪即暴。一到任，没别的本事，便只会搜刮民脂民膏。"众人你一言我一语地议论着，到了傍晚，将火堆扑灭，收拾好东西，一起回去了。

此时已是北魏末年，洛阳权贵奢侈无度，地方守宰横征暴敛，视六镇将士如厮养奴隶一般。六镇将士没了活路，只得铤而走险，聚众劫掠。公元523年，沃野镇兵破六韩拔陵率众杀镇将，占领了沃野镇。公元525年，柔玄镇兵杜洛周在上谷起兵，自立为帝，改年号为真王。转过年来，葛荣率众举兵于河北，连败官军，声势最为浩大。怀朔镇本就是一片风雨飘摇，听到这些消息，人们更是惶恐。不想这一年，高树又得了重病。高欢便去段长处告假，要回家侍疾。段长允了高欢的假，命其交卸了本队军务。高欢便回到了白道村，每日里，与高娄斤轮流在床前服侍高树。那高树虽有药物补养，终是年老，元气衰了，在病榻上拖了一个多月，奄奄逝去。高欢与高娄斤擗踊哀号，又去制备了衣衾棺椁，负土成坟，在家守孝。

又过了数月，高欢命人将尉景请到家中，至前厅落座。家人给二人斟了茶后，退出厅外。高欢对尉景说："姐夫！破六韩拔陵反于沃野后，又于上个月占了武川。武川离我们白道村不远。万一贼兵来犯，镇军疲弱，恐不及救援。我想村中也有近千的青壮年，不如组织起来，成立一支乡兵。一旦有警，也好抵御！"尉景端起茶杯，呷了口茶，道："不错。这几年，怀朔镇兵缺粮缺饷，军心涣散，根本不能打。倒不如及早组织乡兵，农闲的时候加以训练，也可保卫乡党亲眷。"二人正在商议，忽见一个家丁跑进屋来，说："二位快出来看，好像是怀朔镇方向着火了。"高欢与尉景一听，疾步来到院中，举目向怀朔镇方向望去，果见一片烟炎升腾，火光隐现。

正在这时，远处飞来一骑，疾驰进村，来到高府门前。那骑士滚鞍下马，不待通报，就奔进院里来。高欢与尉景定睛一看，那人正是韩轨。韩轨披头散发，满脸血污，几步跑到近前，不待高欢问话，便气喘吁吁地道："不好了，怀朔镇被贼兵攻陷了！"众人一听，无不大惊失色。原来破六韩拔陵占领武川后，又差大将韩楼统兵三万，来取怀朔。段长仓促出兵御敌，被杀得大败，率残兵落荒而逃。韩楼的军队冲进镇中，大肆抢掠，又放火烧着了镇中的民居。韩轨是冒死突围，前来报信。高欢等人忙让韩轨进屋休息，为他擦净脸上的血汗，又给他包扎好身上的伤口。好在韩轨身体强壮，一点皮肉伤倒也无碍。

怀朔镇与白道村近在咫尺，失陷的消息迅速在村里传开。村民们无不惶恐，纷纷收拾东西，开始逃亡。不一会儿，街巷里一片脚步声乱响，夹杂着牛鸣马嘶，还有女人、孩子惊恐的哭叫声。高欢对尉景说："贼人既占了怀朔，必来此进犯。姐夫，你赶紧回家收拾东西，叫上我姐，速速撤走为是。"尉景点头赞同，匆匆离了高府，赶回家去。高欢让韩轨在厅上歇息，自回内宅，让娄昭君收拾起金银细软，抱上高澄，也准备离村避难。正在这时，忽听得村内一阵大乱。韩轨慌里慌张地跑到后院，大喊道："不好了，贼兵进村了。"原来，韩楼占了怀朔后，派出部下四处抢掠。白道村是远近闻名的大村，便有一千多贼兵来此打劫。这帮贼兵来到村里后，四处放火，见人就杀，见东西就抢。村内乱成一团，腾起一片喧嚣之声。高欢疾命娄夫人抱上高澄，与韩轨一起来到前院，还未走到大门前，就听门上传来一阵激烈的砸门声。紧接着，两扇大门被撞开，四个贼兵冲进院子。高欢抽出腰刀，挺身迎敌，飞起一脚，将一名贼兵踢翻在地，挥动手里的钢刀，左砍右剁，将两个贼兵砍杀在地。另一名贼兵，也被韩轨杀死。娄夫人惊得浑身栗抖，紧紧抱着怀里的高澄，跟着高欢、韩轨出了院落。刚走进巷子，迎头就遇上窦泰。原来，窦泰在家中听得贼兵进村，立即赶来救援。高欢与窦泰一人提着一把钢刀，在前边开路，韩轨在后护着娄夫人与高澄，一径去尉景家。刚转进一条巷子，就见尉景家的大门敞开着，里面传来喝斥叫骂之声，

还有兵器碰撞的声音。高欢紧跑几步,进了院子,就见尉景双目赤红,手执一杆铁枪,正与五六个贼兵激斗。高欢与窦泰立即加入战团,各自抵住一名贼兵。尉景一见来了帮手,精神大振,一枪将一名贼兵刺死。其余几名贼兵见势不妙,翻过墙头跑了。高欢忙问尉景道:"我姐呢?"这时,高娄斤脸色煞白地从屋里跑了出来。高欢见姐姐无恙,略放下心来。众人汇齐,便去娄府接娄内干一家人。

这时,村里燃起了十余处火头,烟焰涨天。高欢心急如焚,当先开路,率众向村外奔去。尉景居中,护着高娄斤、娄昭君与高澄,韩轨、窦泰断后。巷子里挤满了逃难的村民,正纷纷向村外逃去。一些贼兵拦在巷子里,肆意抢夺着人们手里的包裹,有那不肯给的,便是一刀。高欢等人熟悉村径,见前有大股贼兵阻拦,便绕路而行,遇到零星的贼兵,就随手除去,终于来到了村北娄府。娄府门前,横七竖八地倒着十余具尸体,还抛弃着大大小小的箱笼。几个箱笼的盖子开着,里面的细软散落了一地。娄府前院内,众家丁与贼兵打成了一锅粥,刀枪撞击之声密如爆豆,不时传来几声垂死者的惨叫。原来,娄内干收拾好东西,带着家人正要离府避难,一出门便碰上了贼兵。好在有百余名家丁拼死抵敌,娄内干一家人才得以安然退入后院。高欢、窦泰等人冲入娄府,舞动钢刀,如秋风扫落叶一般,将贼兵砍死了十余名,其余的贼兵四散而走。娄府的家丁已死伤过半,只剩下几十名,随着高欢等人来到后院。娄内干手持长刀,带着十余个家丁守在二道门前,身后站着娄内干的夫人与小女儿娄瑞娥,见是高欢等人来到,大喜过望。众人未曾叙话,忽听前院一阵大乱,传来一片人喊马嘶之声,想必是刚才逃走的贼兵招集大队同伙来到。

高欢见形势危急,对岳丈说:"岳父大人,前边恐怕是出不去了,不如先到花园躲避一下再想办法。"说着,众人一起来到后花园。花园里三面是墙,并无后门。高欢打量了一下四周,灵机一动,指着花园南边的大墙道:"花园就在村边,大家齐力把这堵墙推倒,便可逃出去了。"众人一听,也只得如此。说干就干,高欢与窦泰、尉景、韩轨及数十名家丁合力推墙。众人知性命交关,皆使出全身的力气,摇撼着那堵大墙。那墙虽高厚,也抵不住数十人之力,晃了几晃,轰然倒下,出现了一道丈余的缺口。众人逃命心切,踩着散落的墙砖,跨过缺口,出了后花园,到得村外,头也不回地向蓬山上奔去。贼兵虽很快就冲进了娄府,但是只顾抢掠财物。这就给了高欢等人逃向山里的时间。

这时,暮色已深。众人慌不择路,一径来到山脚下,看看身后并无追兵,才略放下心来,停住脚喘息片刻。忽然,娄内干的夫人哭叫起来。众人不知何故,忙围拢过来。娄内干的夫人一边四处张望,一边叫道:"瑞娥……,瑞娥呢?"众人这才发现,昭君的妹妹娄瑞娥在乱中不见了踪影。娄内干四下找寻了一遍,不见小女儿的踪影,急得几欲晕去。娄内干的夫人已呼天抢地地大哭起来。高欢见状,忙道:"岳父、岳母不必惊慌。瑞娥妹妹不是在途中走散,就是落在村里了。我这就回去找寻。"说着,提刀就要回村。尉景、窦泰、韩轨连忙上前道:"村中危险,我们与你同行。"高欢道:"如此甚好。"又对尉景说:"有窦泰与韩轨与我去就可以了,姐夫你留下来照看着家人。"尉景自知武艺平平,去了也帮不上什么忙,便点头允了,道:"我们去半山腰的林中等你们。你们回来后,便去那里聚齐。"高欢点了点头,别了众人,与窦泰、韩轨各执钢刀,重返白道村,寻找娄瑞娥。

高欢、窦泰、韩轨三人艺高人胆大,在夜色的掩护下,按着原路返回村边,一路上并不见娄瑞娥的踪迹。三人料想娄瑞娥很可能还在娄府,便一齐来到娄府后花园的围墙边,伏在缺口处,抬头向内望去,但见娄府前院已着起了大火,将后院照得通明,还有不少贼兵,正出出入入地搬着财物。高欢三人悄悄地从缺口处潜入后花园,躲在花石之后。高欢向窦泰、韩轨做了个手势,窦、韩二人点了点头。三人散开,成扇面形,在花木盆景的掩护下,一边向前搜寻,一边轻声喊着娄瑞娥的名字。这时,从一块太湖石后的黑影里,传出一个女子微弱的声音:"姐夫,是你吗?我在这里!"听声音,正是娄瑞娥。高欢三人大喜,一齐猫着腰,来到那块太湖石后，见娄瑞娥正蹲在石后的黑影里。原来，娄瑞娥随众人逃往后花园的时候，不慎扭伤了脚踝，行走不得，未及与大家一起逃出村子，只得躲在这里，所幸未被贼兵发现，听到高欢的声音，才敢出声答应。娄瑞娥年仅十四岁，这番受惊非小，浑身抖如筛糠，一见高欢，顿时就哭泣起来。高欢忙低声道："妹子，千万别出声，贼兵就在附近。"娄瑞娥吓得不敢再哭，用手掩住了嘴。

这时，娄府前院后宅的财物已被抢掠一空，大队贼兵退出娄府。有几十个贼兵在一个小头目的带领下，向后花园里行来，大概是想再趸摸点儿油水儿。高欢等人要想退出已是不及，只得躲在几块太湖石后。花园的面积虽然不小，但这队贼兵还是很快就搜索了过来。一个贼兵眼尖，发现太湖石后躲着几个人，"唰"的一声抽出腰刀，扯着破锣般的嗓子叫道："什么人？快出来。"声音惊动了其余的贼兵，纷纷围了过来。高欢见踪迹暴露，对窦泰说："你带着瑞娥快走，我与韩轨断后。"窦泰见此情势，顾不得男女有别，一把将娄瑞娥扛在肩上，向花园墙上的缺口处跑去。高欢与韩轨持刀随后护卫。那几十个贼兵见有人逃跑，大喊大叫着追了过来。窦泰扛着娄瑞娥，纵身出了缺口，便往蓬山方向奔去。高欢与韩轨来到墙外，立住脚步，一左一右，横刀拦在缺口处。不一会儿，几个贼兵追到。高欢与韩轨手起刀落，将冲在前面的两个贼兵砍死。后面的贼兵不敢向前，只是远远地站着叫骂。那缺口只有丈余，高欢与韩轨如两只猛虎守在外边，贼兵还就是冲不过去。双方相持良久，高欢约摸着窦泰已负着娄瑞娥逃远，向韩轨打了个招呼。二人不再恋战，回头就走。贼兵冲到墙外，见高欢与韩轨早已不知所踪，又见村外一片漆黑，不敢再追，便回村去了。

窦泰扛着娄瑞娥跑到山脚下，便停了下来，将她从肩上放下。二人一边坐在地上歇息，一边等待着高欢与韩轨。不一会儿，听得远处脚步声响，窦泰提刀立起身来，低声喝道："是谁？"不远处传来高欢的声音："是我。"窦泰大喜，迎上前来。四人聚齐，窦泰背上娄瑞娥，来到了半山腰的树林里，找到了尉景等人。众人一见娄瑞娥安然而返，无不欣喜。娄内干的夫人一把抱住小女儿，更是喜泪交迸。这时，夜色渐浓，高欢对大家道："明日贼人定要搜山，此处终非久居之处。大家商量一下，下一步该去向哪里？"娄内干的夫人拭了拭眼泪，道："不如我们去平城，投靠兄长真定侯。"娄内干沉吟道："此去平城，路险贼盛。我们几家子人，有老有小，料难平安到达。况且，平城屡经山贼袭扰，也不是安乐之所。"尉景忽道："我有一挚友，名叫刘贵，原为秀容川牧民，现在肆州刺史尔朱荣帐下任骑兵都督，随军驻扎于晋阳。这刘贵与我交情至深，不如我们去投奔他吧。"众人一听，也只得如此，遂乘夜下山，转上大路。天亮之后，高欢在沿途雇了几辆马车。一行人分乘马车，晓行夜宿，奔向晋阳。

第六章

> 高欢驯马展奇才,受到尔朱荣赏识,又随尔朱荣攻入洛阳,拥立敬宗皇帝。尔朱荣发动河阴之变,尽屠北魏公卿两千多人,失去了人心。

晋阳城坐落在肥沃富饶的太原盆地中,东阻太行,西有蒙山,南拥霍太山、高壁岭,北控东陉、西陉两关,汾河贯中而过,称得上是表里山河,地势雄壮。肆州刺史尔朱荣本为秀容川酋长,以军功进封安北将军,都督恒、朔二州军事,封梁国公,手下士马精强,雄镇一方。尔朱荣有三个堂弟,分别是尔朱世隆、尔朱度律和尔朱仲远,还有两个侄子即尔朱兆和尔朱天光。这五人武艺出众,尤以尔朱兆最为勇猛,为远近所畏。尔朱荣见魏政日乱,六镇皆反,隐有化家为国之志,便广招贤智,共济大业。于是四方才勇之士,相率来投。

刘贵三十出头的年纪,长条脸形,身材健硕,尤精马术,曾是尉景的军中同袍。这天,刘贵从晋阳城外练兵归来,骑马返城,刚走到城门口,忽听身后有人道:"刘贤弟,别来无恙?"刘贵回头一看,见马上一人,正是尉景,不由得喜出望外,忙拱手为礼,道:"尉大哥这是从哪里来?阔别数载,常怀想念。"尉景抱拳还礼,道:"世道大乱,白道村为贼兵所占,难以安居,故而远来相投,家人尚在后面。"说着,就把前事述说了一遍。刘贵听了,不胜叹息,便不进城,与尉景一齐来迎高欢等人。众人相见后，尉景向刘贵一一引见了高欢、窦泰、韩轨等，又道："愚兄才识平庸，不敢毛遂自荐。只是我这内弟高欢，倒有些才略，想请贤弟得便向尔朱将军引荐一下，图个出身！"刘贵拍着胸脯一口答应，道："尉大哥太客气了，高贤弟英名远播，我素来是敬仰的。这事包在我身上。"众人边走边说，进得晋阳城，找了一家客栈安顿下来。刘贵道："诸位在此休息，我这就去禀报尔朱将军。"说罢，别过诸人，便去了肆州刺史府。

肆州刺史府在晋阳城东，坐北朝南，占地数十亩。整个建筑群主从有序，布局对称，左有观风楼，右有乐楼。府外环有砖石砌的围墙，高达数丈。临街是朱红漆的两扇大门，门前有上马石、下马石、系马桩。府内，沿中轴线自南而北列有照壁、仪门、大堂、宅门、二堂和内宅。大堂东西厢各十五间，为吏、户、礼、兵、刑、工房。二堂设有赞政厅、车驾库。内宅数十间，均有东西厢房。府门外武士林立，皆佩刀悬剑。刘贵是尔朱荣的亲信，来到府前，并无人阻挡，进得府来，绕过照壁，眼前是一个广阔的院落，中间有一条石子铺就的甬道，左右墙根下摆列着刀枪剑戟。刘贵走过甬道，又迈上十几级台阶，便进了大堂。那大堂非常轩敞，青条石铺就的地面，北侧摆列一张阔大的几案和一把太师椅，太师椅上铺着一张虎皮，东、西两边是客座，四壁上并无其他的饰物，是尔朱荣议事之处。刘贵进得堂来，就见尔朱荣坐在几案之后，两旁站着几个侍卫。尔朱荣四十多岁年纪，身形魁梧，虎目虬髯，因长年在野外练兵，面孔呈紫棠色，披一件大红战袍，腰系丝绦，胁下悬刀。刘贵上前拜贺道："将军声威远播，今有怀朔镇高欢前来相投。此人文武双全，足堪大任。"尔朱荣是个爽快人，一听之下，便对刘贵道："我正要到马厩看马，去去便回。趁这个工夫，你就去引那高欢前来相见。"刘贵领命，离了刺史府，骑马回到客栈，将这个消息告知众人，让高欢速同自己进府。

高欢不及更衣，匆匆出店上马，与刘贵一同来到刺史府，在堂上相侯。仆人奉茶后，进去通禀。过不多时，只听靴声橐橐，尔朱荣带着几个侍卫从堂后走出。刘贵与高欢忙上前施礼。尔朱荣坐在太师椅上，大手一摆道：

"二位不必客气，请坐下叙话。"刘贵、高欢依次在东侧落座。尔朱荣一边寒暄，一边上下打量着高欢，只见高欢面带倦容，头发、衣衫上布满路尘，一副憔悴落魄的样子，并无甚特异之处，心中有些失望，暗怪刘贵夸大其词，便命人去马厩将新得的那匹野马牵来。

原来，尔朱荣爱马如命，前一阵子，命人去秀容川捉来一匹纯种野马。这匹野马极其神骏，只是乍离草原，野性难驯，被送到晋阳后，不知踢伤、咬伤了多少驯马师。不一会儿，侍卫们将马牵到堂前。尔朱荣起身，引领着刘贵、高欢走出堂外，立在台阶上看马。那匹野马身长丈余，膘肥体壮，毛色漆黑，鬃毛蓬乱，见四周有人，便发起威来，又蹦又跳，撩开了蹄子。五六个侍卫合力，才勉强拉住缰绳。尔朱荣看了，抚掌大笑，笑罢，对高欢说："高公子久居怀朔，自是熟知马性，可否去将此马调教一番？"刘贵在旁听了，不禁捏了一把冷汗，却又无从推托，心里暗暗着急。高欢知道尔朱荣是在考较自己，从容答道："将军有命，自当遵从。"说着，便走下台阶，不慌不忙地向那野马走去。那野马见高欢靠近，一声嘶吼，前腿腾空，人立起来，两只碗口般的蹄子直向高欢的额头击落。高欢侧身躲过，右手闪电般地探出，搭在马颈上，顺着马的鬃毛向下捋了几下。那马嘴里喷着热气，在原地打了几个圈。高欢顺着它的势头，轻轻转身，又将左手按在马头上，缓缓抚摸。那马的情绪渐渐平静下来，打着响鼻，居然不踢也不咬了，不到一盏茶时间，便被高欢调得服服帖帖。高欢顺手给马剪了剪蓬松的鬃毛，又从旁取过全副的马具，给这匹马装上。刘贵看在眼里，暗自松了口气。尔朱荣也有些意外，不禁对高欢刮目相看。高欢拍拍手回到尔朱荣身旁，若无其事地说："驯马须知马性，因其好而诱之，因其恶而胁之，不管多烈的马都能驯服。这与驾驭恶人的道理是一样的。"尔朱荣奇其言，挥挥手屏退刘贵与侍卫，独与高欢回堂内落座，问道："高公子远道而来，不知有何打算？"高欢见并无旁人，便坦率地说："卑职曾任怀朔军中函使，去过几次洛阳，深知天子暗弱，朝纲不振。那胡太后临朝专制，纵容宵小乱政，更是搅得天下大乱。将军士马精强，若率兵以清君侧，自可立不世之奇功。不知将军可有意否?"尔朱荣大喜,道:"卿言正合我意。"两人越说越投机,互吐肝胆,直谈到半夜,高欢才退下,回到客店里。

第二天一早,高欢起来,刚用过早饭,就见一个刺史府的差官寻到店里。高欢不知何事,与那差官在店前客座里坐下,请店小二取出两杯茶来。那差官笑吟吟地道声:"高将军,恭喜了!"高欢听了,有些莫名其妙,正要询问,却见那差官取出一张委任状递过来。高欢接过委任状,打开一看,不禁又惊又喜,原来尔朱荣已任命自己为帐下都督。彼时北魏军制,最低级的军衔是队主。队主之上有校尉、副将、参将、都督、大都督、大将、元帅等各级军职。高欢原为队主,这一下子连升数级,已算得上高级军官了。不一会儿,娄内干夫妇与尉景等人知道了,无不喜悦。客店掌柜的见了,也上前来奉承。高欢接了委任状,便随那差官去刺史府拜谢。从此,高欢就成了尔朱荣的心腹,得以参谋军中大事。

娄内干在白道村的家业虽已荡然,但在平城还有许多字号店铺,包括两家钱庄、一家当铺、三家酒楼及六家绸缎庄等。在晋阳客店里安顿下来后,娄内干便派一可靠的家人去平城,提来了大笔的银两,在晋阳城中置办产业,还买了一所宽敞的宅院,自住在后院,让高欢夫妇住在前院厢房。转过年来,娄瑞娥已然十六岁。娄内干见小女儿到了出阁的年龄,便托高欢为瑞娥择偶。高欢先后选介了十几个适龄青年,却总是不中娄瑞娥的心意。为了瑞娥的终身大事,娄内干夫妇很是着急。

这日正午,娄昭君用过午饭,便到后院找妹妹说话。后院很宽敞,迎面一排五间正房,左边两间住着娄内干夫妇,右边两间便是娄瑞娥的闺房。院子东西两侧各有四间厢房。沿墙种有一溜翠竹,窗下栽着芭蕉。天朗气清,阳光明媚。整个后院里静悄悄的,惟有凤尾森森,龙吟细细。娄昭君来到妹妹的闺房,见房门虚掩着,便推门进来,见房内桌上燃着一炉檀香。瑞娥穿着一件玫瑰色对襟绣夹袄,下罩翠绿烟纱散花缎裙,正与丫环在房内刺绣,见姐姐来了,忙起身相迎。姐妹俩执手坐在床边,说起了知心话。过了一会儿,娄昭君将丫环支了出去,将话头慢慢引到了妹妹的婚事上来,试探地问道："瑞娥，你也老大不小了，总是要出阁。这几天，父母一直操心这事。你姐夫也为你找了不少青年才俊，你却总是不允，却是何意？"娄瑞娥见姐姐问及，粉脸微红，低下头，默然半响后，轻声道："自古男女授受不亲，然而窦泰曾背过我……"娄昭君听了，恍然大悟，笑道："你这丫头，何不早说？真真是人小鬼大！"说着，起身出了瑞娥的闺房，来见娄内干夫妇，将妹妹之意告知了父母。娄内干听了，有些愕然，但想既是小女之意，不愿违拗，便将高欢召到后院商量。高欢听了，喜道："我与窦泰情同兄弟，再嫁瑞娥与他，更是亲上加亲，可不是美事一件？"娄内干道："既如此，却不知窦泰肯不肯呢？"高欢道："岳父尽管放心！明日我就去找他说这事，料想窦泰不会拒绝。"第二天，高欢便去寻窦泰，向他提亲。窦泰自上次救了瑞娥后，心中也常自割舍不下，今见高欢提亲，喜出望外，当即便允了。高欢回报娄内干。没多久，娄内干请高欢做媒，请尉景主婚，为窦泰、娄瑞娥操办了婚事。

  再说高欢在尔朱荣军中，因才略过人，处事得当，益为尔朱荣所倚重。别人见高欢得宠，也来奉承他，有送田产的，有送店房的。数月之间，高欢陡然而富，便在晋阳城南购置了一座府第，带着娄昭君和高澄搬了进去。原来的房子，就让与窦泰夫妇居住。高欢搬进新家后，一连三天，唱戏、摆酒、请客。正热闹着，忽有门上人来报，说外边有两个人，自称是故旧来访。高欢心里疑惑，暗道："我在晋阳哪有什么故旧？"便与家人同往门前观看，一出大门，见门外立着二人，正是司马子如与侯景。二人还是老样子，只不过衣衫破旧，脸上多了些沧桑，精神倒还不错。高欢大喜，几步迈下台阶，来到二人身边，一手一个，拉住司马子如与侯景，一边向府里走去，一边问长问短，道："你们二位这些日子去了哪里？却又怎么寻到晋阳来的？"司马子如叹了口气，道："别提了，那日怀朔失陷后，我与老侯皆没于韩楼军中，可是吃了不少苦头。"侯景道："后来，我二人见韩楼贪财嗜杀，料难成事，听说你在晋阳干得风生水起，便连夜逃出贼营，相率来投。"说着，三人把臂入府。高欢又命人请来尉景、窦泰、韩轨等人。故友相见，俱各大喜，把酒言欢，自有一番热闹。第二天，高欢禀过尔朱荣，将侯景与司马子如留在军中，与尉景、窦泰、韩轨等人同任自己帐下的校尉。

转眼到了公元528年，这一年，北魏孝明帝十八岁，在位也已十二年。胡太后却迟迟不肯归政，还在朝中按插亲党，意图继续把持朝纲。胡太后生活奢靡，每耗资巨亿大兴土木，赏赐臣下动辄数百万计，造成国库空虚，竟至预征天下六年的租税。国内民不聊生，纷纷揭竿而起。北方出现了多支农民起义军，规模最大的就是万俟丑奴和葛荣的两支义军，分别在关中和河北攻城掠地，连杀北魏大员。孝明帝因胡太后专权乱政，心下常自不平，有意培植自己的党羽。鸿胪少卿谷会法、通直散骑谷士恢、密多道人等便是孝明帝的亲信，常入宫与年轻的孝明帝论议朝政，讲说天下大事。胡太后务为壅蔽，找个由头斩了谷士恢，将谷会法赐死，又派人刺杀了密多道人。自此，孝明帝与胡太后的矛盾开始激化。这年二月，孝明帝不甘久为傀儡，便给肆州刺史尔朱荣下了道密诏，命其带兵入京勤王。所谓"嘴上没毛，办事不牢"，帝王庶民概莫能外。孝明帝本打算借尔朱荣之力夺回政权，不料，却给了权力觊觎者一个绝佳的机会。

尔朱荣早有不臣之志，接到密诏后大喜，命人把慕容绍宗、高欢、尔朱兆等人找来商议。慕容绍宗是尔朱荣的表兄，昌黎棘城（今辽宁义县）籍，鲜卑人，前燕太原王慕容恪之后，容貌恢毅，少言语，深沉有胆略，现任肆州长史。尔朱兆是尔朱荣的侄子，三十二岁，头大颈粗，身材健硕，性情剽悍，素以勇猛自负。三人相继来到后，尔朱荣将密诏给他们看，并说："今太后临朝，致使盗贼蜂起，海内沸腾。我累世受恩，义同休戚。今又接到圣上密诏，我打算亲率将士，赴京师以清君侧，大家以为如何？"高欢抢先表态，道："夫立非常之事，必待非常之人。将军位望隆重。若首举义旗，伐叛匡主，何往而不胜？"高欢言辞慷慨，尔朱荣抚髀叹息道："卿此言，真丈夫之志也。"慕容绍宗与尔朱兆也极力赞成此事。

数日后，尔朱荣集结起晋阳甲士七万余人，打出"奉诏清君侧"的旗号，率高欢、尔朱兆、慕容绍宗、刘贵等人挥师南下，取武安，下高平，越

过中条山，直逼上党。上党位于山西东南，地势高险，是通向洛阳的咽喉要道。历来有"得上党而望中原"之说。上党守将乔宁听说肆州军队来攻，点起麾下精兵一万余人，出城迎战。尔朱荣统大军来到上党城下，列开阵势，与乔宁在城外相见。那乔宁三十多岁年纪，头顶百炼盔，身穿铁叶甲，脸型瘦削，微有须髯，骑在马上，手持一杆长刀，对尔朱荣道："你们肆州兵马无事造反，是活得不耐烦了吗？"尔朱荣立马阵前，对乔宁道："我奉密诏入京，以清君侧、匡社稷。你速速开城放行，不得拦阻。"乔宁道："没有太后的诏令，就是造反。我先拿了你，解去洛阳请功。"话音刚落，乔宁背后一骑飞出，马上一将，正是都督潘恒，直取尔朱荣。高欢见了，催动坐骑，挺枪出阵，迎战潘恒。二人在战场上战不数合，高欢卖个破绽，反手一枪，正中潘恒前心。潘恒翻身落马，绝气而亡。尔朱荣见了，抽刀向前一指，大军冲杀过来，将乔宁杀得大败。

乔宁率败兵退回城内，关紧城门，严加防御。尔朱荣纵兵直抵城下，乘胜攻城。随着隆隆的战鼓声，城下立时架起百余架云梯。高欢头戴铁盔，身披重铠，口衔利刃，身先士卒，登上云梯，爬向城头，窦泰带着军中勇士紧随在后。城上的守军虽全力抵御，但总挡不住高欢等人凌厉的攻势。不一会儿，高欢与窦泰等人先后登城，手执钢刀，将城上守军砍翻无数，从城上一直杀到城下。高欢的两只袖口都被鲜血灌满了，甩甩袖子，洒血复战，与窦泰等人一气儿杀到了城门口，斩关落锁，大开城门。尔朱兆、刘贵、侯景等人率骑兵疾冲进城。乔宁见上党城守不住了，带了残兵败将，仓皇出城，逃回洛阳。

打下上党后，尔朱荣军威大振，沿途州府无不望风降附。不久，尔朱荣又攻下河阳（今河南孟县西），兵不留行，直抵黄河北岸，离洛阳不过百余里。胡太后闻报大惊，昏招迭出，竟派人毒死孝明帝元诩，另立临洮王元宝晖的世子元钊为帝。这年，元钊年仅三岁。接着，胡太后又派李神轨为大都督，至黄河布防。李神轨领命，率兵十万开到黄河南岸，与尔朱荣夹河对峙。斥候都督贺拔岳专司刺探，听到消息，忙去禀报尔朱荣。贺拔岳字阿斗泥，神武郡尖山县（今山西朔州市）人，敕勒人，能左右驰射，骁勇过人。尔朱荣听说孝明帝驾崩和元钊登基的消息，拍案大怒，对贺拔岳说："主上晏驾时已十九岁，海内犹谓之幼君；况今奉三岁小儿登基，岂可望天下太平？"便命左右将诸将找来商议。不一会儿，高欢、慕容绍宗、尔朱兆、刘贵等人来到。众人听说明帝驾崩的消息后，无不骇愕。贺拔岳又进言道："主上富于春秋，忽而驾崩，令人起疑。远近都说是为鸩毒所害！"慕容绍宗在旁道："太后心狠手辣，极可能是她毒死了皇上，又立此三岁小娃娃，摆明了是想继续专权！"众人你一言我一语，纷纷质疑孝明帝的死因，更不承认新立的小皇帝。高欢建议尔朱荣另立新君，道："大帅，何不更择宗亲以承皇位？然后奉新君赴洛阳，查明先帝驾崩的缘由，再将邪臣绳之以法，便可昭告天下！"原来，尔朱荣的妻子是北乡长公主，北乡长公主的侄子是长乐王元子攸，素有令誉。听了高欢的建议，尔朱荣便与众人商量，打算立元子攸为帝，众人皆无异议。尔朱荣便派人潜入洛阳，致信于元子攸，密陈拥立之意。元子攸，字彦达，年方二十岁，献文帝拓跋弘之孙，孝文帝元宏之侄，彭城武宣王元勰的第三个儿子，姿貌俊美，颇有勇力，公元526年，进封长乐王，拜侍中、中军将军，公元527年，又拜卫将军、左光禄大夫、中书监。元子攸收到姑父尔朱荣的密信，又惊又喜，口头答应下来，请尔朱荣派人前来迎接。

尔朱荣率中军一万余人驻扎在河阳，筑城而居，北依太行，南临黄河，收到元子攸的答复后，思忖再三，便将高欢找来，打算命其入洛阳迎接元子攸。尔朱荣对高欢说："迎立新君，兹事体大。帐下诸将中，惟有高都督胆大心细，且曾去过洛阳。故此，不得不烦卿一往。"高欢很干脆地答应下来，说："末将不才，曾往返于洛阳与怀朔，熟悉洛阳人情地理，此行定不负大帅所托！"尔朱荣大喜，将贴身侍卫彭乐派给高欢作帮手。彭乐是尔朱荣军中有名的勇士，武力绝伦，一可当百。高欢领命而退，与彭乐一起回到自己的帐中，将尉景、窦泰、韩轨、司马子如、侯景等人找来商议。侯景道："两军对垒，洛阳一定戒备森严。此行危险无比，还是多带些人去的

好。"尉景道："我也正是此意！"司马子如却不赞同，摇头道："不可，不可，这又不是上阵交锋，人多了引人注目，反而坏事。"高欢思忖了一番，道："子如说的是，我与彭乐、窦泰去即可。万一有失，凭我们三人的身手，起码也可脱身。"众人商议已定，各自散去准备。

第二天一早，高欢做商人打扮，骑着马。窦泰、彭乐换了便装，扮作高欢的亲随，赶着一辆马车。马车上装了些布匹、茶叶、干果等杂货。三人离了河阳，不敢直接渡河，便沿着黄河北岸，向上游行去。风儿吹皱河面，泛起了层层涟漪，折射着朝霞的光芒，熠熠生辉。河堤上的树林闪着绿幽幽的光，在微风中轻轻摇响树叶，飒飒作响。此时，黄河两岸战火绵延，附近的百姓们早已逃亡，十室九空。虽是春耕时节，广袤的田畴里看不到一个劳作的农民。大片良田抛荒，长满了稗子、马耳菜、牛筋草、眼子菜、苍耳、狗尾草等杂草。三人沿着黄河，向上游行了百余里，来到一个渡口处，将车马赶到渡船上，准备过河。那黄河上的渡船最是宽大，可容十余辆马车。船老大赤裸着上身，露出虬结的肌肉，将一根长篙点入河底，徐徐撑开船。众船夫一齐摇着橹，喊着号子，驶着渡船如箭似的向对岸开去。大半个时辰后，船到南岸。岸上有洛阳禁军的哨卡，就有几个禁军登船检查。高欢等人假称是做生意的客商，倒也无人怀疑。弃舟登岸后，高欢等人又向前行了两日，离洛阳渐近，搜检得也越来越严。三人不想惹上不必要的麻烦，每见前边有军兵盘查，便远远地绕过去，又走了几天，终于来到洛阳城下。

正当傍晚，夕阳西下。落日的余晖照射在洛阳高大的城阙之上，一群归巢的鸟雀正在城头盘旋起落，发出清脆悦耳的鸣叫。一阵风过，城内的铃铎之声清晰可闻。高欢骑着马在前，窦泰、彭乐赶着车在后，来到洛阳东门前。城门处有一个禁军校尉，带着十几个军士，正在盘查出入人等，见了高欢一行，便喝道："站住，干什么的？"高欢赶紧跳下马来，按着早就商量好的对答之词，打着乡谈道："军爷，我们是从怀朔来的客商，办了些杂货，装在马车上，打算运进洛阳。现在边关大乱，没人买这些东西了。打算进城碰碰运气。"那校尉过来搜检，在车上翻了一遍，见并无违禁之物，便抬手放行了。高欢骑上马，与彭乐、窦泰等进了城，见街上行人很是稀少，买卖铺户也多下板歇业，便直奔长乐王府。长乐王府位于城东，在东直门大街上。高欢等人来到王府前，请看门人通报，就说是山西客商前来，有车珍货要献给王爷。那长乐王元子攸既与尔朱荣有了密约，不知是福是祸，每日惴惴，坐卧不安，忽听门上人来报，称有山西客商来访，知是尔朱荣派来的人，心里又紧张又兴奋，忙命人将来客带至客厅。

　　高欢、窦泰和彭乐三人进入客厅，不好便坐，站在厅内静候。不一会儿，元子攸由堂后走出，穿一身黄色缎袍，曲领大袖，袍子的下摆有镂空木槿花的镶边，身挂锦绶，腰系玉带，下着白绫袜黑皮履。高欢等三人忙上前拜见。长乐王元子攸年方二十岁，由于心情激动，额头上渗出几颗汗珠，两手微微有些颤抖。元子攸坐在一张椅子上，命高欢等三人平身落座。高欢见厅里再无旁人，便悄悄说："启禀大王，末将是尔朱将军帐下都督高欢，受尔朱将军之命，前来迎接大王出城。"元子攸听了这话，忙站起身来，走到门前，向外望了望，见门外无人，又回身坐在椅子上，道："高将军辛苦了，旁边这二位是……？"高欢向长乐王介绍了窦泰与彭乐，又道："末将等方才入城时，倒没遇到什么麻烦。但大王金枝玉叶，关乎社稷安危，如何随我等出城，倒要费一番脑筋，想个万全之策出来才好！"元子攸思索了一会儿，道："尔朱将军兵临洛城，城中的名医多出城避乱。我可以装作病人，出城去看大夫，或可诳过城门口的守军！"高欢道："此计甚妙，正巧我们带了一辆马车来，届时就请大王躺在车中。事不宜迟，明早就动身。"几人商议已定。当晚，高欢人三人就在王府歇宿。

　　第二天早晨，众人用过早饭，彭乐与窦泰将马车上的杂货卸下，将马车赶到王府后门处停下。元子攸换了身便装，瞒着家人，悄悄出了后门，躺进车里，装作得病的样子。高欢骑上马，窦泰、彭乐掩上车帘，分坐在两边车辕上，赶着大车，向城南门而去。城门口的哨兵见了，抬手将高欢一行人拦下。一个校尉带着几个军兵，大模大样地走过来，要进行搜查，问道："车上装的什么？"高欢忙下了马，迎上前去，道："军爷，小人是来自怀朔的客商，不想少东家得病，城里寻不到好大夫，只好出城再作打算！"那校尉听了高欢的话，半信半疑，走近马车，打开车门，探头向车里望去，见一人躺在车上，用被子蒙着头。那校尉伸手掀开被子，仔细打量着，见元子攸的面色有红有白，并非病恹恹的样子，不由得起了疑心，疾退两步，手按腰刀，一声号令，立刻上来几十个兵士，将高欢三人团团围住。彭乐见势不妙，身形微动，便要夺刀发难，却被高欢用眼神止住。高欢明白，对方人多势众，又是在城内，一旦厮杀起来，洛阳禁军瞬时就会赶到。那时，自己与窦泰、彭乐或能全身而退，却绝难带走长乐王。高欢身处重围之中，神色不动，脑子里却是念头急转，连想几条脱身之策，却又都觉得不妥。正在这时，忽见前方来了一队人马，旗帜飘扬，兵甲铿锵，很快到了近前。为首一人端坐马上，身披锦袍，腰悬宝刀，正是张始均。高欢一见，不由得又惊又喜。原来张始均已由兵部侍郎升为左中郎将，负责洛阳防务，这次是出来巡防，见前面围着几十名兵士，吵吵嚷嚷的，便带兵前来查看。

那校尉见张始均到来，忙上前邀功，道："启禀张将军，这里有几个来历不明的人，非要出城，形迹甚是可疑。"说着，将手向高欢一指。张始均一见高欢，登时认出，不由得大吃一惊。高欢向他使个眼色，装作不认识的样子，向前一揖道："小人是怀朔来的韩平，旁边二人是我的亲随。只因少东家得了急病，城内又找不到大夫，故要出城救治，还请大人放行。"张始均见高欢自称韩平，颇感意外，向高欢身旁一看，又认出了窦泰，再看彭乐神态剽悍，断非什么亲随，就知此中有诈，但念及高欢的救命之恩，不肯留难，便对那校尉说："这人的东家既得了重病，就不要为难他们了。速速开城，让他们走吧！"那校尉有些不情愿，还待分辩。张始均火了，脸色一沉，道："啰嗦什么，还不快快放行？"校尉自知胳膊拧不过大腿，不敢多言，只得指挥众军士打开城门。高欢不敢久停，向张始均微微点了点头，便骑上马，带着窦泰、彭乐等人赶着车一径出城而去。

高欢等人出城后，快马加鞭，赶着马车到了黄河上游，坐渡船过了黄河，疾驰至河阳。尔朱荣听说元子攸顺利来到，大喜，亲率兵马将其迎入营中，立以为帝。史载："（公元528年）夏四月丙申，元子攸夜北渡河；丁酉，会尔朱荣于河阳；戊戌，即帝位。"元子攸就是后来的孝庄帝。尔朱荣自任侍中、都督中外诸军事、大将军、领军将军、领左右、太原王，大权独揽。

这一日，尔朱荣命人击鼓升帐。麾下诸将如慕容绍宗、高欢、尔朱兆、贺拔岳、刘贵、尔朱世隆等人全部到齐，摆列大帐两旁。慕容绍宗现任长史，站在左侧首位，身披青铜铠，外罩白袍，腰悬长剑。高欢立在慕容绍宗之旁，身穿锁子连环甲，前有护心镜，外罩青色战袍，腰悬宝刀。高欢之下，便是刘贵、尔朱世隆等人。尔朱兆是尔朱荣的侄子，也是军中第一猛将，站在右侧首位，头戴牛头盔，身穿一套明光铁铠，前有兽面壮胸甲，外罩皂色战袍，背后背着一把厚背砍山刀。尔朱兆之下，便是贺拔岳、尔朱天光等人。尔朱荣也是全身披挂，居中而坐，扫视了一眼众将，说："李神轨率十余万大军，就驻扎在黄河南岸，实为劲敌。众位可有良策应对？"慕容绍宗应声出列，拱手道："大王，那李神轨的兵力是我们的数倍，却一直不敢渡河决战，必有畏我之心。我军若是正面渡河，他一定全力抵御，营中空虚，便可偷袭。"尔朱荣闻听，将右手在桌子上一拍，喜道："长史此计可谓奇策！高欢、尔朱兆，你们二人各引一千精兵，多带引火之物，从下游渡过黄河，再溯流而上，连夜埋伏在李神轨军营旁边。明日我军渡河，你们便伺机偷袭。"高欢、尔朱兆同时出列，躬身领命出帐，带兵疾奔至黄河下游。傍晚时分，太阳落山，燃烧着的晚霞渐渐暗淡，最终融进冥冥的暮色之中，大地一片混沌。高欢与尔朱兆率兵悄悄渡过河去，又在夜色的掩护下，潜至李神轨军营数里之外，分头埋伏。第二天黎明时分，黄河上还弥漫着白茫茫的晨雾。尔朱荣命人吹角鸣号，公然率大军渡河，但见北岸千帆竞发，大大小小的船只满载着数万将士，缓缓向对岸驶去。李神轨闻报，尽起麾下精兵，列于南岸，弓上弦、刀出鞘，做好抵御准备，却只留下千余老弱守营。高欢、尔朱兆见机会来了，一齐擂起战鼓，率兵冲入李神轨的营中，杀散留守兵士，取出引火之物，四处纵火。霎时间，李神轨营中的辎重、粮

草、帐篷全被烧着，熊熊的火焰腾起数丈，像百十条翻滚的赤龙。李神轨的将士们见老营有失，登时大乱。尔朱荣乘机率军登岸，纵兵冲杀，将李神轨部杀得大败，斩首一万多级。李神轨身中数箭，带伤逃回洛阳。尔朱荣的大军开到了河阴（今河南洛阳东北），洛阳再也无险可守。胡太后忙召集群臣问计，群臣疾太后所为，莫肯致言。胡太后见众叛亲离，号哭了一场，却也无可奈何，只得到永宁寺落发出家。不久，尔朱荣派尔朱世隆带兵进洛阳，守住九门，将胡太后和小皇帝元钊抓起来溺死。

　　大局已定，尔朱荣却一直驻兵河阴，迟迟不肯奉着孝庄帝进洛阳。大家都觉得奇怪，私下里议论纷纷，猜不透尔朱荣葫芦里卖的什么药。过了几日，尔朱荣命人召慕容绍宗、尔朱兆、高欢、贺拔岳等几个心腹将佐到帐中饮酒。高欢统兵五千，驻扎在河阴西南三十多里处，接令之后，便骑马出营，直奔河阴而来。正当黄昏，残阳如血，天空浮动着大块大块的火烧云。黄河水面上，一片金光璀璨，直可吞天沃日。高欢披襟当风，纵马而行，不多时，进了河阴大营，来到尔朱荣的帐前，跳下马来，步入帐中，见帐内摆着一张大圆桌，桌旁有几把椅子。桌子上放着几大盘子煮熟的牛羊肉，桌下还有几坛酒。原来尔朱荣是部落酋长出身，虽贵为太原王，饮食习惯却是不改其旧。这时，慕容绍宗已到了，正与尔朱荣坐在桌边。高欢向尔朱荣施过礼，坐在桌旁的一张椅子上。不一会儿，尔朱兆、贺拔岳也先后来到。尔朱荣见大家到齐，吩咐侍卫倒酒。众人掏出随身带着的小刀子，一边割肉吃，一边喝酒。吃喝了一会儿，尔朱荣挥手屏退侍卫，对大家说："这次将大家找来，是有一件要事商议。"慕容绍宗道："大王有什么事？尽管吩咐就是！"尔朱荣点点头，又与众人干了一碗酒，将酒碗放在桌上，压低声音说："洛阳百官，骄侈成俗，恐终不为我所用。我欲令百官出城至此，然后将他们全部杀掉，怎么样？"这话一出，高欢、慕容绍宗、贺拔岳等人相顾失色。尔朱兆却拍手赞成，道："叔父长驱而至京城，百官素不钦服，常有轻侮之心。自应大行诛罚，更树亲党。"高欢忙劝道："大王，此事不妥！当初太后失道，嬖幸弄权，淆乱四海，故大王兴晋阳之甲以清朝廷。今无故

059

要杀尽朝廷百官，不分忠佞，恐天下失望，还请三思！"慕容绍宗与贺拔岳也极力劝阻。尔朱荣却是心意已决，谁的话也听不进去，即命人入京假传圣旨，以迎新君为名，召朝廷百官到河阴淘渚（今河南孟津老城西北）集合。

公元528年4月13日，黎明时分，北魏众大臣奉命，穿戴朝服，备齐法驾，捧着皇帝玉玺，步行出了洛阳城的北门，赶往河阴去迎接新君。队伍的最前面是高阳王元雍、河间王元琛、京兆王元继、始平王元子正等宗室权贵。高阳王元雍不仅是当朝丞相，还是当时首富，家里的宫室园囿，比大内禁苑还要漂亮，有僮仆六千人，伎女五百人。府内的门窗之上，玉凤衔铃，金龙吐旒，连马厩里，用的也是银制的马槽。河间王元琛常想与元雍争富，曾请元雍、元继等诸王过府饮宴，在席上摆列水精锋、玛瑙碗、赤玉卮等精美酒器，又在宴席之侧盛陈女乐、名马及珍珠翡翠。筵罢，元琛乘着酒兴，邀诸王坐上步辇，去参观自己的府库，只见里面装满了奇珍异宝和名缎金钱。元继素以富自负，见了元琛的气派，归来后竟气得大病一场。这几人平日里居侈气，养侈体，昼夜歌吹，穷奢极欲，本不愿出城跋涉，只是考虑到将来的政治前途，才不得不去迎接新君。元雍等人之后，便是庞大的官员队伍，浩浩荡荡排出十几里。

这几日正赶上倒春寒天气，众人出了洛阳城，走在路上，迎着飒飒的北风，觉得有些寒冷，来到河阴淘渚，却不见新皇车驾，但见东一群、西一群的许多骑兵，还有旌旗烈烈，战马腾踊。远处，是无数披甲持戟的兵士。尔朱荣满脸肃杀，骑着一匹黑马，立在军阵之前，身上的皂青色大氅随风飘摆，如同苍鹰的双翅。尔朱荣见众官到齐，冷冷一笑，传下令去。但闻蹄声如雷，尔朱兆率五千多骑兵将众朝臣围在中央。尔朱荣策马来到百官队伍前边，默然良久，然后，像是下定了决心，扬起头来，高声喊话："天下丧乱，太后干政，先帝暴崩，都是你们不能辅弼造成。你们这些人只知贪虐，个个该死。今天，我要将你们全部杀掉，以谢苍生！"元雍、元继等人听了尔朱荣的话，简直不敢相信自己的耳朵。就在众人发愣时，四周的骑兵已经亮出兵刃，催动战马，在"轰隆隆"的马蹄声里，向朝臣们逼近。众官惊惶

四顾，看到马上骑士那狰狞的面容和雪亮的利刃，才知死到临头，顿时乱作一团，有人已吓得浑身软瘫。尔朱荣骑在马上，牙一咬，心一横，从牙缝里挤出一个字："杀！"顿时，一场惨绝人寰的大屠杀开始。尔朱兆率骑兵冲入百官的队列中，刀砍枪刺，锤击斧剁，肆意杀戮。众王公大臣手无缚鸡之力，如屠宰场上任人宰割的牲畜，一个个血染黄土，头落田畴。一阵大风刮过，将百官们临死前的惨叫声吹得支离破碎，空气里弥漫着一股刺鼻的血腥味儿！河阴方圆数十里内，成堆的尸体横倒竖卧，鲜血渗入土里，血泥杂糅，一片狼藉，简直就成了人间修罗场。在这场大屠杀里，丞相高阳王元雍、司空元钦、义阳王元略、无上王元劭、始平王元子正、京兆王元继等两千余人被杀，整个朝廷权贵几乎被屠灭殆尽。高欢驻马高坡，负责场外警戒，得以目睹了这一幕惨景，暗自摇头叹息。高欢的身旁，立着慕容绍宗、侯景、窦泰、尉景、彭乐、韩轨等将领。这些人平时也都是杀人不眨眼的角色，但见了这场灭绝人性的大屠杀，还是深感惊悚。潘相乐心肠最软，已是忍不住哭出声来。

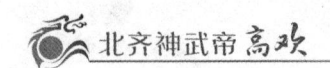

第七章

> 高欢平定山东邢杲起义，受封为晋州刺史。尔朱荣的侄子尔朱兆暗怀嫉恨，设下酒宴，将高欢灌醉，又派手下刺杀高欢。高欢将刺客反杀，连夜引兵出走。

河阴之变后，北魏大臣被屠戮殆尽，朝廷为之一空。随后，尔朱荣率兵开进洛阳，将女儿嫁与孝庄帝为皇后，又大肆提拔兄弟子侄，各据要职。如尔朱荣长子尔朱菩提被立为太原王世子，任骠骑大将军、开府仪同三司。尔朱荣其余的几个儿子尔朱义罗、尔朱文殊、尔朱文畅等尚在襁褓之中，也皆受封为王。尔朱世隆、尔朱彦伯、尔朱仲远、尔朱度律都是尔朱荣的堂弟，全部位列贵显。尔朱世隆为乐平郡开国公、尚书左仆射；尔朱彦伯为博陵郡开国公、右光禄大夫；尔朱仲远为清河郡公、徐州刺史、尚书右仆射；尔朱度律为乐乡县开国伯、左光禄大夫、京畿大都督。尔朱荣又命侄子尔朱兆为颍川郡开国公，以堂侄尔朱天光为广宗郡公、都督雍岐二州诸军事。自此，尔朱家族把持了朝廷军政大权。上至孝庄帝，下至文武群臣，皆迫于尔朱荣的兵威，无不唯唯听命。

尔朱荣掌握了朝权后，腾出手来，开始镇压地方上的各支起义军。当时，北魏境内起义不断。葛荣起义军的势力最为庞大，曾大败章武王元融，擒杀殷州刺史崔楷，又合并了杜洛周的部众，拥兵二十余万，占据了河北的大部分地区。葛荣自称天子，国号大齐，年号广安。为镇压葛荣起义军，尔

朱荣在河南、河北一带大肆征兵征粮。民间为之骚然，家家从军，丁丁转运，百姓死丧离旷，十室九空。无数士民流亡到青州（今山东益都）一带，或为人奴婢以寄命衣食，或亡命山林以渔猎为生，常郁郁思乱。屋漏偏逢连夜雨，公元528年，青、徐、齐、兖、幽五州大旱，自夏及秋，几乎没下一场雨，河流日渐枯竭。烈日之下，空气仿佛在燃烧。赤铜色的河床龟裂开来，如同老人脸上的皱纹。一些灾情严重的地方，不仅河水断流，连水井也都见了底。绿草大面积枯黄，牛羊畜群因饥渴而死亡殆尽。田野里的庄稼自然也不会幸免，在地里大批旱死，几近绝收。恐慌的人们为了谋生，只得背井离乡地去乞讨。饥民们四处流浪，拖着疲惫的步伐，步行数天寻找食物。一些瘦骨嶙峋的饥民倒在路边，就再没有站起来的力量，只是静静地坐着、躺着，眼神里满是无助和绝望。路旁随处可见匍伏倒毙的饥民，仅剩下一张皮和一副骨架。面对着这场空前的灾荒，各地守令纷纷向尔朱荣求援。然而，尔朱荣一味屯粮备战，不肯开仓赈济，使灾情越来越严重。数月之间，死者万余，民怨沸腾。六月，邢杲趁机在北海（今山东潍坊西南）兴兵反魏。邢杲是河间（今河北河间）人，原为幽州平北府主簿，身高七尺八寸，颇读经史，膂力过人。邢杲起兵后，得到各地流民的响应，旬日之间，人马超过十余万人，连陷东平、光州（今山东莱州）等地。

入秋数日，阳光惨淡，云遮挡住大半个天空。阵阵秋风扫荡着落叶，路旁的树上只剩下光秃秃的树干。郊外的荒草上，落满了晶莹的白霜。尔朱荣率兵离了洛阳，还未到河北，就收到山东雪片般的告急文书，只得集齐麾下将佐，准备选派一员大将去山东。尔朱荣对众将说："今得军情急报，邢杲反于北海。哪位愿往平叛？"高欢与尔朱兆挺身而出，称愿带一彪兵马出征。尔朱荣大喜，便命高欢为铜鞮伯，率军五万征讨邢杲。尔朱兆见未派到自己，心中怏怏不服，晃了晃硕大的脑袋，道："叔父何不派我，却让个外人独当一面？"尔朱荣瞪了一眼尔朱兆，道："贤侄只堪统带三千骑兵，多则乱矣。"尔朱兆暗生闷气，但慑于尔朱荣之威，不敢再说什么。

高欢领命而出，召集窦泰、侯景、司马子如、尉景、韩轨、潘相乐等人,带兵即日登程,以彭乐为先锋,由河北开赴山东。这时,邢杲在泰安一带攻城掠地,已打下了不少地盘,自称汉王,建都东平,年号天统。彭乐率兵五千,进入山东境内,与邢杲几次对阵,将邢杲杀得大败,连下登州、光州。邢杲屡战失利,退至东平。东平是徐州名府,西临黄河,东望泰山,地势东北高、西南低,城外就是广袤的鲁西平原。邢杲退进东平城内,见彭乐尾随而至,忽生一计,便遣人至彭乐军中下书,声称愿约期归降。彭乐屡胜而骄,见书之后信以为实,便按照约定的日子,领军至东平城外受降。有部将提醒彭乐道:"将军,受降如受敌,谨防有诈。"但彭乐贪功心切,一心只想收编邢杲的人马,完全放松了警惕。邢杲见彭乐骄而轻敌,便假令部下卸甲弃兵,打着白旗,出城集合,趁彭乐不备,发出暗号。邢杲的部下听到暗号,取出身上藏着的利刃,一声呐喊,突入彭乐军中,放手砍杀起来。彭乐所部不及应对,大败亏输,在东平城外抛下几千具尸体,几乎是全军覆没。彭乐单骑突围,逃回高欢的大营。高欢大怒,喝令将彭乐推出辕门斩首。潘相乐劝道:"彭乐虽失了军机,却也曾屡立功勋。请大帅给他个机会,容其自新。"司马子如道:"那邢杲凶狡多诈,本非彭乐所能敌。今两军交争,正是用人之际。请大帅免其死罪,以观后效!"诸将窦泰、韩轨等人也为彭乐求情。高欢便免了彭乐的死罪,将其杖责一百军棍,命其白衣领职,亲率大军前往东平,在城外扎下营盘,与邢杲交战多次,互有胜负,一时相持不下。

这一日傍晚,高欢敛兵回营,卸去甲胄,独在帐内,筹思破敌之策。这帐篷用柳木作为骨架,上如伞骨,用毡作帐幕,可卷可舒,前面有门,顶上开窗,谓之天窗。行军的时候,将帐篷拆开,装在马上即可运走,很是方便。到了半夜,高欢仍无睡意,于案前秉烛而坐,听着城上传来刁斗之声,已是三更,觉得身上有些寒冷,便披上一件袍子。这时,帐外脚步声响,帐帘一挑,司马子如提着一坛酒走了进来,笑道:"我自外边经过,见帐内烛影摇红,知你未睡,故来夜谈!大帅还在思量平贼之事?"高欢起身相迎,道:"不错!我军出征之时,并未携带冬装。马上快到十一月了,天气渐寒。再这么拖下去，我军将不战自败。"二人分别坐下，高欢取过两只酒碗，放在桌案上。司马子如提起酒坛，在碗里倒满了酒，笑道："你且干了这碗酒！我便说条妙计与你！"高欢素知司马子如多智，闻言大喜，道："子如，你若有计破贼，别说一碗了，喝一坛都成。"说着，高欢端起酒碗，一仰脖子，"咕嘟嘟"，将碗里的酒喝尽。司马子如也陪着喝了一碗，擦了擦嘴，对高欢说："东平城外地势平坦，利于骑兵冲突。我部将士多来自边塞，不乏马术精湛之人，何不组织一支骑兵？必能破贼！"高欢略加思索，两手一摊道："骑士不少，可去哪儿找那么多战马呢？"司马子如道："军中现有五万余人，命十人共买一马，便可得五千匹。"高欢喜道："果然好计。"二人边饮边谈，直到后半夜，皆喝得大醉，横倒竖卧地躺在帐中，胡乱睡了。第二天，高欢下令军中，命军士们每十人合买一匹马；凡是买马的军士，免除家中两年的赋税。军士听了，踊跃买马，不到一个月，五千匹骏马齐备。高欢又选出五千名精于骑射的军士，组织起一支精锐的骑兵，交由窦泰统领。

过了几日，已是初冬。太阳光芒不再那么刺眼。高空的风卷逐着云朵，又呼啸着掠过大地。高欢再次出兵临城，在城外讨敌骂阵。邢杲听说高欢又来挑战，不肯示弱，点起队伍，出城迎敌，刚列开阵势，突然听到雷声隆隆，由远而近。邢杲见天气晴朗，不知何来的雷声，心中纳闷，骑在马上，举目四望，只见西南方向烟尘大起，渐至军前。烟尘之中，是无数的骑兵，挥舞着雪亮的马刀，杀将过来。邢杲这才明白，刚才听到的不是雷声，是战马的蹄声，忙欲收兵回城，但为时已晚。霎那间，窦泰率领的五千铁骑如一柄巨刃，切入邢杲的军阵。数千匹战马被放开缰勒，背负青天，腹掠黄土，在东平城外纵横驰骋。窦泰和他的部下骑在马上，手握马刀，肆意砍杀，将敌阵冲得七零八落。邢杲的部下多为步兵，不是被马踩死，就是被马刀砍死，余下的四散逃亡。高欢乘势催动兵马，长枪大戟地杀将过来，大败邢杲，俘斩三万多人。邢杲带了残兵败将逃回城中，自知损失惨重，再也无力守城，当夜便弃城而走。高欢率兵进入东平，缴获了大批粮草物资，又命窦泰、侯景、潘相乐等人率兵继续追击。公元529年四月，窦泰在济南生擒了邢杲。高欢派一小队人马，将邢杲装入囚车，运载至洛阳，斩于午门之外。平定邢杲之后，高欢略事休整，便率兵赶往河北，与尔朱荣大军会师，击溃葛荣起义军，在滏口擒斩了葛荣，又移师关陇，与贺拔岳等人镇压了当地农民起义军，这才随尔朱荣回到洛阳。

　　班师回朝之后，太原王尔朱荣见内外肃清，志得意满，便择一良辰吉日，在皇极殿大排筵宴，命尔朱兆、尔朱世隆、慕容绍宗、高欢、刘贵、贺拔岳等有功将帅赴席。皇极殿位于宫城北边，上盖着金黄的琉璃瓦，在阳光下耀目生辉。殿门的正上方，离地数丈，悬着一块金丝楠木的巨匾，上面龙飞凤舞地题着三个斗大的金字："皇极殿"。殿内支撑着九根红色巨柱，每根都有数人合抱粗细，上雕九爪金龙。每条金龙雕的都是栩栩如生，回旋盘绕在柱子上，直欲破空飞去。殿角点着檀香，烟雾缭绕，香味扑鼻。众将进殿后，向尔朱荣行礼已毕，便由郎官引领着，坐到大殿两侧的席位上。大家每人一席，桌上的酒杯里已斟满了美酒，翡翠盘中盛着精美的菜肴。不一会儿，司礼官引着一群乐师，怀抱各式乐器，进来行礼，又有一队舞女头梳宫髻，髻上插满珠翠花饰，身穿曳地纱裙，进殿飘飘万福。然后，众乐师退出，坐在两廊之下，鸣钟击磬，奏起乐来。随着悠扬的乐声，众舞女在殿中一齐起舞，但见衣袖飘荡，舞姿婀娜。歌舞多时，众舞女退下，乐师们奏起古琴，琴声泠泠，铿锵悦耳，弹了一会儿，忽作变徵之音，凄清婉转，动人心魄。

　　那尔朱荣是部落酋长出身，束发从戎，习于金鼓之声，却从未领略过宫廷雅乐的魅力，今日乍闻琴声，忽生感慨，乘着酒兴，对诸将道："人生苦短，如白驹过隙，我已年近五旬。将来有一天，若是我不在了，谁堪为军中之主？"诸将见尔朱荣问及，都推尔朱兆。尔朱荣已有了几分酒意，摇摇头道："将来堪代我主军者，唯有高欢。"然后，也不管尔朱兆面子上是否下得来，当众告诫尔朱兆道："你不是高欢的对手，终当为其穿鼻。"尔朱兆坐在位子上听了，一张脸涨成了猪肝色。慕容绍宗忙在一旁打圆场道："大王既知人生苦短,何不及时行乐?"尔朱荣听了大笑,道:"说的也是!"便与众将酣歌痛饮起来。众人又喝了几轮,尔朱荣将酒杯放在桌上,命乐声停止,开始论功行赏,命高欢为晋州刺史,以贺拔岳为雍州刺史,以尔朱兆为汾州刺史。其余有功将佐,皆有赏赐。众将一片欢腾。尔朱兆虽得汾州,但见叔父抬举高欢,不由得妒火中烧,却又不好发作,只能暗自生闷气。

　　皇极殿宴罢,尔朱兆、贺拔岳等辞了尔朱荣,各领所部,分头去上任。汾州(今山西汾阳)位于山西中部,领介休、孝义、平遥等九郡,州治在隰城。尔朱兆将兵马分驻各郡,自己带着三千亲兵来到隰城,入驻刺史府。一连数日,尔朱兆训兵理事之余,每想起皇极殿之事,便觉得懊恼。这天,尔朱兆的心腹校尉贺义前来禀见,见尔朱兆面带不虞,便问道:"将军得一兵马大州,该当高兴才是,却是因何不悦?"尔朱兆恨恨地道:"还不是因高欢那厮。山东平乱,此人就抢了我的风头。现在,叔父又命他为晋州刺史。嘿嘿,小小镇兵,居然与我平起平坐起来,简直令人气煞!"贺义为人甚是歹毒,听了尔朱兆的话,便道:"高欢既敢如此无礼,我愿为将军刺杀此人。"尔朱兆听了,面露喜色,缓缓点头,道:"这样倒可一劳永逸。只是那高欢手握重兵,颇不易接近。"贺义诡秘地一笑,道:"高欢去晋州上任,必从汾州路过。将军便将其邀到府内饮宴,再将他灌醉留宿。小人就可乘便下手了。"尔朱兆听了,连称:"妙计。"

　　高欢受封为晋州刺史后,又在洛阳盘桓了几日,命人去晋阳接家眷。前两年,娄内干夫妇相继去世。这次,高欢便派人将娄昭君、高澄等人先期接往晋州,然后,又去向尔朱荣辞行,点起所部七千人马,与尉景、窦泰、司马子如、侯景、潘相乐、彭乐、韩轨等人,奔赴晋州。这一日,高欢率兵来到汾州境内,过了汾州,便是晋州了。尔朱兆听说高欢率部入境,便遣人劳军,又给高欢送了封信,邀高欢到隰城小聚。高欢接信后,不疑有他,领着兵马到隰城,将部队驻扎在城西二十里处,带了两个侍卫,骑上马,进城来到汾州刺史府。尔朱兆闻报,出府相迎,假作亲热,与高欢携手而进。高欢来到府中,举目望去,只见前院中一座大厅,顶上是飞翘的屋檐,装饰着石刻的鸟兽，廊下有木制廊柱，涂着朱红的油漆，绕过大厅，又走过一重院落，便来到后花园。后花园里不仅遍栽奇花异草，还错落分布着数座亭台楼阁。花园的东侧，是几间厢房。尔朱兆挽着高欢的手，来到厢房前的一座花亭中坐下。那花亭是个八角小亭子，地势略高。亭中有一张四方桌和两把椅子，桌上摆满了酒菜。尔朱兆与高欢相对而坐，一边饮酒，一边闲聊。尔朱兆心怀鬼胎，频频劝酒。高欢并无防范，只当尔朱兆待己甚好，便多贪了几杯，不觉有了七八分酒意。天色渐晚，四周的楼阁点起了灯烛，园中的花木也变得模糊起来。高欢有些不胜酒力，便欲告辞。尔朱兆假作关切，对高欢说："天不早了，出城不安全。贤弟今晚就在花园厢房中休息吧！一会儿，我自会让人送卧具来。"高欢也没多想，点头应允。

尔朱兆心中大喜，忙命人去厢房整理床铺。高欢又喝了一会儿酒，觉得酒劲上头，便摇摇晃晃地站起身来，辞了尔朱兆，随着一个家人去休息。那家人举着灯烛，在前引路，沿着一条碎石小径，来到厢房前，打开房门，将灯烛放在桌上，摊开床上的被褥，便退出房去。高欢关上房门，觉得有些头晕，不及宽衣，仰躺在床上，合目睡去。尔朱兆匆匆回到前厅，将高欢的两个侍卫打发回去，又命人唤来贺义，问道："你准备什么时候动手？"贺义道："只在今夜，必为将军杀之。"尔朱兆道："那高欢武艺高强，虽是醉了，你也要小心。"贺义道："小人知道，将军尽管放心。"尔朱兆点点头，从墙上取下所挂的一口宝剑，付与贺义，又嘱咐了一番，贺义领命而去。

半夜时分，贺义换了套黑衣，手持宝剑，潜入后花园，躲在假山之后。夜色深沉，园子里人声寂寂，唯闻一片蛙鸣虫啁。贺义估计高欢已睡着，便蹑手蹑脚地走至厢房，见房门已关，用手轻轻推了推，发觉里面已闩上，又侧耳贴近门缝听了听，微闻房内鼾声。贺义心中暗喜，从腰间抽出宝剑，轻轻插入门缝，划开门闩，缓缓推开房门，高抬腿，轻落足，走至床前，左手撩起床帐，右手举起宝剑，对准高欢的脖项便劈了下去。高欢睡觉向来警醒，虽饮了好些酒，但并未沉睡，正在朦胧之时，听到房门口似有动静，微微睁开眼睛，借着桌上残烛之光，忽见床前立了一个人，手持一把明晃晃的宝剑，朝自己当头劈落。忙迫之中，高欢疾起一脚，正中贺义手腕。贺义"唉呀"一声，宝剑脱手飞出，不及捡拾，返身逃出房去。高欢从床上一跃而起，抢起宝剑，追将出来。贺义因逃得慌张，在园中太湖石上绊了一跤，一个跟头跌倒在地。这时，高欢疾步赶到，不待他起身，右手一抖，将冰凉的剑锋架在贺义的脖子上，喝问道："你是什么人，为何来杀我？"贺义忙道："高将军饶命，小人是尔朱兆将军帐下的校尉，奉他之命前来杀你。"高欢心里一惊，道："我与尔朱兆无怨无仇，为何要害我？"贺义道："尔朱将军恨你抢了他的风头，占了他的功劳，故欲除你。"高欢又问道："那尔朱兆现在何处？"贺义道："正在前厅等小人回报。"高欢听了，喝令贺义起身，在前面引路，自己手持宝剑，于后相随，同往前厅而来。

尔朱兆正在厅中等候消息，听得门外脚步声响，抬眼一看，却是高欢押着贺义走了进来，知道事情败露，不觉失色。高欢一脚将贺义踢翻在地，忿忿道："我高欢一介武夫，蒙太原王赏拔之恩，常思立功报效。不料你却遣人刺杀于我，却是何故？"尔朱兆理屈辞穷，张口结舌地无言以对，一咬牙，猛然抽出腰刀，砍向贺义。那贺义不及躲避，一声惨叫，已是身首异处。尔朱兆纳刀还鞘，对高欢道："高贤弟不必多疑，这都是贺义一人所为，我实在是不知。"高欢见贺义被杀，知道此事再无对证，冷笑一声道："生死有命，富贵在天。高某不才，却也不惧宵小之辈的鬼蜮伎俩。告辞！"言罢，掷剑于地，愤愤出府。这时还是半夜，高欢骑上马，来到西城门前。城门守军见是高欢，不敢拦阻，连忙打开城门，放他出去。

高欢纵马出城，向西驰去，来到所部驻地前，天已蒙蒙亮，刚进辕门，迎头碰见了尉景。尉景披着战袍，挎着腰刀，骑着匹黄骠马，带着十几个卫士正在巡营，见高欢面带怒容地归来，忙问道："出什么事了？"高欢一边与尉景并马而行，一边将尔朱兆派人行刺的事告诉了一遍。尉景听了大怒，道："尔朱兆嫉贤妒能，欲害有功之人。咱们找太原王说理去！"高欢摇摇头说："疏不间亲，就算告到太原王那里，也不能把尔朱兆怎么着。以后自己小心就是了。"尉景道："那就这么算了不成？"高欢道："也只能如此了，好在没伤了性命。我们还是整顿人马，速去晋州为是。"尉景听了，只得作罢。

第八章

> 敬宗皇帝假称太子降生，将尔朱荣骗进宫中杀掉。高欢乘机在晋州坐大，招兵买马，于石鼓山剿灭纥豆陵部落。

这时，朝阳正冉冉升起，很快跃出了地平线。东方的天空燃起大片红霞，宛如万面红旗招展。高欢传下令，命部队即刻开拔，迅速离开隰城，当天便渡过了桑干河，又行了几日，绕着句注山一直到了汾水，离隰城已有数百里。一连几天，部队白天急行军，晚上宿营的时候，也是严设备卫。将士们觉得奇怪，高欢却也并没有向大家多解释。他只把尔朱兆遣人行刺之事告诉了尉景与窦泰，不想让更多的人知道。过了汾水，高欢率兵又走了十几天，终于出了汾州，进入了晋州境内。

晋州（今山西临汾市及周边地区）下辖敷城、西河、义宁等十二郡，州治在平阳。平阳城的四面开有城门，城中有条十字街，是这座城市的主干道。街道两边，摆列着密密匝匝的店铺和民居，还有城隍庙、土地庙、钟鼓楼、牌坊等。晋州刺史府位于东西大街的中段，坐北朝南。整个府内第的建筑是按"前朝后寝，左文右武"的规则进行建造。前院是大堂，还有二十多间房屋，是文武佐吏的公事房。后院是刺史与家眷居住的内宅，除了正房十余间，还有东西厢房。

这一日，高欢率军来到平阳，见晋州文武佐吏已在城外三十里的接官亭恭候多时。高欢骑着马甫到亭外，便听到"噼噼啪啪"的鞭炮声，忙跳下马来，与晋州官员一一相见，又将部队驻扎在城外，带了两千名亲兵，在大家的簇拥下进城，入驻刺史府。刺史是一州的军政首脑，不仅掌握着军队，还兼有治民、决讼、进贤、劝农等责，可任免所属掾史，权力极大。这一年，高欢年仅34岁，任晋州刺史后，以司马子如为长史，以尉景、窦泰、侯景、彭乐、潘相乐、韩轨、刘贵等人为镇城都督，招兵买马，积草屯粮。

转眼进了夏末，这一天，晋州刺史高欢率各府县的守令，出了平阳城，前去祭祀先农神庙，准备秋收。平阳城外的田野里，庄稼的长势都挺好。麦田里，饱满的麦穗低着头，几乎把麦秆都压弯了。广阔的玉米地里，沉甸甸的玉米挺在健壮笔挺的玉米杆上，像一个又一个的牛犄角。高粱、花生、地瓜，全都脚赶脚地成熟。大豆、红豆和绿豆，也在豆荚里鼓出圆圆的豆粒。地头上，还有很多补种的南瓜、坡豆角儿。先农庙位于平阳东城门外五十里，坐落在一山坡上。整个庙宇分前、后两院，面积虽然不大，但布局错落有致。前院有山门殿五间、正殿（炎帝殿）五间，还有神台、神农碑、神农塔、神农尝百草塑像等。正殿的前檐下，安置着四尊精工雕刻的石狮。后院也有五间大殿，还有数十间房舍，供香客们休息之用。

这天早上，高欢率众官员与阖府绅衿来到庙外。吉时一到，执事宣布祭祀开始。高欢身穿礼服，亲自主祭，带领众人步入神农庙正殿。正殿内塑着一座高大的神农像，像前已摆好贡品台。台上除了有茶、食、五斋、五果等，还有牛、猪、羊等三牲。高欢从执事手里接过点燃的香蜡，敬献在神农像前，又退后三步，随着赞礼之声，与众人一齐叩拜神农圣帝。叩拜已毕，高欢站起身来，从执事手里接过一张黄纸，开始朗读祭文。读罢，众人退出殿外。执事领着乐队班子进入殿内，开始奏乐娱神。随着鼓乐之声，舞狮队舞起了狮子，将狮子的搔痒、舔毛、抖毛、打滚、摔跤等动作表演得惟妙惟肖，又模仿狮子的跳跃、登高、腾转等动作，展现出狮子勇猛、威武、刚毅的一面。院内也搭起了戏台，演起了大戏。庭院东西两侧搭有戏楼。高欢等人走出殿外，登上戏楼，津津有味地观看着。热闹的表演活动整整持续了三天，到了第四天，乐队撤出。高欢站在庙门口的台阶上，宣布秋收开始，又命官员下乡劝农，巡行乡间，劝课农桑，鼓励人们力田南亩。至此，整个活动方告结束。

又过了几天，高欢天不亮就起来，换了身便装，带了十余名随从，出城了解秋收情况。天色微明，平阳城外阡陌纵横，村落相望，炊烟袅袅升腾。又过了一阵子，太阳渐至中天，阳光照耀着大地，却已无夏日的炎热，展露出秋日的亢爽，蓝天上飘浮着几朵绵绵的白云。高欢等人一路行来，见路旁的麦田里，人们挥舞着银光闪闪的镰刀，正在抢收。道边树枝上的叶子已然泛黄，与金黄的麦浪交相辉映，编织着一幅麦熟粮稔的画卷。

晋州民间富庶，物产丰隆。高欢借机聚敛，屯积了大批粮草，又派潘相乐采购了许多党参和云雕，准备运往洛阳，送给尔朱荣。"鄙吝之人，终非大器。"舍得花钱，是高欢成就大业的一个重要原因。潘相乐购进的这批党参有数十根，个个根条肥大，身长腿少，根头部呈"狮子盘头"状，极是难得。那批云雕由新绛名工所制，是在车好的木胎上涂以百十道朱、黑颜色的漆层，再用刻刀在上面雕出图案云纹，看去，宛如各种形态的彩云，造型卓异，可谓珍品。高欢正打算派刘贵将这批礼物送往京城，却突然听到了尔朱荣被杀的消息。

原来，柱国大将军、太原王尔朱荣自矜功业，在洛阳杀伐决断，吾念必行，全不将孝庄帝放在眼里。毕竟洛阳禁军全归尔朱荣指挥，尔朱世隆、尔朱彦伯等朝廷重臣都是尔朱荣一党。只要尔朱荣动动手指头，就可以将孝庄帝推下皇位。孝庄帝自知实力薄弱，虽见尔朱荣日益骄横，也只得一味隐忍。城阳王元徽是孝庄帝的堂叔，粗涉书史，颇有吏才，外似柔谨，内多猜忌，睚眦之忿，必思报复。元徽的两个兄弟在河阴之变中惨遭非命，恨尔朱荣入于骨髓，日夜与孝庄帝谋划除掉尔朱荣之策。

初秋的一天，云絮在空中飘动。阳光照在宫城的琉璃瓦上，熠熠生辉。宫墙外的梧桐树叶纷纷飘落，满地的落叶来不及打扫，又被飒飒的秋风卷到了半空里，为巍峨的禁城平添了几分肃杀之意。这天早上，城阳王元徽入宫晋见。孝庄帝屏退侍者，对元徽道："那尔朱荣平贼回京之后，行事日益跋扈，恐怕已有篡位之心。我们必须想个办法，赶紧将其除掉。否则，朕将死无葬身之地。"元徽见四周无人，悄悄对孝庄帝说："陛下，如果您以皇后生太子为借口，那么尔朱荣一定会入朝贺喜。到时候，臣安排几十名武士，便可趁机把他杀了！"孝庄帝听了，眉头一皱，对元徽说："皇后才怀孕九个月，这么说他能信吗？"元徽说："早产的妇人多了，尔朱荣为人粗疏，一定不会怀疑。"孝庄帝一听也有道理，就听从了他的意见。九月二十五日，孝庄帝在明光殿的东厢里埋伏下武士，对外声称皇后生了太子，又派元徽赶往尔朱荣的府上报信。元徽飞马来到柱国大将军府，见到尔朱荣后，满脸堆笑地上前道喜，称说太子降生的"好消息"，劝尔朱荣速速入宫拜贺。这时，皇宫内一连派出了几个信使，前来催促。尔朱荣见此情形，不由得不信，便带了长子尔朱菩提等人一起入宫贺喜。

尔朱荣等人来到宫门前，命众人在此等候，自己随着两名太监向明光殿走去。孝庄帝听说尔朱荣马上就要到来，吓得容色更变，忙命手下的人端上酒来，连尽数杯，直至面带酡颜。不一会儿，尔朱荣走进殿内。孝庄帝坐在东墙下的龙椅上，面向西。尔朱荣拜倒施礼，起身在孝庄帝的西北面坐了下来，未及开言，就听见殿外响起了杂沓急促的脚步声，扭头一看，只见元徽带着二十几名武士，手持刀枪，从殿门闯了进来。尔朱荣见状，什么都明白了，大吼一声，跃起身来，向孝庄帝扑去，打算将孝庄帝制住作为人质。孝庄帝事先在膝下藏了一把刀，见尔朱荣恶狠狠地扑来，马上抽出刀来，劈面就砍。尔朱荣没想到文弱的孝庄帝居然敢动刀，下意识地用左手一挡，便觉左腕一凉，一只左手已被砍落。尔朱荣负疼后退，背上又连中数刀，倒在地上。元徽等人将尔朱荣围在中间，刀枪齐落，将尔朱荣剁为肉泥。尔朱荣的儿子尔朱菩提及三十多名随从，也全都被伏兵杀死。尔朱世隆等人闻信，逃出洛阳，向尔朱兆求救。尔朱兆收到消息，从汾州率骑兵先据晋阳，又驰书与高欢，邀之一同举兵南下。

晋州刺史高欢听到尔朱荣被杀的消息，自是震惊，又见尔朱兆邀自己举兵犯阙，念及隰城遇刺之事，终是不能释怀，便写了封信，婉言拒绝。这

封信，高欢便派司马子如送去。司马子如带了几个从人，骑快马赶到晋阳，面见尔朱兆，呈上书信。这时的尔朱兆，不仅全面接管了晋阳兵马，还入居太原王府，俨然以尔朱荣的继承人自居，见司马子如前来下书，忙接信打开来看，见信写得虽很客气，但高欢以"山寇未平"为由，拒绝出兵。尔朱兆顿时就火冒三丈，破口大骂道："这姓高的见太原王遇害，不思复仇，却两脚站开，在一旁按兵不动，真是忘恩负义。待老子打下洛阳，回头再找他算帐。"尔朱兆越骂越气，把信撕得粉碎，喝令将司马子如乱棍打出。司马子如抱头鼠窜，逃回晋州，见了高欢，把尔朱兆的话原原本本地告诉了一遍。高欢听罢，冷笑一声，道："尔朱兆如此狂愚，敢举兵犯上，肆行悖逆，我将不能久事尔朱氏了。"尔朱兆见高欢不肯来，便独自从晋阳举兵，与尔朱世隆等人会合。十二月，尔朱联军攻入洛阳，杀害了孝庄帝和城阳王元徽，改立长广王元晔为帝，年号建明。

尔朱荣既死，尔朱兆又带走了大批兵马，使秀容川出现了防务真空。秀容川（今山西西北部云中山一带）土地沃衍，畜牧蕃息，世为尔朱氏所居，周边三百里皆为其封地，更是尔朱荣起家之处。当年，尔朱荣还是秀容川酋长的时候，便曾在此养马十二谷，色别为群。附近的纥豆陵部落早就在觊觎这块地盘，首领步蕃率众乘虚而入，占据了秀容川，又进逼晋阳。尔朱兆闻讯，仓促回师，留尔朱世隆、尔朱度律、尔朱彦伯等人在洛阳共执朝政。尔朱兆的部队长途往返，又带着从洛阳抢掠的大批财物，哪里还有拼命的斗志？与纥豆陵部落一交手，就被打得大败。尔朱兆率残部一路溃退，万不得已，只能厚起脸皮，派使者骑快马赶到平阳，向高欢求援。

平阳城连下了几天的冻雨，今天才放晴。街道旁的大槐树落尽了叶子，只余湿漉漉的树干在风中抖颤着。店铺屋檐下的惊鸟铃来回摇荡，不时发出几声脆响。正值傍晚，落日的余晖将阖城内外照耀得一片金黄。高欢在刺史府中接见了尔朱兆的使者，听完使者的陈述后，不置可否，先打发他下去休息，然后，召集起手下众将商议。不一会儿，尉景、窦泰、彭乐、韩轨、司马子如、侯景等人先后来到刺史府的大堂。高欢命侍卫点起灯烛，将信让众人传观一遍，然后征求大家的意见。尉景搓着下巴，有些幸灾乐祸地说："步蕃若能灭了尔朱兆，倒好，可以为我们省了不少气力！"这话一出，窦泰鼓掌大笑，表示赞同。彭乐、韩轨也持坐山观虎斗的态度，建议不要出兵。侯景斜披着大氅，站起来反对说："步蕃剽悍劲勇，实力不可小觑，若再吞并尔朱兆，将会成为我们的强敌。我们还是联合尔朱兆，先消灭步蕃为是。"司马子如立即赞同侯景的意见。诸将莫衷一是，吵了半天。最后，大家还是请高欢拿主意。高欢思忖再三，说："两害相较取其轻。尔朱兆一勇之夫，不足为虑。倒是步蕃，却不可令其坐大。我们还是出兵的是。"高欢既如此说，众将也再无异议，各自辞出，分头准备。

　　众将陆续散去，司马子如却是磨磨蹭蹭地不肯走，单独留了下来。高欢奇怪地问："子如，你还有什么事吗？"司马子如道："大帅，两害相较取其轻是不错，但也不能失掉这个削弱尔朱兆的良机。"高欢忙道："子如，你坐下详细说。"司马子如拉把椅子，坐在高欢对面，叠着两个手指头，慢条斯理地道："现在尔朱兆虽败，但军中勇士尚存，仍有一定的实力。我们虽答应出兵，但也不必忙着赶去，先让尔朱兆与步蕃力拼一段时间。待尔朱兆的精锐死伤殆尽，那步蕃亦必力竭，成了强弩之末。我们再出兵灭了步蕃，岂不是一举两得？"高欢拍手赞道："子如，真有你的，这是卞庄子刺虎之故智！"到了第二天，高欢便依计行事，命人召来尔朱兆的使者，告以马上出兵，让他回报尔朱兆。使者高高兴兴地去了。高欢打发走了使者，用一个多月的时间才集结起部队，率军行至汾水，又以架桥为名，停军不前。这段时间里，尔朱兆连吃败仗，虽全力与步蕃血战几次，却只有败得更惨，部队伤亡过半，到最后，连晋阳都丢了，只得率领残兵跑到乐平郡（今山西昔阳西南），连发告急文书，请高欢速来救援。

　　高欢驻兵汾水，闻报暗喜，下令部队急行军，几天时间就赶到了乐平郡。尔朱兆身边还剩不到三千人马，听说晋州援军终于来到，忙亲至高欢的营中相见。这时的尔朱兆，耷拉着脑袋，情绪低落，早没了当初的骄狂气焰，坐在帐内，啰哩啰嗦地诉说了一番危急之状。高欢安慰他说："将军不必担忧！今日有你我联手，何惧步蕃？过不多久，必可擒之！"第二天，高欢、尔朱兆合兵一处，径去夺晋阳，进至凤凰山。这座山周围几十里，山连山，峰连峰，如同一只展翅欲飞的凤凰。山上尽是重岩叠嶂，巨岩壁立，势欲倾倒，又有几片苍树翠竹点缀其间。最高的那座山峰，像是被人用巨斧劈过似的，犹如一把利剑，耸立在云海之间。

凤凰山前屯有纥豆陵部落的三千兵马，为首的是步落稽。步落稽是步蕃的堂弟，一路追击尔朱兆到此，见敌人来了援兵，便席卷上山，并不下来交锋。第二天，高欢与尔朱兆率兵来到山下，分布诸将，把守住山下的各个隘口。高欢率侯景、司马子如等人，骑着马先探察一下地形。但见山高路狭，谷深崖绝。由山下至山巅只有一条两千多米长的石径，石径两边都是悬崖峭壁。步落稽的大营，就扎在山巅之上，拒守甚严。看完地形后，高欢与众人回了自己的营盘。

傍晚时分，暮色四合。晚风中，传来萧萧马鸣。晋州诸将用过晚饭，齐集高欢的中军大帐，共商破寨之策。彭乐是个急性子，道："步落稽区区三千多人，微不足道。咱们何必在这里耽误工夫？干脆直接去打晋阳。"司马子如忙道："万万不可！凤凰山地势险要，扼守着通往晋阳的咽喉要道。我们若舍之而过，万一前途遇阻，后退无路，可就被敌人包了饺子！"高欢点了点头，道："步落稽大概正盼着我们去攻晋阳，那样他便好从后兜截。"窦泰撸了撸袖子，说："这贼倒也奸滑，只是在山上拒守，不肯出战。我们现在是'老虎吃天，无处下口'。"侯景道："现在就得想个办法，怎么将他诱下山来！"侯景沉思了一会儿，说："不如由我去山上诈降，再见机行事，或可说服步落稽下山来战。"高欢忙道："不可，不可。若被那步落稽看出破绽，性命不保。此事切不可行。"侯景却胸有成竹，道："那步落稽能有何识见？到了山上，我就说是被迫从军，趁机反水，定可取信于彼，然后再察言观色，诱其下山，断不至伤了性命！"高欢还是摇了摇头，道："这个理由恐怕还是有些牵强！"侯景"啪"的一声，在自己那条残疾的腿上拍了一下，道："我就说这条腿是被你打断的！那步落稽总不会怀疑了吧？"众人哄笑起来，高欢见侯景信心十足，说的也不是没道理，只得犹豫着答应。侯景又道："我明晚就上山，再过两天，你将山下的兵马撤走，给敌人造成大军已去晋阳的假象。我便可鼓动那步落稽下山扑营！"高欢也答应了下来。

第二天半夜，侯景穿了一身下级军官的服装，单人独骑，趁着夜色，向山上行去。山路崎岖，很是难行，路旁皆是怪石杂树。灌木丛中的小兽被马蹄声惊得四处乱窜。侯景骑着马，到了半山腰，坡势愈陡，只得跳下马来，步行登山，让马儿自行下山而去。侯景的左腿略短，本就不良于行，走了一阵子，甚觉劳累。正在这时，忽听前面一声断喝："站住，干什么的？"随着语声，从路旁的树后、草丛里跳出几个拿刀持枪的哨兵。这几个哨兵早就看到有人上山，待侯景来到近前，便出来盘查。侯景见了，忙道："我是山下军中的队主，特来投靠步落稽将军。"那几个哨兵见侯景孤身一人，也不以为意，便将他绑了，押上山去。侯景被两个军兵推搡着，在山路上跌跌撞撞地又走了一个多时辰，累得上气不接下气，好不容易，才来到了山顶的中军大帐。这时，已是四更天，大帐里却仍是灯火通明，人声嘈杂。

侯景的双臂反绑着，被几个军士押进大帐。帐内很是宽敞，约有两间屋子大小，北边放着一张长条桌子，上列数盏灯烛。桌前围着十几个顶盔挂甲的军将，大概是步落稽的部下，或坐或站，正在议论着什么。侯景偷眼向人丛中望去，见桌后有一把虎皮交椅，上面坐着一个大汉，应该就是步落稽了。步落稽光头没戴帽子，满脸的络腮胡子，披着件熊皮大氅，坐在那里，也有一个普通人那么高，一双手就像蒲扇一样，搁在身前的桌子上。帐内诸人见哨兵押着一个敌方的军官进来，便停住语声，好奇地打量着侯景。一个哨兵上前几步，躬身向步落稽施礼，道："启禀将军，我们在外巡夜，见这人独自上山，便将他擒获，押解至此！"步落稽问侯景道："你是什么人？上山干什么？"侯景忙跪下答道："小人叫侯景，是山下军中的队主，素仰步落稽将军的声威，情愿上山投靠。"步落稽用狐疑的眼光上下打量着侯景，诈道："你明明是个奸细，好大的胆子，竟敢上山来诓我！……来呀，将这个奸细推出去斩了！"侯景一惊，扯着嗓子嚷道："且慢！将军不必多疑。小人本是怀朔良民，被逼当了镇兵，后转入晋州刺史高欢麾下。去年，小人微有过失，竟被那高欢打断了左腿，从此落下了残疾。小人恨之入骨，故趁此机会上山投靠，还乞将军收留。"说到伤心处，侯景涕泗横流，跪在地上，磕头如捣蒜。当时，六镇镇兵为上官所凌，屡屡造反，落草为寇的更是不计其数。步落稽听了侯景的话，有些将信将疑，口气缓和了些，道："哦，原来如此！给他松绑。"这时，过来几个军士，给侯景把绑绳解开。侯景站起身来，一边揉着酸痛的臂膀，一边向步落稽道谢。步落稽又令人搬来一把椅子，让侯景坐下。侯景一跛一拐地走过去，坐在椅子上，说："禀将军，山下的队伍来自晋州，是为尔朱兆所邀，前来相援的，大约有五千多人，为首的便是晋州刺史高欢。再过几天，他们攻不上山，便会去晋阳！"步落稽听了这番话，正合心意，又见侯景左腿确有残疾，便放松了警惕，用手搓着脸上的络腮胡子，得意地说："那晋州军在前边走，老子便带兵下山，与步蕃头领前后夹击，定将他杀个片甲不留。"侯景听了，心中暗喜，忙道："山下军中有上千匹好马，更有许多辎重器械。将军将这些东西抢了，岂不是大功一件？"步落稽听了，不免心动，对侯景敌意尽去，令小喽啰带侯景下去休息。

两天后，高欢佯率大军奔赴晋阳，只留尉景与数百人守在山前营内。侯景站在山巅，见山下部队已然调走，忙去大帐，对步落稽道："恭喜将军，敌军果然沉不住气，已经撤走了。山下驻军不多，过两天，我们便可下山杀他一阵，灭一灭敌人的锐气，再赶去晋阳，与步蕃将军合兵一处，必可全歼来犯之敌。"步落稽听了，走出大帐，立在高处，向山下望去，见敌人大部队果已消失得无影无踪。山前只有稀稀落落的几百人留守，心中大喜。过了几日，步落稽便点起两千多军兵下山扑营。尉景带人抵抗了一阵子，佯作不支而走，沿路丢弃了许多旗帜、刀枪和盔甲。步落稽自以为得计，率兵紧追不舍，忽然四周喊杀声四起。高欢、窦泰、彭乐、韩轨、尔朱兆等人率兵

079

四面八方地杀来，将步落稽的人马围在中间。步落稽见势不妙，舍命杀出重围，催马朝山上逃去，刚到山脚下，迎面碰见了侯景。步落稽跑得上气不接下气，还不知侯景是来诈降的，喊道："中埋伏了，快回山！"侯景拔转马头，跟着步落稽就往山上跑，到了半山腰，见他身边并无卫士，冷不防就是一刀。步落稽脖颈中刀，惨叫一声，翻身落马而亡。高欢领兵攻上山，扫荡残敌，尽收山上的钱帛粮米，重赏了侯景。

第二天一早，朝阳初升，天边的云霞或如彩棉，或似波浪，不断变幻着色彩，一会儿金黄色，一会儿半紫半黄，一会儿半灰半红，可谓是五彩缤纷，变幻无穷。高欢与尔朱兆率军下了凤凰山，开赴晋阳。这一日，大军行至石鼓山，驻扎下来。那石鼓山离晋阳不到二百里，山石多为黑色花岗岩，有东南西北中五个主峰，悬崖如削，怪石林立，其险秀可与华山媲美，素有"小华山"之称。高欢与诸将走马探察地形，见石鼓山东、西两峰之间是一条狭长的山路，两边壁立千仞，阔仅数丈，长达五六里，心生一计，回营之后，便与诸将商议，以晋阳易守难攻，打算将步蕃诱至此地歼灭，如此这般，嘱咐了一番。众人会意，分头行事。随后，高欢与尔朱兆便在石鼓山前背山为阵，四处放出风去，声称要与步蕃决一死战。

纥豆陵部落的酋长步蕃刚满四十岁，正当盛年，身高膀阔，头发蓬松，一张刀条脸上，长着一个硕大的鹰钩鼻，双目炯炯，穿着一件窄袖长皮袍，下摆镶着毛边，腰束宽带，下着小口裤，脚蹬皮靴。数月之内，步蕃率部众先夺秀容川，又占了晋阳，拓地八九百里，难免志气骄盈，每日与部将饮酒高会。这一天，前线忽传来步落稽兵败身死的消息。步蕃闻此噩耗，惊疼不已，当即点起两万余骑兵，出了晋阳，直扑石鼓山而来，打定主意要砍下高欢的脑袋，为兄弟报仇。

这天早晨，石鼓山四周的雾气慢慢消散。山前一马平川，草枯地净，正好厮杀。步蕃督率人马来到石鼓山前，与高欢和尔朱兆的队伍相遇。步蕃麾下骑兵全由本部落的牧民组成，每人都持一柄弯刀或一根狼牙棒。为了确保机动性，每个骑兵还有一匹或几匹备用马。这些马紧跟在部队的后面，在行军中，甚至在战斗中都可随时更换。高欢与尔朱兆的人马加起来也就一万出头，又多为步兵，相形之下，就显得很是单薄。战斗即将打响，高欢命部下撑起拒马，支起长枪。前方不远处，步蕃的大队骑兵正缓缓压了过来，战马颈下的铜铃声响成一片，与隆隆的马蹄声混在一起，更增威势。步蕃骑在马上，看看离敌阵还有不到一箭的距离，便抽出弯刀，高高举起，一声呼啸，催动战马，率领着麾下骑兵，如一阵狂风，卷地而来。不到一盏茶的时间，高欢、尔朱兆的部队就顶不住了，长枪被砍断，拒马被踏碎，死伤狼藉。高欢、尔朱兆率部且战且退，从石鼓山东、西两峰间的山谷中穿过。

步蕃一心要砍了高欢，率骑兵于后就追。数万骑兵在谷口处拥堵成一团，只有三千多骑，跟着步蕃进了山谷。这三千多人马在山路上拉成了一条长线，络绎而进。步蕃行在队伍最前面，眼看着高欢、尔朱兆率败兵逃出山外，忙挥鞭催马前行，快追到山谷出口时，突闻头顶上一声巨响，如晴天霹雳，忙仰脸向上望去，只见从左右两侧的山上滚下百十块巨石。那些巨石，每一块都有小山般大小，"轰轰隆隆"地滚落，将前后谷口堵死。入口处，十几个来不及躲闪的骑兵，连人带马被滚落的巨石压成了肉饼。随着巨石坠下，无数的碎石由山上倾泻飞溅，散落一地。步蕃见前后都没了路，这才知道中计，忙命将士们下马翻山而出。但两边的崖壁陡峭无比，高不可攀。这时，从两侧山峰上，又冒出数千军士，皆手持强弓硬弩。西面的山上，一杆"帅"字旗高高竖起，随风飘扬。高欢与众将立于大旗之下，见步蕃等人已如瓮中之鳖，便下令放箭。步蕃与他手下的骑兵头戴圆型牛皮头盔，身体和马匹的护甲很少，根本抵挡不住锋锐的箭矢，顿时成了箭手们的活靶子。几阵密集的箭雨之后，步蕃和他的三千多骑兵被射成了刺猬，尸体堆满山谷。步蕃死后，余众群龙无首，只得溃散。高欢督兵从后掩杀，乘胜收复了晋阳。

高欢做事漂亮，夺回晋阳后，并不据为己有，主动退出城外驻扎，请尔朱兆入城接防。尔朱兆感激得无以名状，命长史慕容绍宗率部入城，自己与几百名亲兵于城郊搭起数十顶牛皮大帐，杀牛宰马，每日与高欢宴饮。一连几天的酒喝下来，尔朱兆早已将隰城之事抛到九霄云外，视高欢为生死之交，对之无话不谈。这天，朝阳的光芒照在晋阳城头，给城内那鳞次栉比的房屋镶嵌上金色的边框，也让城外的千军万马沐浴在霞光之中，连那一排排的军帐，也变得辉煌无比。中午时分，尔朱兆又请高欢饮宴。高欢欣然赴约，来到尔朱兆的大帐，见帐中摆着一张宽大的地桌，上面摆设着几个碗碟，盛着煮熟的牛、羊、鸡、鸭等，桌旁放着几个酒坛。帐中除了尔朱兆，还有都督贺拔允相陪。三人席地而坐，围在地桌旁，大碗喝酒，大块吃肉，兴会淋漓。尔朱兆连干了几碗酒，抓起一块羊肉扔进嘴里嚼着，向高欢道："这次多亏高贤弟伸手相助，要不然，老哥我连个存身之地都没有！"高欢谦逊地道："将军太客气了。自太原王逝后，高欢便以将军马首是瞻。这次，不过是略尽绵薄之力罢了！"尔朱兆又举起酒碗一饮而尽，眼睛里泛起了酒意，挠了挠头，问高欢道："步蕃虽灭，地面上却并不太平。那帮子葛荣余党，仍有谋逆之心。高贤弟可有良策？"原来，葛荣被尔朱荣擒杀之后，余众尚有二十多万人，被安置在晋阳周边。这些人作为逆党，常为官吏所欺侮，人不聊生，前后反抗达二十六次之多，虽屡遭镇压，总人数也锐减到十几万人，但还是谋乱不已。现在，尔朱兆被步蕃打得元气大伤，没有多余的兵力弹压地面，很是发愁。

高欢早对这十几万人垂涎三尺，听尔朱兆问到，忙将酒碗往桌上一摆，说："葛荣的反逆残余，不可都杀。将军可派亲信去统领。以后若再起逆乱，直接追究统领者的责任就行了。"尔朱兆一拍大腿，道："好主意，派谁去合适呢？"贺拔允以前收过高欢的重礼，此时在一旁插话，说："现成的人选就在眼前，何不请高晋州当此重任？"高欢恐怕尔朱兆起疑心，手起一拳，就搧在贺拔允的腮帮子上，将贺拔允打了个趔趄，转头对尔朱兆说道："太原王在世时，群下畏服。太原王不在了，自然由您执掌天下权柄。贺拔允胆敢胡乱说话，诬下罔上，请斩之。"这时，尔朱兆已喝得半醉，听了这番话，还以为高欢真的拥戴自己，高兴极了，一边扶住贺拔允，一边道："高贤弟真是朴诚君子，对我的忠心我是知道的。不过，贺拔允的话也不是没道理。我看，葛荣余部还是由你来统领最合适。"高欢心中狂喜，脸上却是一副为难的样子，推托了几次，最后才答应下来，又怕尔朱兆醒酒后反悔，忙找了个由头，离开尔朱兆的大帐，赶回军营，带部队开拔到阳曲川，立起帅帐，开始收编葛荣余部。

第二天早上，晋阳城内的慕容绍宗听到这个消息，急得直跺脚，连呼糟糕，忙骑上马，出城来见尔朱兆。尔朱兆还在帐里呼呼大睡，听说慕容绍宗来见，披衣而起，揉着惺忪的睡眼走出帐来。慕容绍宗见到尔朱兆，问道："将军，听说您将葛荣余部交由高欢统领了？"尔朱兆点点头，道："是啊，怎么了？"慕容绍宗劝道："此事恐怕不妥。那高欢智而好谋，勇而矜功，负其雄才，每不欲居于人下，再有这十余万兵众，如蛟龙之得云雨，恐将来难制啊。"尔朱兆听罢，却很不以为然地说："我与高欢情如兄弟，长史不必多虑。"慕容绍宗多方劝谏无效，只得回了晋阳。

过了几天，高欢整军完毕，来向尔朱兆辞行，准备回晋州。尔朱兆又在城外设宴相送，二人畅饮而别。高欢带着十几万人马浩浩荡荡地上路，走出一百多里去。忽然探马来报，说前面有尔朱荣的遗孀北乡长公主出游。原来，尔朱荣死后，北乡长公主就回到了晋阳，闲居无事，常率众出来游玩。高欢原是尔朱荣旧将，闻听长公主的车马到了，便命队伍避在路旁。不一会儿，只见前面冠盖赫奕，旌旗飘扬。十六名铠仗鲜明的骑士，手执旗帜、伞盖，当先行了过来。十六名骑士之后，就是公主的马车。马车后有三百多骑兵，每人都骑着高头大马，各执刀枪，随行护卫。

高欢见公主的马车辚辚驶近，与侯景、彭乐、潘相乐等人跳下马，躬身行礼。北乡长公主素来骄贵，虽知高欢等人就在道旁，却连车帘也不撩，直行了过去。高欢见北乡长公主大喇喇的样子，不觉心中有气，回头看身后诸将，见大家也都讪讪的。正在这时，那三百多骑马的侍卫，随在马车后行了过来。但凡武将没有不爱马的，高欢也不例外，见了这几百匹高头大马，很是眼红，便对侯景说："我军草创，正缺战马。你速率一队兵士，将这些马匹抢来，却不可伤人。"侯景领命，带了五百士兵，将公主的侍卫包围缴械，把这几百匹骏马统统拉走。高欢从自己队伍中拣出几百匹又老又瘦的马，给了公主的侍卫们，算是两家交换，便若无其事地率众继续前行。

北乡长公主气了个半死，待高欢等人走远，忙坐着马车，一溜烟儿跑到晋阳城中，找尔朱兆告状。长公主见了尔朱兆，捶胸顿足，哭诉高欢抢马之事。尔朱兆听了大怒，道："高欢敢夺公主的马，此与谋反无异。这次不给他个厉害，以后越发狂纵了！"仓促中，尔朱兆集合了三千铁骑，自后追赶。

高欢领兵一路前行，到了襄垣，不想就遇上了连日的暴雨。那滂沱大雨来得甚是突然，先是起了一阵狂风，接着，雷电接踵而至。密集的雨点从天而降，汇成一张大大的、厚厚的雨帘，将大地笼罩。狂风卷着雨柱漫天飞舞，将路旁的大树吹倒了无数。林中的麋鹿、狐狸、野兔等动物在雨中飞奔，却无处躲避大雨的侵袭。大雨越下越急，淹没了道路，将整个天地都变成了水的世界。士兵们满身泥水，辎重车辆深陷烂泥之中，车轴紧贴着地面，战马的肚带上垂着泥浆。高欢见状，只得令部队停止前进，搭起帐篷躲雨。那大雨足足下了两天一夜，才渐渐收住雨势。高欢急着赶回晋州，命部队即刻开拔。大军踏着泥泞的道路继续前行，来到漳河，却发现大雨致使河水暴涨。河面增阔里许，翻滚起数尺的巨浪，咆哮奔涌着，把原来的桥都冲坏了。高欢命人四下搜集船只，乘船渡河，又用了两天时间，才将全部人马渡过河去。

这时，尔朱兆率兵赶到了对岸，将三千骑兵沿河排开，隔河喊话，让高欢出来。高欢闻报，忙到河边，与尔朱兆相见。尔朱兆手里挥舞着马鞭，高声质问高欢道："太原王尸骨未寒，你就抢夺长公主的马，是何缘故？"高欢强词夺理，答道："我所以借公主的马，是为提备地方上的盗贼。现在您听了公主一面之辞，前来追杀于我。我不怕死，就怕刚收编的这十几万人会继续作乱，给您添更大的麻烦。"尔朱兆脑筋本不大灵光，听了高欢的话，半信半疑，一时不知如何应对。高欢又说："自太原王离世，高欢还有何依靠？惟愿您身体康健，将来我好为您效力……"说着说着，眼泪都流下来了。尔朱兆被高欢的花言巧语打动了，竟与几个侍卫乘上小船，渡过河来，要与高欢杀白马盟誓。时人以为，黑白分属阴阳。白马属阳，为天神所驱使；乌牛属阴，为地神所享用。杀白马盟誓后，若是违约，那就好比是跟上天做对。高欢见尔朱兆要与自己结盟，只得命军兵在河畔垒起一座土台，作为结盟之所，又命两名军士牵着一匹白马候于台下。中午时分，高欢与尔朱兆一起登上土台，共读誓词，要生死相依、祸福与共云云。二人读罢誓词，台下一名军士拔出腰刀，将那匹白马捅死，提起血淋淋的钢刀，将刀锋上的血滴入两只盛满酒浆的碗里。两名军士各自端着一只酒碗，来到土台之上。尔朱兆与高欢每人接过一碗滴有白马血的酒，一饮而尽，又将酒碗掷于台下，摔得粉碎。尔朱兆见高欢肯与自己结白马之盟，非常高兴，为表示对高欢的信任，当晚就留在高欢营中过夜。

　　夜色渐深，高欢安置了尔朱兆和他的随从，回到自己的帐中，还没来得及坐下。尉景一掀帐帘，走了进来。高欢奇怪地问："这么晚了，姐夫怎么还不休息？"尉景压低声音说："我召集了十几个弟兄，准备今夜就把尔朱兆杀掉。咱们这就叫一报还一报！"高欢一听，连忙摆手制止道："此事切不可行。尔朱兆头脑简单，有勇无谋，绝非我们的对手，留他一命也无妨。如果今天杀了他，其部众必奔归聚结。若有英雄乘之而起，为害岂不更大？"尉景一听，觉得高欢讲的有道理，便出帐遣散军士，回去休息了。

　　第二天早晨，尔朱兆一觉醒来，还不知昨晚躲过了一劫，披衣出帐，向高欢告辞。高欢又留他吃过早饭，携手将其送出营外。临别时，尔朱兆对高欢说："此次一别，不知何时再能相见。今天中午，请高贤弟去我的营中，我们再痛饮一番！"高欢满口答应下来。到了中午时分，阳光透过云雾照射着大地，军营四周腾起一层白茫茫的雾气。高欢披上锦袍，迈步出帐，翻身上马，又命几个侍卫跟随，便要渡河去赴约。潘相乐自后追出来，一把拉住高欢的马缰,说:"尔朱兆喜怒无常,行事没谱儿,令人很难放心。大帅不可轻往。"高欢据鞍思索了一会儿,觉得潘相乐说的有理,就下马回帐,另派人过河到尔朱兆那里辞谢,称军务繁忙,改日再会。尔朱兆知道高欢还是信不过自己,气恼不已,隔河大骂,回头命骑兵渡河,要跟高欢动武。这时,慕容绍宗骑马从晋阳赶到,见双方剑拔弩张的情势,忙劝道:"将军,敌众我寡,动起手来咱们可占不到便宜!"尔朱兆冷静了一下,知道就凭自己的几千骑兵,肯定不是高欢的对手,无奈之下,只好借坡下驴,悻悻地率众回了晋阳。

第九章

> 高欢听说高乾到来，便出帐相迎。二人帐外相见，一边拱手寒暄，一边各自打量着对方。这一年，高欢三十六岁，精神体魄都处在人生的巅峰，头戴帅盔，脸上的线条棱角分明，目光锐利深邃，抿着两片薄薄的嘴唇，上唇一抹黑亮的髭须，身材伟岸，披着一件青色战袍，足下一双虎头靴，腰间悬刀，一副英武干练的样子。

高欢摆脱尔朱兆后，率队离开漳河，继续向前进发，麾下人马在大路上绵延数十里。在晋阳收编的葛荣余部中，战士占不到一半，剩下的便是些老弱家眷，行起军来，迟速不一，行径各异，令人头痛。这一日，高欢率军又回到凤凰山，在山前屯扎住兵马，一边派出探子四下打听消息，一边对人马进行整编，先挑出四万余名堪战之士，配给尉景、彭乐、韩轨、侯景、司马子如、刘贵等人统领。接着，高欢又挑选出数千杂役后勤人员，拔到潘相乐的辎重部队里，让他们每日负责携带军械、粮草、被服、装备等（包括装载运输军用物资的车辆）。一些有手艺的工匠，也全部归进辎重营，平日里为军士替换武器的整件和配件，打造一些弓箭（箭簇与箭杆）、刀枪（枪头与枪杆）、盾牌，制作帐篷、厨具、栅栏、拒马等。最后是那些老弱家眷，便与辎重营一起行军。经过这一番整编，高欢所部的正规化程度有所提升，战斗部队扩充到五万余人，还不包括窦泰统领的骑兵。

高欢在凤凰山驻兵六十多日，正要率众拔营，忽有探马来报，称散骑常侍高乾等人占了冀州，打出为孝庄帝报仇的旗号。原来，高乾是孝庄帝的亲信，出身冀州名门，有三个兄弟高慎、高敖曹和高季式，族大势众，在地方上很有威望。孝庄帝为尔朱兆所弑之后，高乾弃官遁回乡里，联合前河内太守封隆之，起兵袭杀冀州刺史元翼，占了州城信都（约今河北衡水市冀州区），奉封隆之为代理刺史，移檄州郡，共讨尔朱氏。

高欢闻听此事，赏了探子，命其退下，便将司马子如找来商议。不一会儿，司马子如匆匆来到帐中，听说这个消息后，眼睛一亮，对高欢道："晋州地方狭小，又逼于汾州、晋阳，非用武之地。冀州居南北之冲，为九州之首，土平兵强，英杰所利。我们现有人马数万，兵精将勇，刀槊犀利，何不趁冀州内乱之机，夺取冀州作为立足之地？"高欢自知与尔朱兆有了嫌隙，也不愿再回晋州，正打算着另找地盘，听了司马子如的话，正中下怀，便集结起部队，引兵东进，扬言要讨伐冀州。

代理冀州刺史封隆之四十多岁，一张团脸，颌下三绺长须，肥肥胖胖，身穿一件紫铜色棉袍，腰系狮蛮带，便似个富家翁一般。这封隆之素来胆小，又没什么主见，听说高欢大军逼近冀州，在刺史府里坐不住了，忙乘大轿赶往高乾府上，要请高乾给拿个主意，来到高府门前，微微气喘着下了轿，走上大门前的台阶，命家人通报。高府家人见刺史来拜，一边将封隆之让到客厅，一边去书房请高乾。高乾时年三十五岁，面白微须，体型瘦长，身穿一件圆领锦袍，腰系丝绦，足下一双粉底皂靴，正在书房看书。这高乾形虽散朗，内实劲侠，当初力主兴兵讨尔朱氏，曾坐于大槲树下发号施令，连斩违命者三百人，恩威并济，军政大行，是冀州的实权人物。今日，听说封隆之来到，高乾忙至客厅相见。二人分宾主落座，仆人献茶。封隆之一脸愁容，开口便道："那晋州刺史高欢是尔朱荣心腹，新破步蕃，又收编了葛荣余部十几万人，兵威正盛，听说要来攻打冀州。我们信都守军不过万人，不知如何抵挡？"高乾心中早有主张，听了封隆之的话，不以为意，安慰道："高晋州雄略盖世，其志不居人下，既夺长公主之马，又与尔朱兆对峙

漳河，岂肯久事尔朱氏？此次率兵前来，必有深谋。明天我就带几个人前去迎接，面参机宜，封公大可不必担忧。"封隆之听了，略有些安心，又坐了一会儿，闲谈了几句，便告辞回府了。

第二天一早，高乾换了身便装，带了十余个随从，骑快马出了信都城，向西驰去。正值二月末，天际一缕阳光斜刺里射了下来，晨雾变得疏松缥缈，在空中缓缓地移动。冀州大地春光乍现，时闻鸟鸣雀噪之声。道旁的柳条上冒出小小的芽苞，地面上的绿草顶出了嫩叶，还有几朵迎春花稀稀落落地点缀其中。乡间的小路上，三三两两地走着下田春耕的农民。高乾等人一路纵马疾驰，出冀州，过相州，来到滏口，只见前面旌旗招展，行来了一队人马。高乾命从人向前打探，正是窦泰的先锋部队，便催马迎上前去，表明身份，道明来意。窦泰不敢耽搁，命人飞报高欢，又派了一小队骑兵，将高乾一行护送至高欢大营。高乾等人来到高欢的大营，于辕门下马，在军士的引领下，前往中军大帐，沿途但见兵精士勇，战马如龙，刀枪林立，军容整肃，不由得暗自佩服。

高欢听说高乾到来，便出帐相迎。二人帐外相见，一边拱手寒暄，一边各自打量着对方。这一年，高欢三十六岁，精神体魄都处在人生的巅峰，头戴帅盔，脸上的线条棱角分明，目光锐利深邃，抿着两片薄薄的嘴唇，上唇一抹黑亮的髭须，身材伟岸，披着一件青色战袍，足下一双虎头靴，腰间悬刀，一副英武干练的样子。高乾一见倾心，暗赞道："好一副人杰之表。"二人携手走进大帐，分宾主落座。高欢命侍卫斟上茶来，劳问道："久仰您是冀州民望！这次辱临，不知有何见教？"高乾也不隐讳，开门见山地道："尔朱家族犯上作乱，弑君虐民，四海无不痛恨。明公威德素著，为天下所倾心，何不起义兵以匡帝室？"高欢心想："我倒是有这个打算，只是自忖实力不足。"便故作为难之状，道："我的富贵皆由彼所致，怎敢如此？"高乾鉴貌辨色，知高欢说的不是真心话，便道："尔朱兆、尔朱世隆等人贪残自专，酷虐百姓。自牧守至士民畏之如豺狼，皆盼其速亡。明公不思拯民于水火，却还想继续为尔朱氏效力吗？"高欢听了高乾的话，有些犹豫。高乾见高欢沉吟，干脆将底牌亮出，道："明公若起义兵，宇内无不响应。鄈州虽小，户口不减十万，谷秸之税，足济军资。愿您熟思其计。"高欢一听，高乾竟有以冀州相让之意，大喜道："若得卿家兄弟相助，大事必成。"

二人越聊越投机，不觉天色将晚。夕阳的余晖透进帐来，微风轻拂，送来一股温暖而浓烈的花草香气。高欢吩咐一声，命侍卫们摆酒。不一会儿，侍卫们抬进一张桌子，桌上摆着十余个碗碟，碗碟内盛着炖熟的牛羊肉、整鸡、整鱼，还有几样果蔬。接着，侍卫们又抬来一坛汾酒，在桌上摆了两只酒碗，倒满了酒。高欢起身肃客，请高乾入席，道："戎马倥偬之际，聊备些薄菜淡酒，还请海涵。"高乾道："明公，你我一见如故，不必这么客气。"二人边喝边谈，酒酣耳热之际，高乾让从人到自己的马背上取筝来。原来，高乾酷爱弹筝，施弦高急，自谐宫商，一张素筝，从来都是随行携带。不一会儿，素筝取到。高乾起身离席，盘腿坐在帐下，接过素筝，横放膝上，旁若无人地弹了起来，一曲《高山流水》弹罢，更是逸兴遄飞，放下素筝，重新入席，右手拿根筷子在桌上点着，侃侃而谈道："尔朱氏为神人共愤，灭亡之日不远。此正是英雄崛起之秋。明公到冀州后，秣马厉兵，自可轻取殷州、相州。如此一来，沧、瀛、幽、定州自然归顺，大业不日可成。"高欢听了这番话，激动地说："得聆您的宏略，真是我之大幸！"说着，端起酒碗，向高乾敬酒，道："若得冀州，当以卿家兄弟为治中、别驾！"高乾端酒回敬道："愿明公速来为冀州之主，我回去当封府库以待。"二人同时饮尽碗中酒，相对大笑。至晚夜深，高欢命人撤去残席，遂与高乾同帐而寝。第二天，高乾拜别。高欢赠以名马重币，率众人将其一直送到营外。高乾辞了高欢，带着从人回到信都，回报封隆之。

高欢送走高乾后，立即拔营，前往冀州，自领中军，命窦泰为前锋，以彭乐、尉景为左右翼，命潘相乐率辎重部队压后。十余万人的队伍络绎起行，这一日，开进了相州境内。相州下辖魏郡、阳平、广平、汲郡、顿丘、清河等六郡，治所在邺城。大队人马行至阳平郡的鸦鹬坡，坡势很陡，上坡四十里，下坡三十里。长长的队伍里，响起将士们互相加油的呼喊声："弟兄们加把劲啊！""千万不要掉队呀！"大家挤得紧紧的，沿着坡缓慢地向上走，走不了几步，就要停下来。坡下聚集了很多马匹和车辆。有些车辆曾经从坡上滑落下来，车轴都摔断了。一群军兵正围着车辆修理。有些军兵走累了，就在路旁坐下来，歇一阵。路边是浓密的树林，林中泉水潺潺地流淌着，清可见底。天色晚了，大家就在路边架起灶来煮饭。饭罢，就地宿营。天气不是太冷，将士们钻进帐篷，在身上裹一条毯子，躺下去就睡，因为实在太疲倦，一会儿就酣然入梦了。满天都是星光，营地里燃起了许多篝火。由坡下向上看，火光直与天上的星光连接起来，可谓奇观。有些未睡的哨兵，围着火堆小声地谈着话。黎明时分，大家用过早饭，再次出发，好不容易来到坡顶，休息了一会儿，开始下坡。

　　高欢率中军正在赶路，潘相乐骑着马，从队伍后头赶上来，到了高欢身边，禀道："大帅，我们离冀州却还有很远的路，粮草却马上就要耗尽！该当如何是好？"原来，高欢这次从晋州出发时，带了八千人马，也就带了八千人的给养。现在，队伍里多出十几万人，每天要消耗大量的粮食，很快就要把军中的存粮吃完了。今早，伙头军还剩几千斤玉米面，只得熬了几大锅稀粥，给将士们每人分了一碗。高欢听了潘相乐的话，眉头一皱，心想要是十几万人断炊，可是个大麻烦，便跳下马来，命人在鸬鹚坡下搭起帐篷，召集诸将前来商议。

　　不一会儿，诸将先后来到帐中，分头落座。高欢当众说了军中缺粮的事，又说："偏赶这个青黄不接的时候，野无所掠。大家一起商量一下，看看怎么弄些粮食来！"尉景听了，也很是发愁，沉吟道："老百姓们正在度春荒，自己吃饭都成问题，哪还有多余的口粮养活这十几万人马？"侯景道："再过几天，要是还弄不到粮食，只能杀马吃，可也撑不了多长时间！"窦泰是骑兵统领，听了侯景的话，皱皱眉，却并没说什么，只是叹了口气。刘贵说："不如派使者去邺城，求粮于相州刺史刘诞！"司马子如摇摇头道："那刘诞是尔朱氏一党，未必肯给军粮！"刘贵道："说不得，也只好试试再说！"高欢也知借粮的希望渺茫，但迫于形势，还是派使者去了邺城。过了几天，使者果然无功而返，称刘诞拒绝借粮。这时，军中已然断炊两三天，将士们开始杀马吃。高欢有些慌了，连派出十几路探子，四处打探，看附近州郡是否有存粮。

很快，探子回报，说东边魏郡城内存有粮食一万多石。高欢听了，精神一振，又命潘相乐带一支轻骑兵，再去魏郡打探确凿消息。第二天，潘相乐回报，说魏郡城离此一百余里，确有大批租米，还有一千多士兵负责把守。高欢自不将这一千多人看在眼里，在军中精选了两千骑兵，又带了窦泰、潘相乐等人，潜往魏郡，准备夺粮。

这天清晨，薄雾渐渐散去，东方的天空开始发红，朝阳将升未升。轻风吹拂，慢慢撕开了笼罩着大地的晨霭。高欢率兵奄至魏郡城东十多里处，命人衔枚、马摘铃，埋伏在树林里，又命窦泰率十多名勇士，假作农民装扮，身上暗藏短刀，前往袭城。这时，魏郡的四个城门刚刚开启。城门前有十几个守城的军兵，一边打着哈欠，一边无聊地来回走动着。窦泰穿一身粗布农家衣服，带着十几名勇士，肩扛犁锄，一径来至城下。城门口的士兵看到，以为是普通的进城农民，并不起疑。窦泰等人走到近前，突然发难，扔掉肩上的犁锄，拔出暗藏的短刀，砍翻了守门的士兵，冲上城头，放起火来。高欢在树林中看见火起，率骑兵一个冲锋突入郡城，杀散看守租米的军士，又让几个俘虏在前引路，找到城里的粮仓，打开一看，见里面堆满了一袋一袋的小米、麦子，还有豆类等各种杂粮。高欢大喜，在城中找了几十辆大车，将这些粮食全部装载上车，尽数拉回自己的军营。军中将士见一下子缴获了这么多粮食，欢声雷动。当晚，潘相乐组织人将部分粮食碾成粉，加上水，烤制成圆饼，分给饥肠辘辘的将士们。这些面饼的直径不到半尺，中间有一个小眼。将士们填饱肚子后，用一根细麻绳将剩余的面饼串起来，挂在腰上或者脖子上就可以带着行军，很是方便。殊不知，潘相乐这一做法倒是暗合古人。战国时期，秦军出征时，将士们就将两个锅盔用绳子穿起来，分挂在前胸后背，既不耽误行军，还可抵御箭矢。潘相乐命人烤制的这些圆饼，虽没有锅盔大，但也很利于携带保存。自此，这些圆饼便成为高欢部队出征时的军粮标配。

高欢大军有了一万多石粮食，暂缓燃眉之急，便继续前行，在路上又走了半个多月，出了相州，进入殷州境内。殷州是一个不大的州，治所在广阿（今河北隆尧东），下辖赵郡、钜鹿、南赵等三郡。军队沿途经过一些村落，都是些高矮不齐的房子，房子外是围墙或枯竹编成的篱笆。高欢严格约勒士卒，所到之处，民间安堵，秋毫无犯。远近百姓闻之大悦，都说："高晋州将兵整肃。"不几天，高欢所部离开了殷州，终于来到了冀州。冀州为古九州之一，更是上三代帝王建都之处，东近瀛海，南临河济，山川襟带，原野平旷，川原饶衍，草木茂畅。高乾知道消息后，命人沿途劳军，送来大批的被装、粮秣、帐篷、车辆等物资，使高欢的人马入境如归。这天，高欢一军来到了信都，驻兵城郊。封隆之、高乾等人闻报，大开城门，出城迎接，与高欢相见，极道契阔，便请高欢入城。高欢将大军驻扎城外，命韩轨率三千精兵，随己入城。那信都是历史名城，早在战国时期就是赵国别都，当时筑起的檀台和信宫仍保存完好。整个城市呈长方形，南北九里，东西六里，共设六个城门，所有主干道都通自城门，互相交叉。街道两旁店肆林立，处处可见楼阁飞檐。城内人烟稠密，很是繁华。众人进得城后，一径来到冀州刺史府。这刺史府位于冀州城北，紧邻着城墙。进府后，高乾、封隆之等人尊高欢上坐，奉上冀州刺史的印绶。高欢推辞了一番，见高乾等人其意甚诚，便接了过来，又投桃报李，以高乾为治中，以封隆之为别驾，以高敖曹为镇城都督。

相州刺史刘诞听说高欢在自己的地盘上抢粮，大为恼火，知高欢占了冀州，便从邺城将兵五千，前来偷袭信都。高欢乍得冀州，分命诸将带兵弹压各郡，城防空虚，见有敌来袭，命人速关城门。但刘诞的兵马来得甚快，有千余士兵已冲入信都城的南门，在大街上杀人放火。高乾的府第就在南门附近。这一日，高乾正与三弟高敖曹在府内闲坐，听得街上嚷声一片，便命家人外出打探。不一会儿，家人慌慌张张地跑回来道："二位老爷，大事不好了！不知哪里来的一股子兵马冲进城来，当街杀人，凶得不得了，马上就快到府前了！"一旁的高敖曹闻听，霍然起身，不及披甲，手持铁枪，独自跃马出击。高敖曹年方三十，生得龙眉豹颈，姿体雄异，胆力过人，善用铁枪，时人比之项籍。高乾拦阻不及，恐兄弟有失，急派二百家丁前往支援。援军未到，高敖曹已然在街头交兵，手中那杆枪使得如游龙穿梭，行走四身，枪势迅急，骤如闪电，枪尖如白蛇吐信，嘶嘶破风，阵斩刘诞的勇将数员，将敌兵赶出信都城。这时，高欢也集拢兵马赶来，与高敖曹合力出城追杀。刘诞大败而走，只得退回相州。

高欢坐拥冀州之后，上表朝廷。尔朱世隆等人知木已成舟，为拉拢高欢，便封高欢为渤海王、冀州刺史、东道大行台（行台是尚书行台的简称，作为尚书台的派出机构，是立于州之上的一级行政区，也是地方最高一级行政机关，代表中央指挥地方，兼治军民，拥有临机处置的大权）；同时，出于牵制高欢的目的，任命尔朱羽生为殷州刺史。

时间一晃到了夏末，太阳光不再那么强烈刺眼。天上的云彩如镶上了金边，瑰丽似锦。信都城内外，树木葱茏。树叶子好似抹上了一层淡淡的油，青翠欲滴。这天，高欢将高乾、封隆之召到府中，在客厅落座。高欢笑道："二位都是冀州豪强，今天请你们来，是有件事要请二位帮忙！"高乾道："大王有事，但说不妨！"封隆之也说："大王有什么事，尽管吩咐就是了！"高欢点了点头，道："是这样！这次随我来冀州的队伍里，还有数万老弱妇孺。他们早年随葛荣起兵，游走四方，皆厌苦了居无定所的生活，一直想过几天太平日子。二位可有良策，将这数万人安置？"高乾、封隆之一听是这事，满口应承。高乾道："大王尽管放心，将这些人交给我们，一定妥当。"封隆之略加思忖，道："咱们先要对这几万人做个登记，然后再分迁到各州郡就是了。"高欢道："如此甚好！军中将士便随家眷去各州郡驻扎。"高乾道："信都周边地势平坦，土田饶衍，有'冀南棉海'之称，至少可安置一万余人。"高欢大喜，便将这事交由高乾、封隆之全权办理。二人在各州郡周边，拣选土旷人稀之处，

建起移民安置点，量力分给土地，又发放耕牛和种子，鼓励男耕女织。葛荣余部在外飘荡多年，如今得以安定，无不欢欣鼓舞，纷纷在安置点垦地盖屋，种植杨、柳、榆、苹果、梨、杏、枣等树木。不到半年的时间，各移民安置点人丁兴旺，成了繁盛的村落城镇。

这期间，高欢派人去晋州，将家眷接到了信都。九月的一天，渤海王妃娄昭君携长子高澄、次子高洋来到。高欢闻报，亲至府外迎接。不一会儿，娄夫人等人乘坐的马车来到府门前。车辆停稳，九岁的高澄先从车里跳了下来，几步跑上了台阶，来到高欢身边。接着，娄夫人抱着四岁的高洋从车里出来。娄昭君刚三十出头，鬓发低垂，斜插碧玉攒凤钗，越发显得眉清目秀，齿白唇红，身着一身绛红色对襟宫装，上面以紫金丝绣着百蝶穿花图案，衬得肤如凝脂，很是美艳。娄夫人下了车，抱着高洋，走上台阶，与高欢、高澄一起进了渤海王府。这座渤海王府就是原来的刺史府，格局与晋州刺史府差不多，所不同的是内宅右侧多了个花园。高欢与娄夫人到内宅后，各诉离情，又引着两个孩子去后花园游玩。这花园占地足有十余亩，内有花亭、假山，还有几间花房。花园小径用鹅卵石铺砌而成，路边点缀着生机勃勃的翠竹。竹子旁又有奇形怪状的石头，堆叠在一起，突兀嶙峋，气势不凡。绕过这一小片竹林，眼前豁然开朗，是一片花海，有各种奇花竞相开放，花香扑鼻。王府紧靠着信都的东城墙，护城河的水从花园内绕了个弯，又流出园外。清澈的河水里，放养着游鱼。

第二年春季的一天，高欢与幕僚出信都城巡视。但觉春风拂面不寒，夹杂着泥土的气息，裹着草木的芬芳。几只布谷鸟在空中飞来飞去，又停栖在田头的白杨树上，用尖喙梳理几下羽毛，欢快地鸣啭起来。田间小路上，三三两两地走着去春耕的农人们，赶牛的吆喝声此起彼伏。高欢等人来到城外的移民安置点，发现那里已成了人烟稠密的村落。村旁的田地里，一位两鬓皆白的老者，一手执着木制的犁柄，另一手挥着皮鞭。拉犁的是两头紫红犍牛，奋蹄行进在浅褐色的土地上。浸水后的土地，再经过犁耕，变得酥松平整，是施肥的好时机了。远处，几个汉子挥动着铁锹，将成堆的农家肥撒在田里。还有几个农民，手持着铁制的散耙，横着身子耙梳着土地，身后留下一片整齐的田畦。再往前，是一片井水漫灌的土地。一对中年夫妻，正在地里忙碌着。丈夫手执一把铁锹，随着徐徐的水流，在田梗里打坎化沟。妻子顺着地垄，察看着被水浸润的地畦。高欢见人们已然安居乐业，心中大慰，便又从中择取民望，立为牧守，收其委输，以助军国。

第十章

> 高欢虽坐镇冀州，但与尔朱家族已是面合心不合。封隆之的父亲是前司空封回，惨死于"河阴之变"，高乾则一心为孝庄帝复仇。二人常找高欢密议，鼓动高欢兴兵讨伐尔朱氏。

渤海王高欢在冀州的迅速崛起，并未引起尔朱家族的警惕。这一阵子，尔朱兆、尔朱世隆等人只是沉溺财货，一味地争权夺利，闹得不可开交。由于柱国大将军尔朱荣死得太过突然，没来得及指定继承人，也为尔朱家族的内讧埋下了隐患。当初，为了对付孝庄帝，尔朱世隆、尔朱天光、尔朱仲远、尔朱兆等人还能勉强团结起来。孝庄帝被弑之后，尔朱家族成员间开始互相猜忌，甚至到了公开翻脸的程度。

公元531年，在洛阳的太傅尔朱世隆干脆废掉傀儡皇帝元晔，改立广陵王元恭。元恭是孝文帝的侄子，广陵惠王元羽之子，幼时端庄谨慎，颇具气度，长大后酷爱读书，侍母至孝。因胡太后专擅朝政，元恭就托称哑病，闭口八年不言，遁居龙华寺，杜门谢人事，沉藏潜匿。尔朱世隆欲立元恭，又担心他真的不会说话，就派亲信达意且胁之。元恭终于开口道："天何言哉？"尔朱世隆闻报大喜，便废黜元晔，拥立元恭为帝，改元"普泰"。

元晔是太武帝拓跋焘的玄孙，虽宗派疏远，却是为尔朱兆所立。尔朱兆听闻洛中废立的消息,气咻咻地大骂尔朱世隆,要兴兵与尔朱世隆火拼。太常卿尔朱彦伯亲自到晋阳,好一番劝说,尔朱兆才勉强卖给堂叔一个面子,总算是按兵不动。但从此,尔朱家族成员间的裂痕却越来越大,各据一方,互不买账。颍川王尔朱兆据河东、乐平郡王尔朱世隆据洛阳、彭城王尔朱仲远(尔朱荣堂弟)据大梁(今河南开封市西北)、关西大行台尔朱天光(尔朱荣堂侄)据长安。这四人竞为贪暴,谁也不服谁。其中,尔朱仲远最为贪婪,嗜财如命。当年尔朱荣把持朝政时,尔朱仲远就与尚书令朋比为奸,临摹尔朱荣的字迹、印鉴,私自授予别人官爵,收取大量的贿赂。自镇大梁后,尔朱仲远更为残忍,所部富室,多诬以谋反,籍没其妇女财物,投其男子于河。东南州郡自牧守以下,皆畏之如豺狼。四方无不痛恨尔朱家族,只是惮其兵威,不敢宣之于口。

高欢虽坐镇冀州,但与尔朱家族已是面合心不合。封隆之的父亲是前司空封回,惨死于"河阴之变",高乾则一心为孝庄帝复仇。二人常找高欢密议,鼓动高欢兴兵讨伐尔朱氏。天下没有不透风的墙,四方议论纷纷,都说渤海高王要起兵匡扶帝室。一些对尔朱氏专权不满的人将高欢当作他们的领袖,纷纷前来投奔。这一日,高欢正在府中,忽家人来报,称外面有斛律金求见。高欢忙命人引入,自至前院客厅相候。不一会儿,侍卫引领着一个鲜卑人来到客厅。那人三十多岁的年纪,头发蓬乱,面色紫红,皮肤粗糙,身形敦实,身披黑袍,腰系弯刀,正是朔州(今山西朔州城区)敕勒族的酋长斛律金,原为朝中金紫光禄大夫。斛律金见了高欢,向前跪倒施礼。高欢以手相搀,请其落座。寒暄过后,斛律金开口道:"下官本是山野莽夫,曾为尔朱氏所驱使。但观其终不足成事,听闻高王治军严明,御下有恩,故远来相投,还请收留。"高欢谦谢道:"我性识愚浅,恐不当豪杰之意,还请多多担待。"自此,斛律金便留在高欢军中。斛律金性敦直,善骑射,"望尘识马步多少,嗅地知军度远近",骁勇刚决,精通武艺,任冀州骑兵都督,甚为高欢所倚重。

普泰帝元恭登基后,高乾、封隆之等人抓住尔朱世隆擅行废立的罪名,

力劝高欢兴兵讨伐。此时的高欢，已是今非昔比，文有司马子如、高乾、封隆之，武有窦泰、高敖曹、侯景、彭乐、韩轨、刘贵、斛律金，兵精粮足，士马雄壮。高欢自感羽翼渐丰，也打算与尔朱家族摊牌，便将司马子如找来，与之商量起兵之事。司马子如现任长史（幕僚长），在怀朔时期，就是高欢的莫逆之交，这些年，一直追随高欢南征北战，很得高欢的信任。司马子如匆匆来到王府，见了高欢，施礼后，两人分宾主落坐，侍者献茶。高欢接过茶碗，放在面前桌上，将侍者遣出，对司马子如道："子如，今天找你来，是有件大事要和你商量。"司马子如也猜到了几分，便道："大王有事请讲。"高欢道："这几天，高乾等人常劝我举兵匡主，你以为如何？"司马子如闻言，慢慢地端起茶碗，沉吟道："冀州文武，心期富贵，皆盼大王举兵。但以子如之见，尚不可轻举妄动。"高欢奇道："却是为何？"司马子如说："军中镇兵（葛荣余部多为镇兵出身）久经沙场，好不容易在这里落脚，志在温饱，恐怕不愿再上疆场厮杀。"高欢却没想到这一点，眉头一皱道："子如，你想的很周全，不错，……这……这可如何是好？"司马子如用碗盖撇了撇碗里的浮沫，喝了口茶，将茶碗放在桌上，沉思了一会儿，忽抬头道："大王，岂不闻'兵不厌诈'这句话？"高欢忙道："愿闻其详。"司马子如见室中无人，压低声音说："虽然军无战心，但我们不妨假造消息。……就说尔朱兆打算讨回葛荣余部，再将其分配给部下作奴婢。众人听到这个消息后，定会痛恨尔朱兆。那时，大王要举兵就容易多了。"高欢心领神会，笑道："子如，真有你的，就这么办。"不几天，信都城里小道消息满天飞，称尔朱兆有信给高欢，想讨回葛荣旧部。葛荣旧部当年在晋阳吃足了尔朱兆的苦头，听到这个消息，无不惶恐。

又过了几日，已是十一月份，天气渐渐地冷了起来，北风"嗖嗖"地刮着。鸟儿很少在光秃秃的枝桠上露面，严冬即将来临。这天早上，高欢传下令去，命校尉以上的军官都到王府集合。王府的大殿前是个一亩大小的院落，地上铺着细砂石，很是平整，有一条甬道与王府正门相连。诸将闻命，先后来到，在院中按军阶依次排列。最前面的是尉景、窦泰、高敖曹等都督大将，再后面是中下级军官，黑压压地挤了一院子，皆佩刀悬剑。这帮武人到了一起，自是吵吵嚷嚷，没个安静。众人或扯着嗓门儿相互招呼，或交头接耳地议论，都想探明今日为何聚得这么齐。但嗡嗡了半天，也没个头绪。因为就连尉景、窦泰、韩轨、侯景等人，也不知道为什么前来。诸将正在纳闷，只见高欢带着几个卫士，由殿内走出，便都安静了下来。

朝阳如一个淡淡的黄球，从城头上升起。阳光斜射下来，将院内的一切都罩在一片模糊的橙黄色之中。高欢身披锦袍，手按佩剑，站在殿前台阶上，面对满院的将佐，清了清嗓子，正要说话。这时，王府外来了一骑快马。马上那人一脸风尘之色，连身上的官服也布满了灰尘，看样子是走了很远的路。那人到了王府门前，滚鞍下马，自称洛阳使者，来此下书，命人速速通报。高欢闻报，忙令卫士将使者引进。不一会儿，使者来到院里，沿着甬道一溜小跑，从诸将的身边穿过，来到阶前，见了高欢，跪倒施礼，道："禀高王，小人受太傅尔朱世隆之命，前来递送公文。"说着，取出一个小包裹呈上。侍卫从使者手中接过包裹，取出公文，递与高欢。高欢接过公文，打开来，略一阅读，脸色一下子阴沉了起来。诸将见高欢变了脸色，一个个面面相觑，不知何故。高欢客客气气地请使者到馆驿中休息，便将这份公文交与卫士，拿给诸将依次传阅。大家先后看过，才知是太傅尔朱世隆的征兵文书。在这份文书里，尔朱世隆要征调一万名冀州精兵，去边疆服役。冀州诸将皆不愿远征，心下惴惴，怨声四起。

当然，使者是司马子如安排人假冒的，公文也是司马子如一手伪造的。

高欢立在阶上，看到众将惶恐不安的表情，心中暗喜，表面上，却是愁容满面，把戏做到十足十，长叹一声，道："今日将大家召集来，本想商量一下明春军垦之事。不想朝廷有所征召。大家且回去，准备戍边事宜吧。"诸将领命，一边出府散去，一边议论纷纷。有些脾气暴躁的人，已开始咒骂起尔朱世隆。

接下来的几天里，高欢佯作不得已，选出一万名精兵，让他们带齐刀枪器械、帐篷盔甲，分屯于信都四郊，刻日远征。在高乾、潘相乐等人的调度下，各郡县的物资源源不断地运到了信都，包括粮草、牛羊、战马、器械、衣服、帐篷、被褥等。到了启程的前一天，朔风渐紧，气象森寒。众将士的家眷们赶来送行，军营之中，随处可见依依惜别的场景，有很多夫妻抱头痛哭。司马子如就住在军营里，协助潘相乐料理远征事宜，见此情形，故作恻隐之状，便到高欢那里请求，让将士们暂留五天，与亲人话别。五天期限一到，司马子如又为大家请求暂留五天。最后，高欢宣称，不能再停留了，必须要出兵了，并亲自到城外，为这一万名远征军送行。

时值隆冬，北风呼啸着掠过荒原，阴云低垂于天际，黑暗的天空开始下雪。密集的雪粒"唰唰啦啦"地落在帐篷上、帷幕上，打得人脸生痛。后来，那雪越下越大。雪花纷纷扬扬地从天上飘落，掩盖了道路，压断了树枝，连旌旗都被雪片裹着，在旗杆上垂了下来。城外的郊原上，冀州远征军披甲列阵，等待着出发的命令。将士们的心情像这天气一样，阴沉而寒冷。人人皆知，此一去，与亲人将是生离死别，势必埋骨异域，血流他乡。

渤海王高欢头戴斗笠，身披蓑衣，在漫天大雪中登上高台，开始向大家训话。呼啸的北风将高欢的声音远远送出。高欢痛心疾首地说："我本居怀朔，与你们同为失乡之人，亲如一家。不料尔朱太傅征兵于冀州。这次远征的将士，恐怕再难回返，留下的家眷也将孤苦无依，这可如何是好？"众人无不悲愤，渐闻抽泣之声，不一会儿，四野嚎啕。有人呐喊道："不如反了吧！"这下子一呼百应，万众振臂齐呼："反了吧，反了吧……"高欢待呼声稍止，愁眉苦脸地说："为了活命，不得不反了。但'龙无头不行'，我们总得推一人为主。"众人自是推举高欢为首。高欢道："你们这些人都是勇士，难以束缚。昔日葛荣聚众百万，军纪散漫，终归败亡。今若以我为主，不得违我军令，否则，我可不能同你们作乱，以免取笑于天下。"众将士"呼拉拉"一齐跪下磕头，齐称死生唯命。高欢便命人杀牛宰马，犒赏三军，然后申明军纪，明令赏罚，再令将士们各回军营，一时军中肃然。

高欢既打定主意要举兵，嫌殷州在一旁碍手碍脚。因为殷州紧邻着冀州，广阿离信都也不算太远。高欢若有异动，尔朱羽生的部队朝发夕至，便可攻击信都的北门。这一天，高欢将都督彭乐找来，秘密交待了一番。彭乐会意，点起五千军兵，假扮山贼，离了冀州，径去攻广阿。广阿守军见有山贼来袭，忙关城抵御。彭乐驻兵城南，在城下跃马大呼，自称是铁岭山的好汉赵六，来城中借粮。殷州本是葛荣肆虐之地，有山贼作乱也不希奇。刺史尔朱羽生在府中闻报，便领兵出城与之作战。那尔朱羽生在花月丛中长大，纯粹是一个纨绔子弟，只是近年有了几茎胡子，才被尔朱世隆派到殷州监视高欢，怎么会是彭乐的对手？没几天工夫，便连败了数阵，吓得躲在城中，再不敢出来。彭乐见尔朱羽生龟缩不出，便率军将广阿围得铁桶相似。尔朱羽生紧闭四门，连个求救的人也派不出去，每日只是在城内焦急，生怕山贼打进城来，砍了他的脑袋去。

这一天，尔朱羽生披着重裘，带了几个姬妾，坐着肩舆上得城来，见城外贼兵势大，不由得愁容满面。正在这时，忽见南边来了一队兵马，打着相州旗号，到了城下，便与山贼交手，将一众山贼杀得大败而走。尔朱羽生见状，抚着墙垛呵呵直笑。那彪军马驱散山贼后，来到城下，为首一员大将对着城上喊道："喂，城上的守军。我们是相州刘诞将军派来解围的，请开城！"尔朱羽生信以为真，忙命手下人打开城门，自己下城相迎，刚到城下，见那员大将乘马而至，身后随着无数兵马。尔朱羽生忙不迭地拱手施礼，还未来得及说话。那将官脸色一变，喝令手下军士杀散尔朱羽生的卫士，将尔朱羽生五花大绑了起来。尔朱羽生又惊又怒，急赤白脸地问："将军，你……你这是何意？"那人仰天大笑道："今日让你死个明白。老子行不更名，坐不改姓，便是韩轨，奉渤海高王之命来取广阿。另外，城外那伙山贼也是冀州兵马，为首的便是彭乐。"尔朱羽生这才明白中计，可已悔之晚矣。韩轨命人将尔朱羽生一刀砍了，提着他的脑袋回到了信都。高欢看了尔朱羽生血肉模糊的首级，心里打了个突，用右手抚着胸口说："今日再无退路，是必须要反了。"随后，高欢命刘贵为殷州刺史，镇广阿，又派人向洛阳上表，极陈尔朱氏的罪恶。

洛阳的普泰帝元恭虽为尔朱世隆所立,却甚有天子威严,并不阿附尔朱氏。太傅尔朱世隆曾要求为尔朱荣平反。普泰帝一口拒绝,直言不讳地道:"太原王(尔朱荣)贪天之功,罪亦合死;孝庄帝手翦强臣,未为失德!"听到这话,尔朱世隆很是愕然,自此以后,再也不敢入朝。为了压制普泰帝,尔朱世隆专擅国权,坐持台省,命事无大小,先汇报给自己,然后施行。普泰帝手中没有兵权,只得拱己南面,诸事无所干预。尔朱世隆架空皇帝后,在府里另立私廷,卖官鬻爵,无所不为,每日里只是花天酒地。这一天,尔朱世隆在后院暖阁居中而坐,命廊下乐师奏起琵琶、箜篌、排箫、筚篥、笙、埙、长笛等各种乐器。随着音乐声,几个龟兹舞女翩翩起舞,变诸百态。尔朱世隆四十多岁,双目大而无神,两个眼袋很明显,脸上肌肉松驰,肤色暗沉,颌下一副稀疏的羊角胡。虽是隆冬,尔朱世隆面前的桌子上仍摆着几盘鲜果,果盘旁放着一只金杯。这只金杯是用赤金打造,足有十余两重,里面盛着甘洌的葡萄美酒。尔朱世隆一边随着音乐摇头晃脑,一边取了一瓣鲜果放入嘴里,又端起金杯,饮了一口葡萄酒。

这时,门外有家人来报,说是渤海王有表,请太傅过目。尔朱世隆被搅了兴头,心中不悦,但听说是高欢上表,不敢小觑,没好气地令人将表章取来。家人进入室内,恭恭敬敬地呈上表章。尔朱世隆打开表章一看,不由得又惊又怒,脸上变色。原来这封表章,便是高欢讨伐尔朱氏的檄文,还说已杀了尔朱羽生。尔朱世隆素来怔怯,今见高欢公然兴兵,不由得没了主意,手持表章愣了半响,猛地立起身来,一脚踢翻桌子,将舞女、乐师轰出,自己回到书房,背着手团团乱转,筹思了半天,苦无良策,只得命人向尔朱兆、尔朱仲远、尔朱天光等人告急。

彭城王尔朱仲远是尔朱世隆的兄长,接到消息后,带兵由大梁赶到洛阳。不久,尔朱兆也带着晋阳兵马赶来。长安的尔朱天光由于路途较远,迟迟未到。尔朱仲远与尔朱兆将兵马驻扎在洛阳城外,一齐来到太傅府。尔朱世隆亲到门前迎接,不一会儿,就听见远处马蹄声响,兵甲铿锵,只见尔朱仲远与尔朱兆并马来到门前,身后是数百名亲兵卫队。尔朱仲远身

103

形瘦削，因连日赶路，略显疲惫，两只眼睛带着血丝，面容阴鸷，披着一件紫色战袍，腰系丝绦，足蹬一双牛皮靴。尔朱兆光头没戴头盔，身披铁甲，手执马鞭，仍是一脸的骄横之色。二人来到门前，勒住坐骑，跳下马来，与尔朱世隆略事寒暄，便一齐进府，来到书房中。尔朱世隆的府第甚是奢华，触目但见雕梁画栋，每一尺土地上都花了不少的真金白银。这书房坐落在单层汉白玉石台基之上，屋顶铺着黄琉璃瓦，重檐庑顶，连廊面阔五间，进深三间。书房门前站着数名介胄卫士，手按腰刀，负责警戒。三人进了书房落座，仆人献茶后躬身退出，顺手把门给带上。尔朱世隆把高欢的表章拿出来，递给尔朱仲远和尔朱兆，道："这便是高欢递来的表章，言辞狂悖，请二位过目。"尔朱仲远年长一些，城府较深，看完表章后没有说话。尔朱兆则脾气暴躁，上次在晋阳吃过高欢的暗亏，怀忿已久，看完表章之后，脑门儿上的青筋直崩起来，拍着桌子大骂："如果不是太原王的提拔，哪有他高欢的今天。现在这小子不思报恩，反倒要治起我们来了？"嚷着应立即出兵镇压。三人之中，以尔朱兆的兵力最强。他既主张出兵，正中尔朱世隆的下怀。尔朱仲远也点了点头，道："蕞尔高欢，本不值得兴师动众，但此风不可长。我们齐力平了冀州，将那高欢锉骨扬灰，别人就不敢妄生反心了！"三人既达成一致，遂在洛阳集兵，假天子之名，下诏称高欢为逆贼，刻日出军。

洛阳有高欢布下的眼线，将这一情报火速传回信都。高欢闻报，不敢大意，一面加紧备战，一面派人去洛阳做反间工作。之前，高欢曾指使人在信都散布谣言，成功煽动起将士们对尔朱家族的不满情绪。此次，高欢又把这些人派往洛阳，让他们在尔朱家族成员间搬弄是非，想法设法破坏尔朱兆、尔朱世隆、尔朱仲远等人的团结。这些人禀承高欢的意旨，分散到洛阳的街头巷尾，四处散布流言，一会儿说尔朱兆要杀尔朱世隆，一会儿又说尔朱世隆要杀尔朱仲远，极力制造并扩大尔朱家族成员间的分歧。洛阳士民本就痛恨尔朱世隆等人，听到这些流言，假的也当成真的，纷纷跟着推波助澜，大肆渲染尔朱家族成员间的矛盾。这些流言自然传进了尔朱世隆等人的耳朵里。尔朱世隆、尔朱兆、尔朱仲远三人本就互相嫉恨，面合心不合的。当初，尔朱荣被杀后，尔朱兆带兵打进洛阳，曾手按佩剑，气势汹汹地责问尔朱世隆道："叔父在朝日久，耳目应广，如何令太原王遇害？"逼得尔朱世隆当众自责良久，方才作罢。从那时起，尔朱世隆就深恨尔朱兆。尔朱仲远虽是尔朱世隆的兄长，在大梁行事也很跋扈，从不将尔朱世隆放在眼里，自荥阳以东，租税悉入其军，不送洛阳。"木必先腐而后虫生，人必先疑而后谗入。"这三人本就互有心病，哪还架得住流言蜚语的挑拨？相互的隔阂越来越大，有意无意地相互掣肘，无形中拖慢了出兵的速度。

这段时间里，冀州也并不平静。凛冽的寒风摇撼着树木，狂啸怒号，裹挟着黄沙漫卷飞舞。太阳变了脸色，整个天空暗了下来。乌云滚滚，奔涌着，升腾着，追逐着，遮天蔽日。信都城外被辟为军营，扎起了一眼望不到头的牛皮帐篷。演武场里，将士弯弓击剑；郊原上，铁骑纵横驰骋，腾起一片热烈又紧张的气氛。渤海王府戒备森严，卫士们神情警惕，手按刀柄，在王府外巡逻。府门前的系马桩上，拴着许多匹战马。将官们顶盔挂甲，聚集在王府前殿，商讨着作战计划，声浪简直要把屋顶掀起。作为统帅，高欢自然是最忙的，要签发各种命令、排解各种疑难，已有两天两夜没有合眼了，眼睛里挂满了血丝，胡子也来不及刮，下巴上露出长短不齐的胡茬儿。刚刚，高欢觉得实在疲倦，便匆匆到后院睡了三个时辰，觉得恢复了些精神。正在这时，门外家人禀报，称司马子如来见。高欢听了，命人将司马子如引到书房，自己匆匆穿上衣服，又在身上披了件锦袍，一边掩着前襟，一边向书房走去。来到书房，家人掀起门前厚厚的帘子。高欢一脚跨进书房，见司马子如坐在椅子上，手里拿着一份檄文。司马子如见高欢来到，忙起身行礼。

虽是数九寒天，书房里烧着一炉旺旺的炭火，倒很是温暖。二人分别落座，司马子如递过一份檄文来，道："大王请看，这份檄文是咱们的人从洛阳带来的。"高欢接过檄文读着，见上面将自己与高乾、封隆之等人列为"逆贼"，觉得甚是碍眼，便将檄文扔在桌子上，道："这份檄文是谁写的？"司马子如道："不知出自谁的手笔。虽以普泰帝的名义发布，但无疑是尔朱世隆的授意。"高欢沉吟道："尔朱氏挟天子以令诸侯，动以天子为名，于我不利。"司马子如道："大王坐镇雄州，何不也拥立天子？便可与之匹敌。"高欢听了，心中一动，觉得司马子如说得有理，但拥立天子毕竟不是小事，须得慎重考虑。高欢便将司马子如留在书房，派人速去将高乾、封隆之、潘相乐等人找来商议。不一会儿，众人先后来到。高欢一边让大家传看那份檄文，一边将司马子如的提议说给大家。高乾听罢，首先响应，手捻胡须道："元恭为尔朱家族所立，岂堪临四海？现在高王兴兵匡扶帝室，拥立新君亦无不可！"潘相乐道："拥立新君倒是无妨，但立谁呢？敌军压境，仓促之间，有没有合适的人选？"封隆之接口道："现成的还真有一位，就在我们冀州！"高欢忙问道："哦？还真有这么个人，是谁？"封隆之道："便是渤海太守元朗！"高欢听了，道："我倒也听说过此人，隆之，你再给大家讲讲。"封隆之进一步介绍道："这元朗是太武帝拓跋焘五世孙，章武庄武王元融之子，自幼聪慧，好学有礼。今年大概二十多岁，虽然年轻，但不折不扣确是皇族出身。"众人也没有更好的人选，听了封隆之的介绍，都觉得此事可行。何况大家心中雪亮，拥立新君是为了出师有名，至于立谁并不重要。过了几天，高欢便派安车驷马将元朗接到了信都。那元朗虽出身皇室，但宗派已很疏远，所以才被派到冀州来担任地方官。元朗幼年也许聪明，但可惜应了"小时了了，大未必佳"这句话，长大之后，才干却是平平，在渤海太守任上，也没有特异的表现，只不过造化弄人，居然被高欢等人推上了皇帝的宝座。公元531年底，元朗来到信都，于城西登坛，焚柴祭天，继皇帝位，大赦天下，称中兴元年。元朗是为中兴帝，以高欢为丞相、都督中外诸军事、大将军、录尚书事、大行台，综理军国；命高乾为侍中、司空；命高敖曹为骠骑大将军、仪同三司，其余文武百官普加四级。

　　高欢在信都拥立元朗后不久，就收到了一封十万火急的密信。信是殷州刺史刘贵派人送来的，写得很简短，只有"尔朱兆已至广阿"等寥寥数字，字迹潦草，显是刘贵在匆忙中写就。高欢见信后，心里一沉，暗想尔朱兆终于还是来了。原来，尔朱联军自洛阳开拔后，因相互牵制，行军速度并不快。尔朱兆性子急躁，自恃勇猛，干脆不等别人，独领所部五万军兵，杀奔信都。前几天，尔朱兆率部到了殷州，其前锋在广阿和刘贵的侦察部队发生小规模冲突，互有胜负。但尔朱兆并未在殷州停留，在广阿打了个小小的遭遇战，便穿境而过，直奔冀州而来。刘贵派人骑快马抢在尔朱兆前面，将消息报告给了高欢。高欢收到消息后，急传号令，命三军拔营，开赴战场。军令传下，两千名王府卫队当先而行，沿途设立警戒。高欢头戴铁盔，身披锁子连环甲，骑着战马，在窦泰、彭乐、潘相乐、斛律金等人的簇拥下，出了王府，出北门来到了城外。这时，城外的将士们已接到命令，撤掉了帐篷，拆除了营盘，在野外排列整齐。高欢自领中军，以窦泰为前锋，分命诸将各领所部，离了信都，直奔广阿方向，迎击尔朱兆。

　　时当隆冬，天气严寒，朔风正劲。树木的叶子已经落净，原野里的荒草蒙着一层白霜。高欢麾下有三万多人马，在信都城外，倒是熙熙攘攘，走到广袤的郊原上，就显得有些单薄。高欢骑马走在队列里，心中有些忐忑，知道眼前这一战，是只许胜不许败。一旦自己战败，仅"擅自拥立"这条罪名，就足以诛九族了。恰巧，高乾骑马随侍在旁。高欢便对高乾说："高司空，敌众我寡，你看取胜的把握有多大？"高乾看出了高欢的不安，安慰道："所谓众者，得众人之死；所谓强者，得天下之心。尔朱兆上弑天子，中屠公卿，下暴百姓。现在大王以顺讨逆，如汤沃雪，一定可以取胜。"高欢说："话是这么说，但我以小敌大，以寡击众，不知上天是否助我？"高乾答道："尔朱家族把天下搅得大乱，并无英雄支持，可谓智者不为谋，勇者不为斗，民心已去。天意即是民心，一定会助您取胜。"高欢听了，心里踏实了些，但为了审慎起见，还是将部队分为前后两支，自己指挥前军，能战则战，不能战则退。后军由尉景统帅，负责接应前军。

　　冀州大军离了信都，走了五六天，探马来报，称前方已发现敌人活动的迹象，大概明晨时分，两军便可遭遇。高欢闻报，又见天色渐晚，便命部队停止前进，就地安营扎寨。将士们立起营盘，挖好壕沟，埋下鹿角，安排了岗哨，回到各自的帐篷休息，养精蓄锐，准备明日的厮杀。高欢回到帅帐，秉烛而坐，盘算着第二天的胜负。这座帐篷也是普通的牛皮大帐，只不过比一般帐篷宽大一些。厚重的帐帘遮挡不住外面的寒气，丝丝冷风透了进来。桌上点着一支牛油大蜡，烛焰跳动闪耀着。高欢坐在桌前看了半天地图，觉得有些困倦，便吹熄蜡烛，在一块厚毡上和衣而卧，却仍是翻来覆去地不能成寐，脑子里盘算着自己与尔朱兆的兵力，不断地对比、衡量，心情忽忧忽喜，直到了很晚，才沉沉睡去。

次日三更时分，天上一钩弯月犹未落下，寥寥几颗寒星在空中闪烁着，四野仍是一片漆黑。冀州军的大营里响起一阵嘹亮的军号声，将士们穿好衣服，纷纷走出帐篷，开始吃早饭。饭后不多时，一骑探马箭也似的冲进大营。马上探子滚鞍下马，气喘吁吁地跑进高欢的帅帐，称尔朱兆的部队即将赶到。高欢霍然起身，抓起腰刀，一边向腰上系着，一边冲出帐外，让传令兵传下令去，命众军出营列阵。麾下将士闻风而动，披上甲胄，迅速在营外做好战斗准备，一个个弓上弦，刀出鞘，严阵以待。黎明时分，东方露出鱼肚白。远方隐隐传来战马的嘶鸣声，一片黑压压的兵马迅速逼近，正是尔朱兆的大军。两阵对圆，战斗随即打响。尔朱兆贪功心切，手舞马刀，亲帅麾下铁骑陷阵，直扑高欢的中军。高欢所部以步兵居多，很快就被冲乱了阵形，死伤甚重。高欢见势不妙，便与侯景、窦泰等人按计划引兵撤退。尔朱兆率骑兵猛追，却把步兵远远甩在后面，正追着，忽听一声炮响，两侧伏兵四起，正是窦泰与侯景领兵左右夹击。随之，后面又传来一片喊杀之声，却是斛律金率部切断了尔朱兆的退路。高欢率兵回头掩杀，将尔朱兆所率的骑兵包了饺子。斛律金率领着五百步兵，皆头戴铁盔，身披铁甲，手持利刃，冲入尔朱兆的骑兵队伍里，低着头，只砍人足马腿，而且专拣骑群密集处砍杀，钢刀挥舞之处，切下的马腿堆成一大圈。尔朱兆的骑兵没了马，就像老虎没了牙齿，一阵激烈厮杀下来，不死即伤。尔朱兆舍命冲出重围，逃回晋阳。尔朱兆的步兵气喘吁吁地来到战场时，却发现尔朱兆已然败逃，只得向高欢投降。高欢从尔朱兆的降兵里选留了五千精锐，遣散其余。尔朱世隆等人听说前线失利的消息，顿足大骂尔朱兆成事不足败事有余，却也不敢再进，只得收兵回了洛阳。

高欢击败尔朱兆后，乘胜引兵前出相州，直取邺城（今河北临漳）。相州刺史刘诞见高欢势大，不敢出来交兵，婴城固守。邺城初建于春秋时期，相传为齐桓公所筑，曾有曹魏、后赵、冉魏、前燕等四个政权在这里建都，"其城高数十丈，东西七里，南北五里，饰表以砖，百步一楼"（《水经注》），城墙上密布垛口、角楼。高欢见城墙高峻，便驻兵邺城四门，暂不攻城，又将潘相乐找来，如此这般，嘱咐了一番。潘相乐领命而去，选了数百名擅挖地洞的工兵，每人配备一把锋利的铁铲，到了晚上，悄悄来到邺城的东城墙下，开始挖地洞。城下一片漆黑，城墙上虽有哨兵巡逻，但也看不到城下有工兵在活动。一连数晚，潘相乐率领着工兵，在东城墙下挖了数十个大洞，并在每个洞里都撑上了巨木，让其暂时不要塌下来。

数日之后，潘相乐来报，称地洞挖好，诸事齐备。高欢便在东城外布列兵马，命军中擂起战鼓，树起云梯，假作攻城之状。刘诞见东城吃紧，疾调精兵乘城拒守。高欢见城头密布守军，命攻城部队速撤，同时命人放火焚烧支撑地洞的巨木。每根巨木上都泼上了火油，沾火就着。雄雄大火在地洞内燃起，很快就将一根根巨木烧断。高大的东城墙轰然坍塌，声如霹雳，砖石飞溅起多高。城上的守军不是被摔死，就是被塌落的砖石砸伤。窦泰、侯景、斛律金等人率军呐喊着冲入城内，顺利攻占邺城。相州刺史刘诞未能幸免，死于乱军之中。

邺城前临河洛，背倚漳水，虎视中原，透着一派王霸之气。公元532年二月，高欢命刘贵迎中兴帝入邺，定都于此，设立文武百官。

太傅尔朱世隆退回洛阳后，惊魂甫定，听说又丢了相州，急忙写信与尔朱兆、尔朱天光、尔朱仲远等人，称："高欢作乱，扶立元朗为帝，欲灭我辈。王师失利于前，刘诞遭屠于后，必得众人齐心协力，同会邺城，克期进讨。"尔朱家族的其他成员收信后，见高欢的势力越来越大，也都坐不住了。这一年的闰三月，尔朱兆自晋阳，尔朱度律自洛阳，尔朱仲远自东郡，各领所部兵马会于相州。关中大行台尔朱天光本不愿趟这趟混水，但架不住帐下大都督贺拔岳的极力鼓动。贺拔岳道："高欢凶狡难敌，除了您谁都不能挽回当前局势，大王岂能眼看着尔朱一门被别人击灭？"尔朱天光势不得已，只得率军离长安东下，与尔朱仲远等人合兵一处，来到了相州。尔朱联军夹洹水驻军，号称二十万。

渤海王高欢见敌人大兵压境，便命尚书封隆之镇守邺城，亲将中军，命窦泰将右军，命高敖曹将左军，引兵出屯韩陵山（今河南安阳东北），为邺城留出战略缓冲地带。韩陵是座小山，不算太高，方圆十余里，山上满是嶙峋怪石。民间相传，汉初三杰之一的韩信曾屯兵于此，故号韩陵。高欢率兵到了韩陵山下，依山驻军，率诸将登上山巅观望地势，但见山间层林尽染，红黄有致，山林里还有小溪潺潺流淌，山下的数万大军更是尽收眼底。高欢观察了一会儿，发觉左军全是步兵，便对身边的高敖曹说："高都督麾下仅步兵一万人，没有骑兵，恐怕战斗力稍弱一些。我想再为左军增配两千骑兵，怎么样？"高敖曹回绝道："多谢大王！敖曹所部虽是步兵，但经过长期训练，前后格斗，差强人意。今若杂配骑兵，进则争功，退则推罪，有军心不稳之虞。不烦更配！"高敖曹的麾下都是他一手训练出来的，每个人都曾随他出生入死，堪称不折不扣的高家军。在战场上，高敖曹指挥这支部队，可谓得心应手。高欢见高敖曹非常自信，说的也有道理，就没再为其增兵。

第二天，天气晴朗。一轮又大又圆的太阳挂在空中，光芒四射。天上的云霞，也都是红红的，泛着金光。尔朱联军开到韩陵山前，与高欢的部队相逢，摆开了决战的架势。山前一片肃杀，旌旗飘扬，鼓声阵阵，战马腾踊，刀矛耀日。高欢这次带了骑兵一万，步兵四万，在兵力上并不占优，便在韩陵布下圆阵，将金鼓旗帜部署在中央，做好环形防御的准备，又把军中的牛驴拴在阵后堵死归路。将士们知道后，皆有必死之心。高欢与尔朱兆分别立马阵前，在战场相见，相去百余步。尔朱兆上次吃了个大亏，知道高欢的厉害，不敢再冒进，驻马阵前，大声责问道："姓高的，我们尔朱家待你不薄，你为什么要背叛？"高欢反唇相讥，指责尔朱兆的弑君之罪，说："本所以戮力者，是为了共辅帝室，今天子何在？"尔朱兆答道："孝庄帝无故害死太原王，我报仇而已。"高欢道："以君杀臣，理所当然，还报什么仇？今日我与你恩断义绝。"双方话不投机，遂即开战。

尔朱兆还是老打法，见高欢的左路军全是步兵，便亲率铁骑陷阵，打算斜穿军阵而过，再返头攻击，这样就可击溃高欢的部队。但这次，尔朱兆可打错了算盘。冀州大都督高敖曹率一万步兵，相互靠拢，前后衔接，先是一阵密集的箭雨，射杀了尔朱兆的一批骑兵，又命将士们手持重盾，结成一道坚不可摧的盾墙，还将长矛突于重盾之前，加强防御。这些长矛的柄都有数丈长，具有攻击距离上的优势，矛头又是锋利无比。尔朱兆的骑兵冲到近前，就被纷纷挑下马来，后面的登时一阵大乱。高敖曹见敌人骑兵的冲击力减弱，便命将士们甩掉重盾、长矛，皆持短刀，突入敌阵，给敌人以迎头痛击。这时，斛律金率一支奇兵袭击尔朱天光的阵后。窦泰与手下精兵三千余骑从栗园突然冲出，将尔朱世隆的部队横截为两段，使之首尾不能相顾。战斗很快进入白热化，战场上白刃相接，鼓声隆隆，旌旗缤纷，车毂交错。双方的将士拼死肉搏，兵刃的撞击声不绝于耳，到处抛弃着断枪折戟，失去主人的战马四处乱跑，不时发出一两声惊惶的嘶鸣。

大都督贺拔胜是贺拔岳的二哥，隶于尔朱世隆帐下。月余之前，贺拔岳曾给贺拔胜写了封密信，称："天下皆怨毒尔朱，而我们兄弟为之羽翼，恐怕前途不妙！"劝二哥早日脱离尔朱集团。此时，贺拔胜临阵倒戈，率手下五千人马降于高欢。尔朱世隆没什么战场经验，见部下成建制地叛变，登时慌了手脚，忙率众撤退。尔朱仲远、尔朱天光等人不知怎么回事，见尔朱世隆的部队撤了，也跟着逃跑。一时间，尔朱联军的士兵们抛枪弃刀，四散溃逃，自相蹈藉，死伤无数。尔朱兆用马刀连砍了几个逃走的士兵，但仍止不住眼前的混乱，气得捶胸顿足，对慕容绍宗说："若是早听你的话，哪有今天！"言罢，尔朱兆拨转马头，也打算逃跑。慕容绍宗一把拉住尔朱兆的马缰，说："将军，那高欢兵力不多，虽侥幸得胜，亦已筋疲力尽。我们合兵再战，未必会输与他！"尔朱兆不肯听从，带着几百人急急败走，回了晋阳。慕容绍宗却留了下来，反旗鸣角，招集起溃散的军士，井然有序地撤回了并州。高欢立马高坡，见了这一幕，感叹道："虽败不乱，慕容绍宗真名将也！"

韩陵之战的规模虽然不算太大，但对北方政局具有重要的意义。从此，北魏军政大权由尔朱家族转到了高欢集团手里。高欢为铭记战功，命人在山上建起定国寺，又让幕僚温子升作赋，刻在寺前碑上。这篇碑文写得骈四俪六，很是精妙，谨全文照录于此，以飨读者。

《韩陵山寺碑文》

昔晋文尊周，绩宣于践土；齐桓霸世，威著于邵陵。并道冠诸侯，勋高天下。衣裳会同之所，兵车交合之处，寂寞销沈，荒凉靡灭。言谈者空知其名，遭遇者不识其地。然则树铜表迹，刊石记功，有道存焉，可不尚欤？永安之季，数钟百六，天灾流行，人伦交丧。尔朱氏既绝彼天纲，断兹地纽，禄去王室，政出私门，铜马竞驰，金虎乱噬，九婴暴起，十日并出，破璧殒圭，人物既尽，头会箕敛，杼柚其空。大丞相渤海王命世作宰，惟几成务，标格千仞，崖岸万里，运鼎阿于襟抱，纳山岳于胸怀，拥玄云以上腾，负青天而高引。钟鼓嘈嘈上闻于天；旌旗缤纷下盘于地，壮士凛以争先，义夫奋而竞起。兵接刃于斯场，车错毂于此地。轰轰隐隐，若转石之坠高崖；硠硠磕磕，如激水之投深谷。俄而雾卷云除，冰离叶散，靡旗蔽日，乱辙满野。楚师之败于柏举，新兵之退自昆阳，以此方之，未可同日。既考兹沃壤，建此精庐，砥石砺金，莹珠琢玉。经始等于佛功，制作同于造化。息心是归，净行攸处，神异毕臻，灵仙总萃。鸣玉鸾以来游，带霓裳而至止，翔凤纷以相欢，飞龙宛而俱跃。虽复高天销于猛炭，大地沦于积水，固以传之不朽，终亦记此无忘。

尔朱世隆、尔朱天光、尔朱仲远等人战败后，兵亡将散，众叛亲离，只带了千余人逃回洛阳，刚进城门，就见伏兵四起。左中郎将张始均带人将尔朱世隆与尔朱天光从马上掀落在地，兵刃交下。尔朱世隆与尔朱天光还没弄明白怎么回事，就被砍死在洛阳城门里。原来，上次河阴之变前，张始均收到高欢的消息，托病不到，躲过了一劫。韩陵之战后，高欢又派人知会张始均，托他料理尔朱世隆等人。张始均便在城门口布下伏兵，袭杀了尔朱世隆与尔朱天光。尔朱仲远走在队伍后面，见势不妙，弃军而逃，一直跑过长江到了江南，后来就死在那里。关中大都督贺拔岳杀了留守长安的尔朱显寿，自任关中大行台，以宇文泰为行台左丞，领府司马，遂据长安。权势赫奕的尔朱家族就这样遭到了毁灭性的打击，从此一蹶不振。

第十一章

> 韩陵之战后,高欢手握兵权,权势日隆。把持朝政。他废普泰帝另立孝武帝,官拜大丞相,为防尔朱兆东山再起,高欢率军进攻晋阳,尔朱兆战败而亡。

邺城士民闻得消息,阖城为之倾动。封隆之率文武百官,出城五十里迎接。渤海王高欢领兵凯旋而归,将大军驻扎在城外,与封隆之等人一起进入邺城。全城的百姓早已被动员起来,在大街两侧扎了彩楼,布置得喜气洋洋。街道两侧挤满了人,连屋顶上也站了许多看热闹的民众。一些孩子们挤不进人群,干脆爬到了树干上。高欢骑着战马,率高敖曹、斛律金、侯景、窦泰、彭乐、韩轨等人甫一进城,城墙上的军兵便一齐吹响了数百支号角。随即,鼓声雷动,欢迎的人群发出了排山倒海般的欢呼声。所有人的脸上都露出兴高采烈的表情,谈论着这场以少胜多的辉煌胜利。高欢一边催马前行,一边频频向路旁的民众招手致意。诸将骑马走在队伍中,脸上都洋溢着笑容,好像全然忘怀了刚刚过去的那场生死鏖战。回府之后,高欢卸下甲胄,长长地出了一口气,传令部队放假三天,又将战场上缴获的金银、物资、马匹分赐有功将士。将士们欢声雷动,招朋引伴,去邺城的大小酒馆里畅饮。邺城本来繁华,那几天,大街小巷的酒馆里,坐满了戎装的战士,从早到晚都是人声鼎沸,生意兴隆。

四月的一个早晨，红日自东方浮现，万道霞光四射。远处的山巅上还积着未消融的冰雪，原野上却已泛起了活泼的绿色。渤海王高欢率十万大军，与诸将奉着中兴帝，前往洛阳，命尉景、封隆之留守邺城。骑步混编的部队行进在大路上，鼓声雷动，画角长鸣。头盔、刀枪和各色旗帜，汇成海洋，浩浩荡荡，直抵天边，还有一眼望不到头的辎重车，在路上扬起滚滚的烟尘。大军穿州过府，经过了许多村镇。路上随处可见稀疏的树林，远处的山峦、树木若隐若现。尔朱氏覆亡后，北方再无堪与高欢抗衡的军事力量。将士们虽是在行军，脸上却都带着轻松的表情。战马似乎也体会到主人的心情，迈着悠闲的步伐，在路上"的的"地行进。

　　普泰帝虽为尔朱世隆等人所立，但处事公正，颇有人君之度，在位期间，不仅拒绝为尔朱荣平反，还善待前任皇帝元晔，封其为东海王。但"皮之不存，毛将焉附"？尔朱氏覆灭倒垮后，普泰帝成为断了线的风筝，无所倚靠，听说高欢引兵十万，进至邙山，便派中书舍人卢辨前来劳军，向高欢主动示好。卢辨领命出朝，持节离了洛阳，向北行了两日，便与高欢的大军相遇，在游骑的引领下，来到邙山的军营里。高欢听说普泰帝派人前来劳军，命人将卢辨引入大帐。卢辨来到高欢的帅帐，持节不跪，自称奉皇上之命前来慰劳。高欢听了卢辨这话，按剑怒道："我举义师，诛群丑，皇帝在此，谁派你来？"言罢，便命卢辨去拜见中兴帝。卢辨拒不从命，镇定自若地说："下官奉诏劳军，不知此处还有天子！"高欢见卢辨如此强项，便没再难为他，让卢辨回洛阳了。

　　卢辨离开时，高欢派大都督刘贵与之同去洛阳朝见。临行前，高欢暗中嘱咐刘贵，命其到洛阳观政，顺便了解普泰帝的为人。刘贵领命而去后，高欢驻军邙山，与众将登山揽胜。邙山又名北芒，在洛阳北侧。山上树木森列，苍翠如云。在邙山上极目远眺，只见峰峦起伏，连绵百余里，风光绮丽无比。山侧伊洛二川，滔滔东流，云烟缥缈之间，高大雄伟的洛阳宫阙若隐若现，如人间仙境一般。众人在山上流连到傍晚，但见红日平西，暮色苍茫。洛阳城中炊烟袅袅，万户华灯初上后，更如同天边繁星，令人心旷神怡。当晚，高欢等人就在山上搭起帐篷歇宿，到了第二天中午，才回到了营中。

　　过了几天，刘贵从洛阳回到了邙山大营，高欢单独将刘贵召到帐中，道："刘都督，这次洛阳之行有何所见？"刘贵详详细细地说了这次去洛阳的见闻。高欢认真地听着，低头思索了一会儿，抬起头来，直接问道："你看普泰帝为人怎样？"刘贵见高欢问及，沉吟着说："普泰帝神采高明，器量过人，颇得臣民之心，若复推奉，恐将来难制……"当时的元恭，已登基一年多，极具声望。本人又是风华正茂，器宇轩昂，故深为刘贵所忌。高欢听完刘贵的汇报，便命其退下，自己在帐中来回踱步，反复思量。第二天，高欢将百官召入大帐，道："天无二日，国无二君。在普泰帝与中兴帝之间，诸位觉得尊奉何人为宜？"百官多是善望气色之人，知高欢手握兵权刀把子，自然唯高欢马首是瞻，谁也不肯先说话。太仆綦毋儁为人朴诚，一向没什么眼色，见无人发言，便站起身来，盛称普泰帝贤明，应主社稷。綦毋儁说完后，百官板着脸，无人答腔，唯有高欢连连点头，欣然称是。这时，高乾站了出来，抗声道："若说贤明，自可待我高王徐登大位。普泰帝为尔朱世隆所立，若从綦毋儁之言，义师何以为名？"话说到这份儿上，司马子如、刘贵、窦泰、侯景、斛律金等人都劝高欢废了普泰帝。高欢默然良久，还是允了。众人又以中兴帝宗派疏远，迫其逊位，封其为安定郡王，准备另立新君。百官定议后，先后散去，而綦毋儁自此名位不进。第二天，高欢命刘贵带兵先入洛阳，将普泰帝幽禁起来。不久，普泰帝为人所害，后被追谥为节闵皇帝。按古代谥法："好廉自克，能固所守，谨行节度，躬俭中礼，艰危莫夺为节；仁慈不寿为闵。""节闵"这个谥号，对元恭来说，名副其实，客观公正，也是极高的评价。

　　过了几天，高欢领军开抵洛阳，将部队驻扎在城郊，引着五千铁骑，由东门入城。铿锵有力的马蹄声，回荡在将士们的耳畔，回荡在这座千年古都的上空。慑于河阴之变，城中的权贵早已逃出城去，街边的买卖铺户也都关门歇业。路旁站着一些胆大的百姓，默默地看着入城的军队，眼神里透露着

惶恐不安。高欢一边带队前行,一边想起初来洛阳时的情景;当时自己还只是一名镇军函使,单人独骑到京城寄送公文,这次进洛阳,却已是帝国主宰者了。高欢骑在马上,脸上虽平静如水,心中的壮怀激烈却是可以想见的。入城后,渤海王高欢先是出榜安民,镇抚百姓,不许部下抢掳人口财物。京城人心渐稳后,高欢便以高乾为司空兼侍中、司马子如为大行台尚书,其余文武普加二级,赏有功也;斩尔朱氏党羽数名,讨有罪也,又以皇位不可虚悬,打算立平阳王元修为帝。

这时的平阳王元修,早已逃出城去,匿于民间,莫知所在。高欢便将侍中斛斯椿找来,命其四处寻访。斛斯椿字法寿,广牧富昌(今内蒙古准格尔旗)人,高车族,左牧令斛斯敦之子,瘦削的身形略有佝偻,面色焦黄,微有髭须,时年三十七岁,做京官也做了十多年。斛斯椿知道元修与散骑侍郎王思政是好友,便带了几名侍从,去王思政府上打听。王思政是东汉司徒王允之后,容貌魁伟,胸有谋略,曾为元修的门客,住在洛阳东城。这几天,王思政家的仆人们逃亡净尽,偌大的府里,连个杂役也没有。斛斯椿登门造访时,王思政一身短打,正自洒扫庭除。王思政见斛斯椿到来,忙撂下手里的活计,擦净手脸,陪着斛斯椿到客厅落座。二人略事寒暄,斛斯椿就开门见山,向之询问元修的下落。王思政听了,犹疑良久,盯着斛斯椿黄瘦的脸庞,反问道:"敢问斛大人为何要寻平阳王?"斛斯椿没想到王思政有此一问,快速眨了眨眼睛,道:"欲立为帝。"王思政低头沉思了一会儿,一拍大腿,道:"也罢!下官倒是知道平阳王的所在,这就带您去。"说着,王思政披上长袍,出了府,领着斛斯椿等人来到洛阳郊外的一个村庄,又沿着村中土路,走到一户农家小院前,双手推开虚掩的院门,引着大家进到院里。

院里只有两间正房和两间偏房,皆是土坯垒成,房上杂草丛生,一只大黄狗在房前跑来跑去,有几只鸡鸭摇晃着它们的尾巴,还有一棵小桃树,伏在墙上,正开着花。王思政让众人在院中相候,自己走进东屋内,不一会儿,请出一人来。斛斯椿定睛一看,眼前这人一身的粗布衣服,蓬头垢面，眼神惊疑不定，正是平阳王元修。元修字孝则，是孝文帝之孙，广平武穆王元怀的第三个儿子，今年二十二岁。元修随着王思政走出屋外，冷不丁见到斛斯椿等人，心内大惧，变了脸色，对王思政说："思政，你……你不会是把我给出卖了吧？"王思政苦笑着摇了摇头，道："怎么会呢？"元修面带狐疑，又追问道："你可敢保证？"王思政叹了口气，道："时势动荡，变态百端，怎好保证？"斛斯椿见了元修，上前磕头，道："大王不必惊慌，社稷无主，欲请大王登基。"斛斯椿带了一辆马车来，便请元修上车，又命人报与高欢。此时的元修，已然是身不由己，只得上车，与斛斯椿等人回洛阳。

高欢迎回元修后，命司礼官择了良辰吉日，又为文祭告天地宗庙，拥立元修为帝，是为孝武帝。孝武帝登基这一天，高欢陈兵于洛阳西郊，分为六个方阵，钲鼓之声震动远近，旌旗蔽天，戟甲耀日，军容甚盛。在方阵中间，辟出一块平坦之地，方广亩余，垫以黄土，周围摆列宫廷仪仗。高欢等七名贵臣伏在黄土之上，共蒙一条黑毡。吉时一到，司礼官命军中鸣角三声。角声刚落，隆隆的鼓声响起。孝武帝身穿皇袍，登上黑毡，踏在高欢等七人身上，西向拜天，然后入城，在太极殿接受群臣朝贺。随后，孝武帝下诏，命高欢为大丞相、天柱大将军、太师、世袭定州刺史，增封并前十五万户。高欢辞天柱大将军之号，又减户五万。

大丞相高欢秉政后，各封疆大吏无不畏服，如齐州刺史侯渊、幽州刺史孙定、青州刺史王贵平等，皆卑辞厚礼，先后遣使来见，唯有关西大行台贺拔岳不见动静。贺拔岳是鲜卑族名将，少有大志，骁果过人，当年与高欢同在尔朱荣帐下，各矜武勇，免不了明争暗斗。河阴之变后，高欢曾劝尔朱荣趁势称帝，尔朱荣犹豫不决。贺拔岳谏道："大王首举义兵，志在匡扶帝室。若自登尊位，恐祸大而速。"尔朱荣听了贺拔岳的话，才继续遵奉孝庄帝。贺拔岳又对尔朱荣说："那高欢竟敢劝大王称帝，无人臣之礼。大王不如将他杀掉，以谢天下！"幸得刘贵在一旁道："高欢虽言不思难，但天下攘攘，还少不了他这样的武将。"尔朱荣这才作罢。高欢想起往事，心中忿忿，担心贺拔岳在关中作乱，便奏请孝武帝下了一道诏书，命贺拔岳来洛阳晋见。

使者奉着诏书离了洛阳，径至关中，到长安的行台府传诏。关中是指"四关"之内，即东潼关、西散关、南武关、北萧关，可谓四塞之地。长安城的面积约三十平方公里，四面各有三座城门，共十二座城门。整座城市布局严谨，结构对称，排列整齐，有六条大街贯穿全城，其中朱雀大街纵贯南北，将全城东西分开。关中大行台府位于朱雀大街的最南端，内有正厅七间，后厅五间，内宅两重，各十五间，屋脊上有青碧绘饰的瓦兽。大门三间，黑漆油饰，门上有金漆兽面锡环，门外有一对石狮，还有拴马桩、上马石。府门前站着几十名面长身阔的关中大汉，荷戈持戟。

关中大行台贺拔岳时年四十出头，正当壮年，浓眉重目，声如铜钟，胸前一部墨黑的长髯飘洒，给人一种不怒自威的感觉。当年，关中万俟丑奴作乱，尔朱荣命贺拔岳领军平叛。临行前，贺拔胜私下里对贺拔岳说："关中民风强悍，万俟丑奴狡悍难克。你这一去，若打败了，固当有罪；若打胜了，谗嫉将生。不如请尔朱天光作主帅，你为副帅，可保万全！"贺拔岳听了二哥的话，便向尔朱荣请示，愿奉尔朱天光入关。尔朱荣大悦，允其请。贺拔岳随尔朱天光入关后，运筹帷幄，指挥若定，在平乱过程中起到了关键作用，不到一年就擒斩了万俟丑奴，成为关中军团事实上的领袖。

时当夏初，长安城内树木葱茏，绿草如茵。暖风掠过巍峨的大雁塔，一扫古城的萧瑟和冷峻。贺拔岳正在行台府内，忽见天使前来传诏，便于厅上集齐文武，陈设香案，率众山呼万岁，行过三跪九叩的大礼，再请使者宣读诏书。使者立在香案前，打开诏书，朗声读了起来。贺拔岳跪在最前面，听诏书是要自己去洛阳，就猜想到是高欢在捣鬼，心里很不痛快，脸上却不动声色。使者读完诏书，命众人起身。贺拔岳站起来，恭恭敬敬地接过诏书，敬献在香案上，请使者先到馆驿休息，然后，与众文武分坐厅中，商议去留。贺拔岳坐在一张金漆木制交椅上，默然良久，自忖不是高欢的对手，便对大家说："前几年，关中经历了万俟丑奴之乱，民生凋弊；韩陵之战中，尔朱天光又损失了大批战士，兵力不足。现在朝廷既然下诏，我打算单骑入朝。大家以为怎么样？"关中行台长史、右丞、镇城都督等人面面相觑，不知如何应对。行台左丞宇文泰几步走到贺拔岳身边，附耳低言道："高王以数万兵马破尔朱百万之众，诚亦难敌。然尔朱兆尚据晋阳，为高王腹心之疾。在这个时候，高王还能去其巢穴，与您争关中之地吗？"贺拔岳一听，恍然大悟，握住宇文泰的手，激动地说："你说得太对了。"第二天，贺拔岳很客气地写了封表章，让使者带回，却是辞不就征。正如宇文泰所料，高欢正全力提防着尔朱兆，虽见贺拔岳公然违诏，但也无暇应对。

　　韩陵战败后，尔朱兆逃回了晋阳，一直想要东山再起。高欢知尔朱兆素有勇名，担心他会死灰复燃，便于公元532年七月，率兵北伐，领军十万入滏口，命大都督斛律金带兵五万入井陉，骠骑大将军高敖曹将兵五万取临汾。三路大军分进合击，挟雷霆万钧之势直逼晋阳。尔朱兆自知众寡不敌，趁高欢的部队还未合围，命部下大掠晋阳，退回秀容川，分兵守险，固守不出。

　　正当盛暑，阳光强烈，地面散发着热气，河流湖泊里的水都热得烫手。高欢带兵来到滏口，停军不前，在路边搭起帐篷，大会诸将，商议下一步的行动。帐篷外就是田野，蚱蜢多得像草叶，发出微弱嘈杂的鸣声。树上的叶子打着卷儿，知了的聒噪声响成一片。诸将都穿着单衣，坐在帐中，仍是挥汗如雨。彭乐抹了一把头上的汗珠儿，说："那尔朱兆已如笼中之鸡，飞不掉了。现在天儿这么热，我们不必急于进兵，不妨让弟兄们休整几天。"侯景大力摇着一把蒲扇，也说："秀容川地形险要。我们若贸然硬攻，就算得手，也会有很大的伤亡，不如先派人摸清情况，再动手也不迟。所谓'知己知彼，百战不殆'。"高欢知天气酷热，三军荷戈于烈日之下，皆以为苦，便赞同了大家的意见，一边休整，一边选派精细探子潜入秀容川，从多个渠道探听情报。

　　不久，探子回报，称尔朱兆自领三千余人驻扎在云中山，另有有一万多人马，分驻句注山、桑干河及汾河上游。高欢虽对尔朱兆的情况了如指掌，却仍耐心等待最佳的出兵时机。为蒙蔽尔朱兆，高欢多次声称要出兵，却迟迟不见行动，出兵日期也是屡定屡改，让尔朱兆渐渐放松了戒备之心。

时光飞逝，暑去冬来，一晃到了年底，虽是戎马倥偬之际，晋阳一带的年味儿仍是越来越浓。不管富户还是贫民，都开始洒扫六间庭院，掸拂尘垢蛛网，将里宅外室清扫得干干净净，还在门上贴一幅褪了色的春联。这天，大丞相高欢接到来自秀容川的密报，称尔朱兆的部众将集会度岁。高欢闻报，重赏来人，即遣大都督窦泰率兵突袭秀容川，自率大军为之后继。窦泰率麾下铁骑五千，领命即行，一日一夜疾驰三百里，风驰电掣般的直扑秀容川。

秀容川的新年，也是一年中最盛大的节日。腊月三十这天，各将领来云中山晋见尔朱兆。云中山位于晋北，属吕梁山脉北段分支。因山中云雾缭绕，山峰隐现于云雾之中而得名。颍川王尔朱兆这一天心情也挺好，脸上一扫多日来的阴霾，露出了笑容，在帐内招待部下吃带骨肉。这也是秀容川的年俗，人们吃带骨肉时，都要啃骨吸髓，发出的声音越大越好。晚上，一轮圆月升上中天，将清寒的月光撒向人间。尔朱兆和部将们畅饮一番后，聚集到云中山脚下，点起了篝火。那篝火烧的是高达数丈的木材，照得方圆里许一片通明。在火光的映照下，醉意朦胧的尔朱兆和大家一起拔河、摔跤、比手劲，一直到下半夜。

第二天凌晨，冬雾弥漫。雾散后，云中山的松树上凝结着一层厚厚的白霜。东北风呜呜地吼叫着，在旷野里肆意地奔跑。太阳渐渐升起，寒意犹浓，有几只麻雀在帐篷上跳来跳去。尔朱兆在帐内一觉醒来，尚未起身，突然听得外面一阵大乱，有战马奔驰之声，还有军兵们慌乱的喊叫声。尔朱兆急忙坐起，匆匆穿好衣服。这时，帐外卫士闯了进来，惊惶失措地说："大王，不好了，有敌来袭。"尔朱兆三步并作两步，跑出帐外，发现大队骑兵手持雪亮的马刀，正在营里四处冲杀，将自己的兵马杀得四散奔逃。尔朱兆宿醉未除，头痛欲裂，犹想做困兽之斗，带着手下的卫士，跃马挥刀冲上前去，一连劈了几个敌兵，但终究难以抵挡源源不断涌上来的敌人，知大势已去，仓惶中杀出重围，只带了十几个人向北逃去。窦泰在乱军中一眼就认出了尔朱兆，率骑兵于后猛追。

尔朱兆骑着马，一直跑到赤谼岭（在今山西临县）上，已是人困马乏，无力再逃。窦泰等人随后赶到，将赤谼岭团团包围，循着马迹开始搜山。赤谼岭是座荒山，并不高峻。山上光秃秃的，没什么树木山洞可以躲藏。尔朱兆看着岭下越来越近的追兵，自知大限将至，便扭回头来，对部将张亮说："我今日必死，但不想死在鼠辈之手。不如由你来杀死我吧！"说罢，尔朱兆伸出脖子，闭上眼睛。张亮心中伤感，流着眼泪，说什么也不忍下手。过了一会儿，尔朱兆睁开眼睛，见追兵已到了半山腰，马上就要搜到这里来，不禁仰面悲叹一声，"嗖"的一声，抽出腰刀，一刀砍向自己所骑的白马。那白马悲鸣一声，倒在地上，脖子上的鲜血涌出，四腿抽动，很快就绝气身亡。尔朱兆将刀抛在地上，走到一棵枯树下，将腰带解下来，系了个套，挂在一枝树干上，自缢而亡。不一会儿，追兵来到近前，将张亮等人绑了，押下山去。窦泰登上荒山，亲自查验过尔朱兆的尸体，便将尔朱兆葬在树下。高欢闻报，亲临其丧，洒泪致祭。

尔朱兆的长史慕容绍宗带了四、五百人，护着尔朱荣的家眷，溃围而出，逃到了乌突城（今山西临县西）。大都督潘相乐带兵随后而至，将乌突城团团包围。慕容绍宗等人无处可去，只得乘城拒守。乌突城是个弹丸小城，连护城河都没有，四面城墙久已荒颓，骑马可登。潘相乐今天攻城，慕容绍宗就活不到明天。但潘相乐当年在尔朱荣麾下，与慕容绍宗相识，不愿让其死于乱军之中，便派人飞马报与高欢。高欢惜慕容绍宗之才，率大军来到乌突城，命人将张亮带至城下。张亮流着眼泪，仰头对城上的慕容绍宗说："尔朱兆将军已自缢于赤谼岭，大军星散。将军您还是早降吧。"慕容绍宗认得张亮，听说尔朱兆已死，心中一阵酸楚，身边的将士们也都潸然泪下。慕容绍宗知道没法再打下去了，只得命人打开城门，亲诣高欢大营投降。高欢亲自接出营外，执手相慰。慕容绍宗对高欢说："当初在晋阳时，我曾阻您带走葛荣余部，后又屡抗王师，请大王治罪！"高欢呵呵笑道：

"绍宗，射钩斩祛，古今所美。既往之事，你不要总放在心上。"高欢很欣赏慕容绍宗的才略义气，厚抚之。

消灭尔朱兆后，大丞相高欢收兵回到晋阳，以晋阳戎马之地，霸图攸属，遂发民夫十万，在原城的基础上向东、西、南、北四面扩展，建起新的晋阳城。新城周长四十三里，开有八座城门，环以宽达数里的护城河。城墙由砖石所筑，高九丈，厚十七尺，十分高峻严固。城上四角各建有角楼一座，列有小楼十九座，又建有敌台无数。晋阳城工完毕后，高欢又取白马寺基，在城内建起渤海王府，规模制度务极壮丽。王府坐北朝南，进了正门是东西两个院落。西侧院落由五排房屋组成，是王府臣僚的办事之处。东侧院落是数排倒座房，驻扎着两千亲兵卫队。经过东西院落，便是渤海王府的正殿及东西配殿。正殿十九间，屋顶上都铺着黄色琉璃瓦，上有脊吻兽，配殿十七间，屋顶上铺着绿色琉璃瓦。再后面为王府内宅，层层楼宇，重重院落，周围环抱着一道长二百余米的后罩楼。楼有三层，东西两侧悬有匾额，中间有道门，通向王府的后花园。后花园占地近百亩，有青石假山、柱形太湖石、小水池、花厅、敞厅、精舍、耳房、流杯亭、大戏楼、书房、花洞等。在以后的岁月里，高欢一直在晋阳屯有重兵，自居于渤海王府，遥执朝权。

第十二章

> 关中大行台贺拔岳派宇文泰出使晋阳。高欢见宇文泰相貌不凡，打算将其留在自己麾下。宇文泰不从，逃归长安。高欢巧施反间计，害死了贺拔岳。关中军团拥立宇文泰为首领。

大丞相高欢占了晋阳的消息不胫而走，很快传到了关中。关中大行台贺拔岳闻听此事，不禁忧形于色，每日里在府里长吁短叹，坐卧不宁。这一天，行台左丞宇文泰前来禀见，见贺拔岳一副闷闷不乐的样子，问道："大帅面带不虞，不知所为何事？"贺拔岳叹了口气，道："高欢既灭尔朱兆，下一步，就会打关中的主意，我岂能不担忧呢？"宇文泰道："大帅不必担忧，末将不才，愿去晋阳走一趟，面见高欢，观其为人，回来向您禀报，再做打算。"贺拔岳听了，连连摇头道："不可！不可！那高欢奸诈恣睢，此行凶险无比，你还是不要去。"但宇文泰执意愿往，贺拔岳屡劝无效，也就同意了。贺拔岳写了封亲笔信，备了二十多套蓝田玉雕作为礼物，一并让宇文泰带往晋阳。临行前，贺拔岳又找宇文泰长谈了一次，反复商榷出使事宜。万事俱备，宇文泰辞了贺拔岳，带了十几名侍卫，跨马离开长安，一路跋山涉水，奔赴晋阳。

宇文泰字黑獭，年仅二十七岁，宽宽的浓眉，一对精明、深沉的眼睛显露出勇气和智慧，高高的鼻梁下，嘴唇有力地抿着，透出一种刚决的气

质。宇文泰是代郡武川（今内蒙古武川西）人，鲜卑宇文部后裔，博览经史，刚毅能断。公元526年正月，鲜于修礼率领北镇流民于定州左人城（今河北唐县西）起义，宇文泰随父兄参加了起义队伍。在与政府军作战的过程中，宇文泰的父亲与两个兄长相继阵亡。不久，鲜于修礼起义军被尔朱荣剿灭，余部被收编。贺拔岳也是武川人，与宇文泰之父是老朋友。因此，宇文泰归在贺拔岳麾下。镇压万俟丑奴起义时，宇文泰以步兵校尉的身份随贺拔岳入关，累迁至行台左丞、金紫光禄大夫，增邑三百户，加直阁将军、行原州事。

这一天，宇文泰等人风尘仆仆地来到晋阳，径至渤海王府前，请门前卫士通报。北魏大丞相高欢听说关中信使到来，有些意外，命人将来使引至王府大殿。宇文泰让从人在府外暂候，自己随着卫士进得府来，步入殿内。这大殿很是宽敞，足有五间屋子那么大，正北方摆着一张阔大的书案，长丈余，宽九尺。书案后面，是一张檀木椅。椅子上铺着锦缎。大殿东西两侧放着几套红木桌椅，四外墙壁上挂着几幅山水画。整个殿内寂然无声，丹墀下有数名内监侍立。过了一会儿，高欢身披锦袍，胁下悬刀，带着几个侍卫步入殿中，与宇文泰相见。宇文泰见了高欢，忙上前躬身施礼，自报姓名，并呈上贺拔岳的亲笔信与礼物。高欢坐在椅子上，一边命卫士从宇文泰手里接过信，一边打量着宇文泰。他见眼前这个年轻人英姿勃勃，气宇轩昂，先有几分喜爱，命其坐在一旁。高欢取过信件打开看着，见信中辞句甚是谦恭，心中大悦，将信件放在桌上，对宇文泰说："宇文将军长途跋涉，一路辛苦！"宇文泰欠身答道："奉命出使，理所应当。听闻高王取晋阳，贺拔将军特命末将前来道贺。"高欢笑道："贺拔公还常记起我吗？"宇文泰说："高王威名远播，关中士民无不敬仰。"高欢又向宇文泰询问些关中风土，宇文泰口答应对，敏捷雄辩。老练的高欢竟挑不出半点毛病，暗暗吃惊，心想："这年青人辞锋甚健，视瞻不凡，绝非等闲之辈，想不到贺拔岳手下还有这等人才。"便吩咐手下人摆宴，款待宇文泰。一会儿，酒宴摆上，桌上除了北方人爱吃的牛羊肉外，还有雁脯、鹅掌、鸡丁、葱扒虎头鲤等名菜。

特别是那道葱扒虎头鲤，用的是黄河所产的长须鲤鱼，用热油炸得焦黄，鱼头向上，作张口昂首上扑状，端得是色香味俱绝。高欢一边命人斟酒布菜，一边转弯抹角地试探着宇文泰的口风，打算把宇文泰留在晋阳。宇文泰明白高欢的意思，推辞道："下官家属都在关中，思乡心切，且须复命于贺拔将军，万难从命。"高欢听了，不好勉强，便于宴后写了封回信，交由宇文泰带回长安。

天色将晚，晋阳城头，落日收敛了光焰。天边晚霞似火，将整个城市染得一片通红。宇文泰拜辞了大丞相高欢，与随从们离了渤海王府，沿着大街，有说有笑地向城门走去。甫到城外，宇文泰脸色一变，喝令众人纵马疾驰，不得停歇，说着，自己快马加鞭，先跑了起来。众人不知何故，跟着宇文泰鞭马长骛，飞奔而行。这一跑就是彻夜连昼，称得上是星夜兼程。大家累得狠了，就在路旁打个盹儿，饿了渴了，就在马上啃干粮，喝道边的生水。一连几天下来，宇文泰与随行人等都疲惫不堪。随从们纷纷抱怨，宇文泰却一概不加理会，只是说："后面必有追兵，还是抓紧赶路吧。否则，这辈子都回不了长安了！"宇文泰所料不错，他前脚刚出渤海王府，高欢在后面就后悔了。高欢越想越不对劲，觉得宇文泰虽然年轻，却机警练达、谋略甚深，隐然若一敌国，急派出一队骑兵，想把宇文泰抓回来。这队骑兵紧跟着宇文泰等人，离之不到一日的路程，一直追到了潼关才回去。

宇文泰率随从们一路纵马狂奔，直至进了潼关，悬着的一颗心才放下，在一处驿站休整了一天，更换了马匹，从容渡过了渭水，回到了长安。进了长安城后，宇文泰即赶往行台府。贺拔岳听门上人禀报，说宇文泰安然返回，大喜之下，亲自出府迎接，与宇文泰把臂入府，进客厅落坐。二人刚一坐下，贺拔岳迫不及待地问道："这趟去晋阳，有何收获？"宇文泰说："据末将观察，那高欢早晚会篡夺皇权。他的逆谋之所以未发，只不过是忌惮您与贺拔胜将军。"贺拔岳道："宇文左丞言之有理，你看我们该当如何应对呢？"贺拔岳年过四十，威震关中，肯这么问，算是给宇文泰极大的面子了。宇文泰早已成竹在胸，沉稳地答道："凡欲立大功、匡社稷，总要考虑天时、地利与人和的因素。大帅雄据关中，已占地利。原州刺史侯莫陈悦本属庸才，图之不难。费也头部落的骑兵不下一万，夏州刺史斛拔弥俄突有兵三千余人，灵州刺史曹泥与河西流民纥豆陵伊利等，都有不少部队。大帅若移军近陇右，扼其要害，示之以威，服之以德，便可收其兵马，充实我们的军队。然后，还军长安，匡辅皇室，大功不日即可告成。"贺拔岳闻言大悦，依计行事，积极争取关中的几个军头。费也头万俟受洛干、铁勒斛律沙门、解拔弥俄突、纥豆陵伊利等部落首领，都听从贺拔岳的调遣。

不久，贺拔岳向洛阳的孝武帝上表。这份表章就派宇文泰带了去。宇文泰到了洛阳，晋见孝武帝，密陈贺拔岳匡扶之意。孝武帝早就不满于高欢专权，闻言大喜，加宇文泰武卫将军，封贺拔岳为都督雍、华等十二州诸军事，雍州刺史。贺拔岳受诏后，引军西出平凉（今甘肃华亭西），秦、南秦、河、渭四州刺史皆受贺拔岳节度，唯有灵州刺史曹泥拒不听命，而通使于高欢。贺拔岳欲伐曹泥，又顾及后方的战略安全，想觅一良将镇守夏州。部下向他推荐宇文泰，贺拔岳犹豫着说："宇文左丞，如同我的左右手一样，怎可置于远地？"一连沉吟了几天，还是将宇文泰召来，道："夏州（今陕西横山县西）边关重地，不得不烦卿一往。"宇文泰欣然领命，去夏州走马上任。从此，宇文泰开始独据一方，有了自己班底和一块地盘。贺拔岳率大军暂驻平凉，整军经武，召原州刺史侯莫陈悦于高平，命其为前锋，准备讨伐灵州（今宁夏灵武西南）。曹泥闻得消息，派使者火速求援于晋阳的高欢。

时当秋初，晋阳城内的树叶纷纷飘落，铺得一地金黄。大丞相高欢在渤海王府收到曹泥的告急信，本欲出兵相援，然而遭到诸将的谏阻。斛律金道："欲救曹泥，人少不济事，非数万人不可。晋阳至灵州数千里之遥，若被敌人切断补给线，大军将不战自溃。"潘相乐直言不讳地道："斛律将军所言不差！当年，末将随大王去冀州，一路之上，屡为缺粮所困。若非魏郡抢粮，十余万人马多半已成路边饿殍！前事不远，后事之师。今日又何必为曹泥冒此大险？"尉景、司马子如、刘贵等人也都支持二人的意见。高欢知二人说得有理，只得放弃出兵的打算。诸将散去后，高欢闷闷地回到书房里，背着手来回踱步，午饭都没去吃。娄夫人命内侍将饭菜送到书房，高欢无心饮食，挥手让人把饭菜拿走，坐在桌前，全神贯注地看着桌上的关中地图，苦思保全灵州之策。

这时，外有侍卫来报，称大都督侯景求见。原来，侯景外出巡城，没有参加刚才的军事会议。高欢不知侯景所来何事，命人引至书房。不一会儿，侯景一跛一拐地跨进门槛，见了高欢，躬身施礼。高欢摆手道："罢了，咱们多年故交，就不必拘这些虚礼了。快坐。"说着，指了指书桌对面的一张椅子。侯景笑了笑，依言坐下，瞟了一眼书桌上的地图，道："大王仍是在筹思灵州之事？"高欢叹了口气，道："不错，曹泥绝非贺拔岳对手。贺拔岳若得了灵州，益无所惮，必成大患。"侯景道："'扬汤止沸，不如釜底抽薪。'如果干掉贺拔岳，一切问题不就迎刃而解了？"高欢摇摇头道："贺拔岳坐拥雄兵，岂是那么容易解决掉的？"侯景道："贺拔岳难以力胜，却未尝不可智取。"高欢素知侯景阴狡，忙问道："你有何妙计？"侯景低声道："那原州刺史侯莫陈悦一直与贺拔岳貌合神离，有独据关陇之志。我愿去离间他们二人，必可使其自相屠灭！"高欢心领神会，即派侯景化装潜行，前往侯莫陈悦军中。

第二天，侯景换了一身青衣，头戴瓜皮帽，打扮成个商人，坐着一辆马车，车后跟着几个骑马的从人，离了晋阳，直奔关中。在路非止一日，侯景一行人风尘仆仆到了潼关，过了潼关，眼前便是坦荡无垠的关中平原。关中平原号称八百里秦川，土地肥沃，有泾水、渭水、灞水等河流纵横。沿途之上，艳阳高照，大地流金，金黄麦浪随风起伏，景致颇佳。但侯景无意观览风景，马不停蹄，直奔原州。

原州刺史侯莫陈悦时年五十一岁，身量不高，一张焦黄的面孔，两眼略有些散光，蒜头儿鼻子，厚厚的嘴唇上一抹黑白相间的髭须，身穿一件黑色长袍，腰系丝绦。侯莫陈悦自幼在河西长大，爱打猎，善骑射，后投归尔朱荣，任大都督。在平定万俟丑奴之乱时，侯莫陈悦与贺拔岳同为军中副帅。但现在，贺拔岳位居关中大行台，侯莫陈悦却仍是一州刺史。侯莫陈悦觉得贺拔岳压了自己的风头，对贺拔岳常怀嫉恨，早想投靠权势赫奕的高欢，只是苦于没有进身之阶。

这一天，侯莫陈悦听门上人通报，说外面有个叫侯景的人求见。侯莫陈悦知道侯景是高欢手下的红人，不敢怠慢，亲自出府迎接。二人到客厅中落座，寒暄已毕。侯景命从人取过一个沉甸甸的包袱，放在桌上。那包袱捆缚甚严，裹得里三层外三层的。侯景亲手将包袱打开，露出里面的东西，请侯莫陈悦过目。侯莫陈悦一看，见包袱里全是些珍珠、玳瑁、翡翠、玛瑙，还有几十颗宝石。这些珠玉堆在桌上，登时满屋宝光，耀眼生花。原州僻处边陲，土瘠民贫。侯莫陈悦虽为刺史多年，但也没什么生发，乍一见到这么多财宝，不禁眼花缭乱，口张舌结，期期艾艾说不出话来。侯景见侯莫陈悦这副失魂落魄的样子，一笑，道："将军，这是渤海高王送您的一点儿薄礼，还请笑纳！"侯莫陈悦听了，又惊又喜，心中暗道："这哪里是薄礼了？"转念又一想："'礼下于人，必有所求'，高王绝不会无缘无故地送大批金银给自己。"想到这里，侯莫陈悦定了定心神，挥手屏退厅内余人，对侯景道："下官平生是无功不受禄，不知高王有什么吩咐？"侯景一挑大拇指，道："将军果然是爽快人！"随即从怀里取出一封高欢的亲笔信，呈给侯莫陈悦。侯莫陈悦接过信来，仔细阅读。在这封密信里，高欢请侯莫陈悦在得便的时候杀了贺拔岳，并承诺，事成之后，把关中地盘交给侯莫陈悦。侯莫陈悦读了信，看着眼前的珠宝，已是大为动心，加之侯景在旁巧言怂恿，就一口答应下来。侯景见已达到出使目的，不敢多待，便辞了侯莫陈悦，回晋阳复命，静候消息。

公元534年正月，关中大行台贺拔岳引兵离了长安，驻军平凉，准备汇合侯莫陈悦，一起去攻打灵州。临出发前，贺拔岳专程派使者赶到夏州，咨询宇文泰的意见。夏州城刚下了一场秋雨，倒还不觉得冷。雨水顺着屋檐滴答滴答，落在街面的青石板上。宇文泰在刺史府接见了使者，并对使者说："曹泥一介庸才，独据孤城，决非贺拔元帅的对手。只是侯莫陈悦近在肘腋，贪而无信，必将为患，宜早除之。"使者回去后，把宇文泰的话原原本本地告诉了贺拔岳。但很可惜，贺拔岳没听进宇文泰的建议。过了几天，贺拔岳与侯莫陈悦会于高平（原州治所），轻身简从，到侯莫陈悦军中议事，被侯莫陈悦的女婿元洪景刺杀。贺拔岳死后，关中军团群龙无首。诸将合议，派使者骑快马赶到夏州，请宇文泰前来主军。宇文泰初闻噩耗，惊痛交加，尽起州中兵马，赶赴平凉。

关中布有高欢的眼线，立即将贺拔岳的死讯传到晋阳。高欢听得这一消息，兴奋地从胡床上跳下来，命人将尉景、窦泰、潘相乐、高敖曹、侯景、彭乐、慕容绍宗等人找来，一起庆祝。诸将先后来到王府，知道贺拔岳已死，无不大喜。高欢拉着侯景的手说："老侯，这回又是你为我除去了腹心之疾！"说着，将侯景大大夸奖了一番，又传下令去，在王府偏殿大排筵宴。不一会儿，酒宴摆好。众人一齐来到偏殿，见面前的桌子上摆满了各式鲜果、点心蜜饯、冷肴热馔等，配以全套银制餐具。高欢居中而坐，命大家入席。殿外，乐师奏起雅乐。教坊司的舞女联袂而入，在殿中翩翩起舞。酒宴之上，觥筹交错，其乐融融。酒酣之际，高欢一挥手，止住了乐声。众舞女轻轻万福，各自退出。高欢命人抬来两千匹绸缎，赏给侯景，又当众任命侯景为关中大行台。侯景感激不已，上前磕头。高欢以手相搀，道："贺拔岳既死，他的部队在平凉无人统领。你回去收拾一下，尽快去平凉。以后，关中可就全靠你了。"侯景连连点头，拍着胸脯道："大王放心，有我侯景在，关中决出不了乱子。"至晚席散，众人尽兴而返。

过了几天，侯景辞了高欢，拿了委任状，带了数百人，从晋阳出发，进了关中，来到安定，准备从这里绕路去平凉。安定（今甘肃泾川县北）是一片凄清空旷的荒原。冰冻的原野上，布满了粗砂、砾石，一条条干沟毫无生气地横卧在上面。灰蒙蒙的穹隆下，零星立着几棵落尽了叶子的树木。树旁还生着些半枯的麻黄、沙拐枣等，迎着北风，把细得像钢丝线一样的根，深深地扎进大地。侯景等人正走着,忽见前面旌旗招展,来了一支队伍。这支队伍不过数千人,却是军容精整,前骑后步,行起军来,兵甲铿锵。为首一员大将,头戴熟铜盔,身披锁子连环甲,端坐马上,正是宇文泰。侯景躲闪不及,与宇文泰走了个对头。两人都曾在尔朱荣军中待过,也算是老相识。宇文泰一眼认出侯景,脸色顿时沉了下来,左手勒住了战马,右手按着刀柄,冷冷地对侯景说:"贺拔公虽死,宇文泰尚存,你来干什么?"贺拔岳被害一事,侯景是有份儿的。这次见到宇文泰的军威,侯景吓得脸色都变了,嗫嗫嚅嚅地回答道:"我就像一支箭,随人所射,哪能自主?"说罢,便怏怏而返,回晋阳复命了。

宇文泰驱逐侯景后,率部轻装急进,以最快的速度赶到平凉。贺拔岳旧部听说宇文夏州来到,悲喜交加,开启城门,列队迎接宇文泰入城。宇文泰命三军缟素,以军礼隆重安葬了贺拔岳,又大会诸军,打出为贺拔岳复仇的旗号,帅兵出上陇。大军行至木狭关(今宁夏固原西南),碰上天降大雪。白茫茫的天地间,朔风凛冽,寒气如刀。狂风卷挟着鹅毛般的雪花纷纷落下,盖满了道路,隐没了森林。沿途几个萧索的山村,全埋在了雪里,几乎看不出轮廓,连远处的群峰,也消失在漫天的风雪里。宇文泰麾下这两万多人,是清一色的关中子弟,性格强悍,尚气概,先勇力,忘生轻死,敢于亡命涉险,虽是在风雪中行军,却仍是战志如虹,冒着大雪急进,直抵水洛。

侯莫陈悦听说宇文泰将至,便退兵略阳。略阳位于秦岭南麓西段,素有秦蜀要冲、陕甘纽带之称。据《嘉靖略阳县志载》:"此地为用武之地曰'略',象山之南曰'阳',故名'略阳'。"略阳城上筑有连续凹凸的齿形矮墙,称作雉堞,又称垛墙,上有垛口,可射箭和瞭望。城墙内部修有环城马道和登城道。在厚实的城墙外,还有一道护城河,宽数十米,深五米。侯莫陈悦退到这里,准备凭险固守。这天,侯莫陈悦的姨父、南秦州刺史李弼来见,对侯莫陈悦说:"贺拔元帅无罪却被你所杀。之后,你又不及时收编其兵马。现在,宇文泰率军来讨,声称为主报仇,诚宜难敌。你不如早日解兵谢罪！否则，将难以幸免。"侯莫陈悦不以为意地道："那宇文泰还只是个毛头小子，我怎可向他投降？"便拒绝了李弼的建议。李弼无奈退出，回府后将儿子找来说："宇文夏州才略冠世，德义可宗。侯莫陈悦智小谋大，不能自保。我们还是早早迎降为上。"便秘密派儿子到宇文泰军中，请为内应。宇文泰大喜，挥师逼近略阳。宇文泰兵马一到，李弼立即开城投降。侯莫陈悦趁乱逃出城来，打算到灵州投奔曹泥。宇文泰派兵追杀，这年四月，生擒侯莫陈悦于上邽，将其斩首沥血，祭奠贺拔岳。

不久，孝武帝下诏，以宇文泰为关西大都督、骠骑大将军、略阳公，正式认可宇文泰在关中的地位。宇文泰受命后，还镇长安，拥百二之地，布列亲信，分据要害，与高欢呈东西并峙之势。

第十三章

> 孝武帝不甘为高欢操控,清洗洛阳的高欢党羽,杀了高乾。高欢自晋阳起兵,攻入洛阳,继而迁都邺城。孝武帝逃往关中,依宇文泰。从此,北魏分裂成东魏西魏。

侯景由关中黯然而返,回到晋阳后,见了大丞相高欢,将遇到宇文泰的事情述说了一遍。高欢闻听,勃然大怒,戟指大骂宇文泰,本想立即出兵关中,却不料司空高乾在洛阳被孝武帝所杀,令他无暇他顾。

原来,孝武帝登基已两年,在洛阳一直无所关预,稍有举措,即遭司空高乾、尚书令司马子如、京畿大都督刘贵等人的掣肘。一天,年轻的孝武帝登上皇城的最高点,向四外俯视,触目皆是红墙黄瓦,雕梁画栋。宽阔洁白的汉白玉台基上,坐落着重重叠叠的楼宇殿堂,上有青石雕刻的屋檐,下是玉石堆砌的墙板,再配以朱红的木制廊柱,在阳光照耀下,显得金碧辉煌,彰显着皇权的尊贵与威严。孝武帝看罢,抚髀叹息道:"朕为天子,岂得为臣下所制?"

孝武帝有这个想法并不奇怪。自六镇兵变以来,北魏权臣迭起,皇权已跌至谷底。在这种情况下,任何一个皇帝,都会力图摆脱权臣的控制,重掌帝国权柄。如今的孝武帝元修,正是如此打算。于是,孝武帝开始培植自己的班底,也笼络了一些亲信。如武卫将军王思政、侍中斛斯椿、南阳王宝炬等人。王思政是孝武帝的旧交,最堪信任;斛斯椿迎立孝武帝有功,本想独

133

揽大权，却受到高欢的排挤，心中不忿，极力支持孝武帝，希望能在主相之争中分一杯羹；南阳王宝炬出身皇族，不甘于大权旁落，希图借孝武帝之手除去高欢，实现自己的政治野心。退朝之后，百官散去。王思政、斛斯椿、南阳王宝炬等人，常与孝武帝聚在内宫，筹划对付高欢之策。这两年，斛斯椿、王思政召募了四方骁勇数百人，担任阁内都督，又将宫廷虎贲军扩编至十余万人。有时，孝武帝与王思政、斛斯椿、元宝炬等人假装出游打猎，到了野外，却按兵法操演兵马，演练军阵。

　　司空高乾是高欢的嫡系，在冀州曾佐高欢起兵，在朝中一直禀承高欢意旨行事，还常写信向高欢汇报朝中动向。孝武帝对此很是痛恨，下决心要除掉高乾。一天早朝时，高乾天不亮就起床，身穿朝服，骑马赴皇宫。凌晨四点多，高乾到了午门外，见朝臣们已经来得差不多了。不一会儿，午门城楼上传来钟声。高乾与众大臣排好队伍，准备进宫。作为文臣之首，高乾当然是站在队伍的最前面。凌晨五点左右，钟鼓之声又一次响起，两扇沉重的宫门徐徐开启。高乾与百官依次进入，过金水桥，来到太和殿。高乾一进太和殿，就觉得气氛有些不对。殿里的那些内监，像是在刻意地回避着自己。众大臣刚在班位上站好，忽从殿外涌入几十名虎贲军，将高乾围了起来。不待高乾问话，这些军士一拥而上，将高乾的朝服扒掉，用麻绳绑了个结结实实。文武百官见此情景，不知怎么回事，一阵大乱。这时，孝武帝由殿后踱出，不慌不忙地坐在龙椅之上，得意地看着已成为阶下囚的高乾，却是不语。高乾昂起头，大叫道："老臣无罪。"孝武帝冷哼一声，对高乾道："司空拿着朝廷俸禄，却屡次将朝中机事密报晋阳，还说无罪？"高乾道："大丞相理应知晓朝中事务。皇上以此为罪，老臣不服！"在群臣面前，孝武帝不愿与高乾多辩，命人将其下狱。当夜，孝武帝用一杯鸩酒，将高乾毒死在狱中。高乾死后，孝武帝担心高敖曹有变，便命侍中斛斯椿代高敖曹为东徐州刺史。斛斯椿临行前，孝武帝赐其一道密诏，令其乘便除去高敖曹。

　　高乾死后，孝武帝知道已与高欢撕破脸，索性一不作二不休，连下几道诏书,解除了尚书令司马子如、京畿大都督刘贵等人的职务。司马子如机警过人,又是久历宦场,历练得如同琉璃球一般,又圆又滑。在高乾被杀之前,司马子如便已瞧出些端倪,知道孝武帝与高欢必要决裂,只是没想到会来得这么快。那天在朝堂,司马子如亲见高乾被逮,惊出了一身的冷汗,总算领教了孝武帝的霹雳手段,今见自己被撤职,却也在意料之中。司马子如不敢再在洛阳待下去,赶紧约上刘贵,连夜逃回了晋阳。就这样,高欢在朝中的亲信被清理一空,彻底失去了对洛阳政局的控制力。

高敖曹时任东徐州刺史,治所在下邳(今江苏睢宁古邳镇)。高乾死后,其家人飞马奔往东徐州,向高敖曹报信。下邳是中原水陆通衢,人丁兴旺,商贾云集。城内有六街十巷十三市,车水马龙,盛极一时。高敖曹是个勇武豪迈的汉子,不耐烦吏事,虽为刺史,却将州务委于僚佐们处理,每日在府内也只是舞刀弄枪。高敖曹那杆长枪是特制的,梂木的枪杆,色泽红中透黄,纹若飘鸿,质坚如铁。枪头由精铁打造,用银水走了数遍,亮如霜雪。这天,高敖曹又在后院练枪,一路枪法使得正酣,只见满院银光缭绕,不见人影,忽听得洛阳信使到来,便收住枪势,擦了擦额头上的汗,命人将信使引到后院来。洛阳信使便是高乾的家人,匆匆来到后园,见到高敖曹,扑嗵一声,跪倒在地,不及说话便大放悲声。高敖曹心头顿有一种不祥的预感,一把将那人提了起来,哑着嗓子问道:"到底出了什么事?快说!"那家人强抑悲声,断断续续地说:"司……司空大人……被皇上害死了。"高敖曹乍闻此言,犹如五雷轰顶,从家人手里抢过信件,打开一看,不由得悲怒交加,拔枪刺向院内的大柳树。因用力过猛,整个枪头都深深地扎进了树干里。正在这时,一名校尉前来禀报,称新任刺史斛斯椿已到城外五十里的接官厅。高敖曹知道来者不善,强抑悲痛,点起兵马出城,准备捉拿斛斯椿。

斛斯椿受命来到东徐州,心里是喜忧参半,喜的是在京多年,终得以外放;忧的是高敖曹骁勇难制,自奉孝武密诏后,一路上反复思忖,打算趁高敖曹出城迎接时,将其拿下。斛斯椿打定主意,带着几百名亲兵卫队,到了下邳城外的接官厅，等候良久，却不见高敖曹出迎，正有些失望，突然听到道边呐喊声四起。一队军兵冲出，杀散卫队，将斛斯椿从马上揪下来，五花大绑着，押到高敖曹面前。高敖曹一见斛斯椿，眼珠子都红了，也不问青红皂白，上去一顿拳脚，将斛斯椿打得口鼻流血。斛斯椿还嘴硬，大喊道："我是皇上钦命的刺史，你敢打我，就是造反！"高敖曹大骂道："你那个狗皇上害死了我的大哥，罪该万死。说！你是不是那个狗皇上派来害我的？"斛斯椿自然不肯承认，道："我只是受命来上任，其他的事一概不知！"高敖曹是个粗中有细的人，见斛斯椿虽被打得鼻青脸肿，却仍护着衣领，不由得起疑，一伸手，将他的衣领撕下，从中搜出了孝武帝的密诏。斛斯椿见事情败露，惊得是面如土色。高敖曹看过密诏，不再和他废话，手起一刀，结果了斛斯椿的性命，然后带着家眷一起逃往晋阳。

洛阳城里，正下着今年的第一场雨。天空像墨染似的，成团的乌云翻滚着。雨丝飞坠，冲洗着红墙碧瓦上的积尘。水滴像断了线的珠子，连绵不断地从屋檐落下，在地上积成一个个的小水洼。宫内的孝武帝听说高敖曹逃走，暗骂斛斯椿办事不力，死不足惜，又将王思政召到内宫商议。王思政见召，冒雨来到内宫，在孝武帝面前行三跪九叩的大礼。孝武帝命其平身，赐坐。太监搬了一个绣墩过来。王思政谢坐，侧着身子，坐在墩子上，悄悄看了看孝武帝的脸色。孝武帝在龙椅上沉吟了一会儿，道："王爱卿，高敖曹杀了斛斯椿，逃往晋阳，恐怕不会善罢甘休，你可有良策御之？"王思政也听说了这事，见皇上问及，略一思索，欠身答道："纥豆陵部落士马精强，出没于晋阳一带，当年还曾占领过秀容川。陛下可下一道诏书，命其出兵牵制高欢。"孝武帝问道："那纥豆陵部落肯不肯奉诏呢？"王思政道："陛下尽管放心。纥豆陵部落的前任首领步蕃，便是死在高欢手里。现任首领伊利，一直想报此大仇。若得陛下诏旨，一定从命！"孝武帝喜道："如此甚好，就依爱卿之策！"说着，便命人拟了一道圣旨，派使者骑快马到纥豆陵部落传诏。

春天的敕勒川大草原，微风吹拂，野花绽放，绿草如毡，满眼的青翠。

牧民们赶放着的羊群，出没于草甸、森林、坡地、山丘之间，游走在河流与雪山之畔。自步蕃战死于石鼓山后，纥豆陵部落公推伊利为首领，仍在草原上牧马放羊。一日，突见远方一小队军马疾驰而来。那队军马到了近前，领先的一员将官勒住坐骑，很客气地问道："请问这是伊利大头领的部落吗？"有部民答道："正是！"那将官喜道："我们在草原上走了半个多月，可算遇到了。"说着，那将官与众人下马，簇拥着一位贵官走近前来。那贵官来到近前，对众人道："请问哪位是伊利大头领？"伊利闻报，从帐篷里出来，越众而出道："我便是！"那贵官点点头，打量了一下伊利。伊利是步蕃的表弟，典型的草原汉子，时年四十多岁，一张阔脸上长着一个鹰钩鼻子，两道浓浓的八字眉，眼睛细长，身形魁梧，身穿一件天蓝色方领长袍，用条红绸子作腰带，腰间悬着一把弯刀，足蹬软筒牛皮靴，长到膝盖。那贵官看罢，向身后一招手。随从双手捧过一个黄包袱，打开来，原来是一道圣旨。那贵官手捧圣旨，朗声对伊利道："伊利跪下接旨。"伊利虽是牧民出身，倒也懂得规矩，忙率众人跪倒在地。贵官朗声宣读道："奉天承运，皇帝诏曰：伊利不侵不叛，为国纯臣，着即命为五原郡公！钦此！"郡公为异姓功臣（禅代前的权臣除外）的最高封爵，皆为实封，有封国、食邑，可以郡立国，封国置相，具有世袭性。伊利与部民们听了，自是欢喜。那贵官传诏已毕，将圣旨交与伊利。伊利双手接过诏书，交与部民妥善保管，又将贵官让进大帐内休息。

伊利的大帐是一个非常宽敞的毡房，高约十五尺，内衬菱形网眼的内壁。这些内壁是用柳条交叉编成，高五尺、长七尺，称作"哈那"。普通牧民的帐篷只有四扇"哈那"。伊利的帐篷特大，内衬十六扇"哈那"。大帐的顶上开有天窗，地上铺着厚厚的地毡。地毡上摆放着一个矮腿的雕花木桌，还有几个坐垫。包门的两侧悬挂着马鞭、弓箭以及嚼辔等。帐内的西边，摆放着几个红漆彩绘木柜。那贵官来到帐中，见帐内无人，又从怀里掏出一道密诏，交与伊利。伊利双手接过密诏，打开一看，原来是孝武帝密令自己出兵晋阳。伊利既得封赏，又可以攻掠仇敌，自是快意，便写了封辞意恭顺的表章，请使者带回洛阳，然后集结人马，袭扰晋阳周边。没多久，晋阳四外烽烟四起，各郡县不是被抢了牛马，便是被杀掠了人口，告急文书雪片般的飞到了渤海王府。

高欢看了四处送来的告急文书，忙召集司马子如、侯景、尉景、窦泰、刘贵、潘相乐、韩轨、斛律金等人商议。大都督侯景跛着腿走进殿来，还未坐定，便说："伊利胆敢如此猖狂，一定是禀承洛阳的意旨。"这一点众人倒也想到了。司马子如说："既如此，这事倒也不可小觑！干脆灭了伊利，拔掉身边这颗钉子。"众人听了，纷纷表示赞同。就在这时，忽听府外一阵大乱，原来是高敖曹等人逃亡至此。高欢闻报，与众人接出府来。高敖曹带着家人，化装潜行，跋山涉水，晓行夜宿，好不容易来到晋阳，直累得双颊深陷，两个眼睛带着血丝，眼眶周围全是浓浓的黑眼圈，一见高欢，不禁悲从中来，与高欢抱头痛哭。高欢一边哭，一边道："天子枉害司空……"尉景、窦泰等人围上来安慰。良久，高欢与高敖曹止住悲声，携手入府。到了堂上，高欢便将众人所议之事告知高敖曹。高敖曹立即请命，道："若去讨伐纥豆陵部落，末将愿为先锋。"高欢道："伊利的部众自幼生长马上，个个骁勇善战，不可小视。事缓则圆。高都督先休息休息，待我们准备充分之后，再将其一鼓消灭。"

公元534年三月，北魏大丞相高欢率军自晋阳开拔，出兵五原，征讨伊利部落。行进在路上，但见蔚蓝的天上，点缀着几朵白云，有一队大雁正自南方飞来。草儿发芽，一望无垠的绿色覆盖着大地。草原上盛开着花朵，红的、紫的、粉的、黄的，像点缀在大绿毯上的彩色斑点。大军一路向东开去，在风陵渡（今山西芮城县西南），安营扎寨。正当傍晚，整个草原笼罩着落日的余晖，天边的白云也为红霞所染，如火焰一般鲜红。高欢用过晚饭，召集幕僚来到大帐中，准备起草一篇檄文。高欢的麾下多是武将，识字的不多，能够提笔成文的就更少了。众人齐称孙搴博学能文，堪当此任。高欢命人在帐中点起灯烛，将孙搴找到帐中。孙搴四十多岁的年纪，身形瘦削，脸庞清癯，颌下微有几根胡子，看起来很是精干，当下也不推辞，坐在帐下，拿起笔来，文不加点，很快就写了出来。高欢看过檄文，见自己的意图表达得清清楚楚，不禁大悦，即命孙搴为相府主簿，专典文簿。

敕勒川大草原地域辽阔，绵延数千里。纥豆陵部落又是以游牧为生，踪迹飘忽，居无定所。高欢率大军向东行了十几天，遇到放牧的牧民就暂时拘押在军中，以防走漏消息，又派出多路探马，四下打探。这一日，探子绑了两个牧民回营。高欢亲加讯问。被俘的牧民供称，此去向东一百多里处，就是纥豆陵部落，首领伊利也在那里。高欢听罢大喜，命部队兼程而进，赶在第二日黎明时分，直抵纥豆陵部落附近。高欢骑马登高，手搭凉棚，向前望去，只见前面草原上扎着一大片蒙古包，大约有千余架，其中一架最为高大，应该就是伊利的寝帐。高欢分令窦泰、侯景、彭乐、刘贵等人各领两万将士，四面包抄，又命高敖曹率三千精骑，中宫直进，去擒伊利。这个时候，纥豆陵部落的部民们刚刚起来，有的在帐外饮牛喂马，有的在帐内整理着牧具，浑未意识到大祸即将临头，等到高欢大军四面合围，才发觉不妙。伊利闻报，忙披衣出帐来看，只见四方尘土蔽天，蹄声如雷，大队军马正源源不断地涌来。高敖曹已率领骑兵冲进营地。纥豆陵部落的部民一片大乱，在营地里乱奔。很多骁勇的部民来不及上马，就被高敖曹的骑兵砍翻在地。伊利抽刀在手，正要召集部民抵抗，不防一箭飞来，正中左肩，翻身倒地，被高敖曹的士兵生擒，余部尽降。高欢命人将伊利装入囚车，运到晋阳拘押，将纥豆陵部落尽迁于河东。

在洛阳的王思政见一计不成，又生一计，给孝武帝上了封密奏，称："伊利虽败，陛下可派贺拔胜去荆州，联合关中的宇文泰，自足与高欢相抗。"贺拔胜，字破胡，神武尖山（今山西山阴县）人，鲜卑族，贺拔岳之兄，时任洛阳武卫将军。贺拔岳为高欢巧施离间计害死后，贺拔胜恨高欢入骨。孝武帝听了王思政的建议，便命贺拔胜为荆州刺史，都督三荆、二郢、南襄、南雍七州诸军事，进位骠骑大将军、开府仪同三司，加授南道大行台尚书左仆射。荆州"北据汉、沔，利尽南海，东联吴会，西通巴蜀"，沃野万里，有金城之固，士民殷富。贺拔胜领命出朝，前往荆州上任。

这年六月，洛阳的天气骤然热了起来，气温迅速上升，滚滚热浪席卷了整个城市。白天，火球一般的太阳挂在空中。几丝云彩像被烤化了一般，很快就消失得无影无踪。地面被晒得滚烫，人们走在路上都觉得烫脚。街上的大黄狗躲在树阴底下，吐着大半截舌头，不停地喘着粗气。蝉儿爬在树枝上拼命地叫着，让人越发觉得心烦。皇城内的琉璃瓦反射着刺眼的阳光，内监、宫女们的脸上挂着汗珠，眼神里流露着不安，仿佛预感到要发生什么。

这天上午，孝武帝退朝回到内庭，在几个太监的服侍下脱下龙袍，换去汗湿的内衣。又有几个宫女围了上来，一起打着扇子，但扇子扇出的也是热风。孝武帝觉得烦闷，便走出大殿，坐上御辇，让几个太监抬着，来到御花园里。花园里一些风丝儿也没有，花草的叶子都卷成了细条。孝武帝乘着御辇，来到御沟旁。这条御沟深、阔各达数丈，连接着城外的护城河，日夜水声潺潺。御沟边种着一溜高大的柳树、梧桐，参天蔽日。树荫深处，有几个搭建精巧的小亭。孝武帝下了辇，走进亭里，坐在石凳上，呷了一口内侍斟上的凉茶，听着御沟里淙淙的水声，略解暑意。

正在这时，王思政身穿朝服，手持笏板，在内侍的引领下，来到凉亭外，微微躬着身子，小心翼翼地走上台阶，来到孝武帝面前，跪下磕头，口称万岁。孝武帝摆摆手道："王爱卿免礼平身。"王思政站起身来，脸上挂着几颗汗珠，立在一侧。孝武帝从太监手里接过一把扇子，自己扇着，问道："王爱卿，贺拔胜去荆州后，可有消息？"王思政忙答道："昨日刚收到贺拔胜的表章，今天臣就与陛下送来。"说着，双手将表章递了过来。孝武帝并不去接，只问道："上面说了些什么？"王思政道："贺拔胜表中称，自四月份到任后，招降了蛮王文道期，攻取南梁下溠戍，生擒戍主尹道珍，又派独孤信攻取郑城，拓地数百里。"孝武帝听了，微笑着点头道："贺拔胜倒是干得不坏。"王思政见孝武帝心情不错，趁机进言道："陛下，洛阳现有禁军十万，兵精粮足；外有宇文泰、贺拔胜，足为股肱。陛下何不早日解决高欢？"孝武帝听了，不由得心动，又命人将元宝炬招进宫来，一起计议。南阳王元宝炬是孝文帝之孙，京兆王元愉之子，时任太保兼

尚书令、开府仪同三司，听了王思政的主张，也表示赞同，还说："高欢虎踞晋阳，专权日久，必将谋逆。陛下早讨之，则其反速而祸小；晚讨之，则彼反迟而祸大。"孝武帝听了这话，频频点头，遂下诏戒严，调黄河以南的诸州兵马，集于洛阳，对外声称是要讨伐南梁，又派使者分头去关中与荆州，命宇文泰、贺拔胜稍引大军东进，以为声援。

孝武帝在洛阳磨刀霍霍，传到晋阳的风声是越来越紧。大丞相高欢自不肯坐以待毙，这天，也将诸将召到王府，商议当下的形势。夏日炎炎，王府大殿之外，草木茂盛，冬青树的叶子油亮油亮的，还有几十株榆树、梧桐开枝散叶，给大殿撑起了一片浓浓的绿荫。高欢穿了件薄袷衣，手里摇着一把蒲扇，坐在书案前，见诸将到齐，便说："皇上前一阵子派贺拔胜去了荆州，最近，又频频调动兵马。看样子，不久必有一场大战了。"司马子如坐在书案斜对面的一张椅子上，道："形势紧迫，咱们也得未雨绸缪，可不能等着人家打上门来。建兴城是南北要冲，更是进兵洛阳的必经之路。大王应派兵镇守，以备不虞。"侯景一仰脖子，"咕嘟嘟"饮下一碗凉茶，抹了抹嘴，补充道："还有济州！济州地形复杂，临近汶水和泗水，港汊纵横、莲苇绵蔓，是晋阳的西面门户，也得派兵把守，以防敌人偷袭。"潘相乐站起来道："兵马未动，粮草先行。我愿去邺城，为大军屯集给养！"高欢听了众人之言，便于七月份，派三千骑兵进驻建兴，又增加河东和济州的驻军，再派潘相乐赶往邺城征调粮草。

最近几年，邺城一直是封隆之在留守，倒也没出什么乱子。封隆之在邺城的日子过得很是舒服，人又发福了不少，这天，忽听门上人来报，说是潘相乐来到。封隆之忙降阶相迎，二人携手走入厅堂，落座之后，寒暄了几句，潘相乐便将高欢的手令递了过来。封隆之双手接过，打开一看，不敢怠慢，立即命人在邺城周边府县建起了几百个大粮库，又派人下乡，重金购买粮草、布绢等。很快，邺城就屯积了大批的物资，足够大军数年之用。

布置妥当后，大丞相高欢命尉景镇守晋阳，打出"清君侧"的旗号，挥师南下，直取洛阳。出兵这一天，高欢与娄夫人一大早就起来。娄夫人带着高澄、高洋，率众家人将高欢送出内宅门外。长子高澄已经十二岁了，嚷着要与父亲一起去打洛阳。娄夫人哄道："等你再长两岁，力气大些，才能上阵杀敌！"次子高洋年方八岁，在一旁很安静地牵着母亲的手。高欢走出二道门，站在台阶上，向娄夫人嘱咐了几句，又用手亲昵地摸了摸两个儿子的头，转身走下台阶，带着侍卫，向前院走去。前院大殿内，尉景等人已在此等候。尉景年过五旬，体力衰迈，不适合在外征战，正堪留守。高欢步入大殿，向姐夫交代了一些重要事项，便在大家的簇拥下，走出府门，翻身骑上一匹白马，向尉景等人点了点头，双脚点蹬，催马前行。高欢马后，三千铁甲军迈着整齐的步伐，行走在大街上。一行人离了王府，从晋阳城的南门出了城。城外，窦泰、高敖曹、侯景、彭乐、斛律金、韩轨等人各领所部，整装待发。高欢亲将中军三万人，命彭乐将兵三万为前军，斛律金将兵四万为后卫，窦泰将兵五万为左翼，侯景将兵五万为右翼，又命大都督高敖曹将五千精兵为先锋。诸军依次开拔，二十万步骑混编大军络绎起行，在大路上踏起了滚滚烟尘，杀奔洛阳。孝武帝听到高欢举兵的消息，也不示弱，亲自将兵十万屯于河桥（今河南孟县与孟津间），命王思政将兵十万，在邙山之北列阵。

孝武帝与高欢正式开战，不啻于在整个官场引发了一场地震，让所有官员都面临着重新站队的问题。滑台（今河南滑县）守将贾显智听说大丞相高欢举兵犯阙，也在府中犯起了琢磨。贾显智四十多岁的年纪，圆盘大脸上，一双小眼睛透着精明。这天傍晚，贾显智脱去官服，换了身便衣，搬了把椅子，坐在庭院大槐树下纳凉，一边品着凉茶，一边琢磨："皇上虽然英武，但毕竟年轻，哪及高丞相老谋深算？朝中无良将，王思政等人决非窦泰、高敖曹的对手。另外，禁军新集，未经战斗，更比不了晋阳的百战精兵……"没用多长时间，贾显智就打定主意，决心投向高欢一边，并派心腹到高欢军中密抒诚款。高敖曹的部队来到滑台，贾显智立即献城。高敖曹率部穿城而过，直抵黄河北岸。北中郎将（洛阳北部战区的最高军事长官）张始均是高欢的故友，与高欢的渊源，也只有窦泰知道。自打高欢坐镇晋阳后，张始均就是他伏在军中的暗线。孝武帝清洗政敌的时候，虽然杀了高乾，又驱逐了司马子如、刘贵等人，却偏偏漏了张始均，也算是百密一疏。这次，张始均自然为高欢作内应，擅自调动军队，在黄河防线上让出个缺口，又秘密派人通知了高敖曹。

高敖曹接到张始均的情报，率兵来到黄河之畔，在约定的地点，准备好船只，于半夜时分开始渡河。夜色深沉，月亮被乌云笼罩，天上没有一颗星星，四周一片漆黑，伸手不见五指。高敖曹与将士们坐满了几十艘大船后，下令开船。不一会儿，船只飘飘荡荡地离了北岸，在激流的冲击下，倏而腾空而起，倏而俯冲而下。高敖曹立在船头，一手牵着马，一手扶着船舷，听着汹涌澎湃的河水拍打着船帮。船工们一语不发，全神贯注地掌着舵。几十艘大船疾速又是悄无声息地向对岸驶去，没多久，抵达岸边。高敖曹率军登岸，神不知鬼不觉，穿过黄河防线，直奔偃师。偃师位于河南省中西部，南屏嵩岳，北临黄河，是洛阳禁军的粮草基地，屯放着大批的军用物资。偃师守军自恃有黄河天险，放松了警惕，想不到竟会有敌兵袭城。清晨时分，高敖曹率骑兵来到偃师城下。城内守军发现不妙，忙去关城门，却已不及。高敖曹率五千精骑冲进城内，四处杀人放火，点着了大军粮仓后，又迅速撤离。

偃师城内的大火燃起，数十个火头"呲呲"地烧着，殷红的火苗很快蔓延开来。火势越来越大，直至冲天而起，仿佛发了疯似的，随风四处乱窜，吞噬着城外的一切，所过之处便是一片废墟，夹杂着房倒屋塌之声、呼呼的风声和火焰爆燃之声。城内那些生长了几十年、上百年的大树也被火点燃，矗立在火场中，仿佛是一个个巨大的火炬。一些树木冒着烈焰倒地，发出"轰轰轰"的巨响，随之更是火光熊熊，烟雾弥漫，火势不断蔓延。火海的面积越来越大，根本无法扑救。城内的守军被火焰、浓烟与灼热驱赶着，四散奔逃。偃师城大火足足烧了两天两夜，将城中粮草烧得是干干净净，冲天的火光直透进洛阳城里。黄河一线的王朝禁军闻讯，军心大乱。孝武帝大怒，命使者前往军中斩杀张始均。但这时,张始均早已逃往黄河北岸，投奔

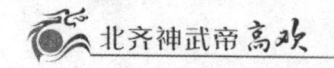

高欢去了。

　　高欢带兵行至济源,听得张始均到了,命人引入帐中。张始均走进大帐,见了高欢,躬身施礼。高欢起身相迎,笑道:"我的老友到了。"说着,握住张始均的手,上下打量了一番,感叹道:"始均,数载未见,你我可都见老了。"张始均道:"下官今年四十三岁了,须发已是白多黑少,丞相的精神倒还健旺!"高欢摇头道:"不行,不行,最近精力远不如从前,毕竟我也是将近四十岁的人了。"二人吁叹了一番。张始均从怀里掏出一张地图,双手递了过来,道:"自从洛阳一别,常怀丞相厚恩。今日来投,无以为礼,特献布防图一张,请丞相过目。"高欢接过布防图,见上面清楚标明了黄河南岸的布防情况,不禁大喜,重赏了张始均,命他下去歇息。张始均退出帐后,高欢找来司马子如、刘贵、窦泰等人,一起研究这份布防图。从这份布防图上看,孝武帝手中的兵力约二十万人,除了洛阳城防军外,大部分驻扎在黄河一线,分由王思政、元宝炬等人统率。高欢看过这张布防图,彻底知晓了孝武帝的实力,几天之后,放心地带着部队直抵黄河北岸,与禁军夹河对峙,命人四处采伐木材,打造船只木筏,静待渡河决战的良机。

　　这时,孝武帝正驻跸新安。新安位于洛阳西部,北临黄河,东接孟津,与济源隔河相望,扼函关古道,自古为中原要塞,军事重地。新安的行宫虽小,却也诸事齐备。宫门外列有数百名武士,宫内有内监与宫女。孝武帝自知眼前一战关乎国运,不敢大意,每天亲自处理前线军情公文,一个多月下来,脸颊瘦削了许多,听说高欢已至黄河北岸,便命王思政巡视沿河汛地。王思政领命而出,带了几个随从,沿着黄河策马而行,见浑黄如浆的河水滔滔东流,河中没有一条船,唯见对岸森森兵甲,烈烈旌旗。王思政到军中各营巡视了一遍,两天后才回到新安行宫,已近正午。孝武帝命人引入,就布防情况询问了一番。王思政毕恭毕敬地回答已毕,建议道:"高欢所部远来疲弊,臣愿领五千精兵,趁晚渡河,袭击敌军。"孝武帝摇摇头,道:"黄河天险,洪波滔天,叛军万难飞渡。我军阻河待敌,百胜之道,何必冒险决

战?"王思政屡谏不从,只得退出。宇文泰听说此事后,惋惜地说:"高欢日行几百里,此兵家所忌,当乘便击之。且黄河万里,捍御为难。若让高欢渡过黄河,则大事去矣。"宇文泰预感到孝武帝必败,派大都督李贤率一千骑兵,自关中驰赴洛阳,准备接应。临行前,宇文泰对李贤交待清楚,只要把孝武帝接到关中,就算完成任务。

八月七日下午,黄河上起了大雾,一开始那雾还小,到了傍晚,雾大起来,彻地浩漫,弥天溟濛,咫尺不见人。高欢见天赐良机,疾命诸军登船,在大雾的掩护下,渡过黄河,抢滩登岸。南岸的禁卫军在白茫茫的大雾里根本看不清河面的情况,待到高欢的部队抵近岸边,才发觉敌兵来袭,但为时已晚。窦泰率领精锐骑兵,如鬼魅般从雾中突出,冲入禁军营里,放手砍杀。洛阳禁军本没什么战斗力,被打得溃不成军,四散奔逃。王思政等人虽拼死决战,但也难挽颓势,只得率几千败兵退至孟津。孝武帝听到前线失利的消息,匆匆由新安逃回了洛阳。

第二天,王思政由孟津回来,进宫劝孝武帝赶快出逃。孝武帝见黄河天险已失,料想洛阳是保不住了,也有离开洛阳的打算。这时,南阳王宝炬赶到,满脸焦虑,劝孝武帝去关中,投靠宇文泰。君臣正在宫中商议,忽然听到外面传来军马奔驰的声音,孝武帝等人以为是敌兵进城,不由得全变了脸色。这时,一个太监跑进殿来来,奏称关中大都督李贤率部赶到。不一会儿,李贤来到殿内,跪倒磕头,山呼万岁。孝武帝坐在龙椅上,见宇文泰派李贤来援,很是兴奋,后来,听说李贤仅带来了一千骑兵,脸上难掩失望之色,淡淡地对李贤道:"爱卿远来辛苦。"李贤道:"不敢,微臣奉宇文大帅之命,前来接应陛下去关中。"孝武帝听了李贤的话,有些犹豫,眼睛望向一旁的元宝炬。元宝炬忙跪下奏道:"陛下,宇文泰忠于王室,去关中倒不失为应急之策。"孝武帝听了,沉吟道:"事关重大,朕还要仔细考虑一下,再作定夺。众爱卿且退下吧!"众官从命,退出殿外,李贤先出宫整顿军马去了。

元宝炬与王思政落在后面,一边走向宫外,一边谈论。元宝炬问道:

"今王师不利,高欢已过黄河。我劝皇上去关中避难,你方才却为什么不说话呢?"王思政叹了口气,道:"宇文泰为三军所推,居百二之地,所谓已执干戈,岂肯授柄于人?皇上此行,恐怕是出了狼窝又入虎穴啊!"元宝炬闻听此言,默然良久,也叹了口气,道:"然则如何是好?"王思政思索良久,想不出更好的办法,只得道:"高欢已逼近京畿,皇上西巡虽有将来之虑,但也只能到了关中再说了。"二人边谈边走,刚到皇城外,忽见孟津方向火光冲天,知敌兵已近,忙返身回宫,对孝武帝道;"陛下,孟津失陷,还请早做打算,速去长安。"孝武帝知道此时不走,恐怕再也走不脱了,便与南阳王宝炬、武卫将军王思政等人,匆匆出宫。这时,洛阳街上空无人踪,市民们知道又要遭一番战乱,全都躲在家里。李贤带着骑兵,护卫着孝武帝一行人出了洛阳,逃奔关中。孝武帝等人为避追兵,纵马狂奔,一路上"糗浆乏绝,三二日间,从官唯饮涧水",一直逃到稠桑,潼关大都督毛鸿宾迎献酒食,方解饥渴。

　　大丞相高欢督兵打下了孟津,就听说孝武帝逃往关中的消息,来不及进洛阳,当即派高敖曹率骑兵随后紧追。高敖曹率精骑一直追到陕州(今河南陕县)以西,看看实在追不上了,只好回去。

　　八月二十一日清晨,天高露浓,北雁南飞。洛阳城上,弥漫着一层雾气。金风乍起,吹动道旁的树冠,沙沙作响。高欢领军进入洛阳,命百官至曜仪殿集合。曜仪殿位于宫城北侧,本是皇帝与近臣议事之处,四周出廊,重檐庑顶,上铺青绿琉璃瓦,窗户上装饰着汉白玉石。殿内有真丝的壁障和地衣,柱子上雕刻着红地金龙。群臣不知何事,依命来到。待百官到齐,高欢的八千亲兵将曜仪殿包围,皆扬袂露刃,若对严敌。随后,大丞相高欢一身戎装,步入殿内,面沉似水,眼角眉梢带着杀气,责问百官道:"为臣者当事主匡乱。当初皇上在宫中时,你们不知谏争;而今皇上出宫,你们不知陪随,臣节安在?"话音未落,便命人逮捕了开府仪同三司叱列延庆、尚书左仆射辛雄、吏部尚书崔孝芬、都官尚书刘廞、兼度支尚书杨机、散骑常侍元士弼等人,将他们推出午门斩首。高欢这么做,一是为了立威,二是消除

朝中异己，有效仿"河阴之变"的意味。其余朝臣见此情形，无不胆战心惊，从此不敢再与高欢作对。

大丞相高欢见孝武帝西奔，便立清河王世子元善见为帝，是为孝静帝。当时，孝静帝年仅十一岁，完全不具备与高欢抗衡的可能性。就这样，高欢还是觉得不放心，毕竟洛阳离关中不算太远，索性上表，要求迁都至邺城，孝静帝和大臣们自是不敢违抗。于是，高欢上表后的第三天，整个洛阳城就开始搬迁，一应衙署、铺户、居民全要迁往邺城，洛阳士民尽皆狼狈上路。尚书以上的还有马，尚书以下的官员只好乘着骡子，郎官等一些低级官员只能步行。城中的居民或驾着大小车辆，或拖儿带女，或身背包袱，一路跋涉前行，整个队伍绵延百余里。潘相乐、司马子如等人亲总军兵，一路护送。不几天工夫，偌大的洛阳城内，只剩下驻防军兵与他们的家属。

从此，北魏一分为二，史称东、西魏。孝武帝逃往关中后，又与宇文泰不合，被宇文泰派人毒死。公元535年，正月，宇文泰立元宝炬为帝，定都长安，据有原北魏的关中一带。

第十四章

> 贺拔岳死后，其兄荆州刺史贺拔胜欲与宇文泰联合对付高欢。高欢率兵打下潼关，生擒潼关大都督毛鸿宾，又派侯景去取襄阳。侯景买通襄阳守军都督邓诞，兵不血刃，拿下襄阳，逼迫贺拔胜逃往江南。

孝静帝继位后，东南道大行台、荆州刺史贺拔胜理兵襄阳，虎视一方，常与关中的宇文泰联系，每月音书甚密。这种情形，自然是高欢不乐意看到的。不久，孝静帝一纸诏令，解除了贺拔胜的所有职务，命其回京待罪。使者奉旨出朝，纵马前往荆州，径至襄阳传诏。

时至九月，秋意渐浓，襄阳城内红衰翠减。飒飒秋风，裹挟着一阵细雨，洒落江天，更为阖城增添了几许凉意。襄阳是荆州治所，南援三州，北集京都，上控陇坻，下接江湖，是七省通衢，号称"天下之腰膂"。荆州刺史贺拔胜与贺拔岳的相貌非常相似，但性情更为暴躁一些。这天，贺拔胜听得邺城有诏书到来，就料到没有好事，但还是大开府门，集齐文武僚佐，在堂上摆设香案红毡，请使者前来传诏。使者手捧诏书走入大堂，立在红毡上，将诏书打开，朗读起来："奉天承运，皇帝诏曰：'荆州刺史贺拔胜穷兵黩武，结怨邻邦，着令削去刺史之职……"贺拔胜与众人跪在地上，听到这里，不禁勃然大怒，霍然站起，一把夺过诏书，几下子撕得粉碎。使者见贺拔胜如此凶暴，惊得呆了，不知如何是好。贺拔胜撕了诏书，犹自怒气不

息，命人一顿乱棍，将使者打出府去。这时，长史元颖走近前来，道："大帅，那使者回京之后，免不了搬弄是非。朝廷决不会善罢甘休，必要兴兵来讨。荆州四战之地，无险可守，大帅不可不早作打算。"贺拔胜冷静下来，心想："我毁诏殴使，罪过不轻。那高欢一旦领兵来战，自己恐非其敌。"贺拔胜想了半天，还是三十六计，走为上计，乃令长史元颖留守襄阳，自己尽起麾下精兵，西赴关中，欲与宇文泰会师，共讨高欢。

使者回朝后，备说贺拔胜无礼之状。这段时间，高欢因迁都未久，一直留镇邺城，也收到了贺拔胜西进的情报，便命人将文武召到府中议事。这座府第就是原来的渤海王府，又经过了一番修缮，虽不如晋阳王府那么雄伟，但也非常气派，前院有正殿七间，后堂是寝宫两重。南北各有一栋二层楼，有小门开向府外，是家人平时出入之处。寝殿之后，是一个花园。园中除了叠石假山，还有曲廊亭榭，池塘花木。不一会儿，司马子如、侯景、刘贵、潘相乐、窦泰、彭乐等人先后来到，在殿内落座。高欢向大家打过招呼，便说明了贺拔胜的动向。潘相乐略一沉思，道："贺拔胜此举，摆明了是要去与宇文泰会师。二人一旦联手，为害滋甚，不可不防。"彭乐嚷道："无论是贺拔胜还是宇文泰，随便哪一个都够我们头痛。若让贺拔胜入了关，那还得了？"众人一致建议尽快出兵。司马子如道："大王，我们若能打下潼关，便可阻贺拔胜西进之路。"此言一出，众人纷纷赞同。侯景又主动请缨，道："贺拔胜去了关中，荆州必然空虚。我愿领兵去襄阳，端了贺拔胜的老巢。"高欢便从邺城发兵，率窦泰、彭乐等人去攻潼关，又命侯景带一彪兵马去取襄阳。

秋风习习，长空雁唳，金灿灿的秋阳照耀着万里关山。高欢带了三万骑兵，急行军赶到潼关城下，将潼关包围起来。潼关（今陕西渭南市潼关县北）是关中门户，西有华山，南有秦岭，东南有禁谷，北有渭、洛二川，号称"畿内首险"、"四镇咽喉"，战略地位极为重要。潼关大都督毛鸿宾见强敌来攻，一面乘城拒守，一面派人去长安请援。高欢来到城下，命部队架起云梯，昼夜环攻不已。潼关守军不到三千人，四面临敌，顾此失彼。到了第六天，潼关的东门失守，高欢的部队如潮水般涌入城中。毛鸿宾死战不退，率领部下进行巷战，做逐街、逐屋的争夺。城中敌我犬牙交错，双方将士短兵相接，贴身肉搏。毛鸿宾虽然熟悉地形，但毕竟兵力薄弱，手下三千将士分散开来，各自为战。窦泰率领的军兵却有两万人，个个勇猛善战，将城内守军分割包围，逐一消灭。最后，毛鸿宾只带着几百名亲兵退守都督府。窦泰带兵肃清残敌后，赶到都督府。这时，彭乐也领兵赶到，手里的钢刀已是血迹斑斑，砍得卷了刃。窦泰与彭乐合兵一处，将都督府包围。毛鸿宾自知无幸，命人用砖石堵死前、后府门，将亲兵列置于墙后，弯弓搭箭，严阵以待。

窦泰、彭乐见毛鸿宾摆出决一死战的架势，便暂时按兵不动，派人飞报与高欢。高欢闻报，带着卫队来到都督府，立在弓箭射程之外，四下里观察了一番，便命人架起一排木楯，掩护着数百名敢死队向都督府的南墙推进。那些木楯就是大型的盾牌，每一块都有一人多高，将敢死队员全身遮挡得严严实实。毛鸿宾躲在墙后，见敌人抵近，下令放箭。但密集的箭矢全都射在木楯上，起不了什么作用。不一会儿，敢死队直抵墙边，一部分战士高举木楯护住头顶，另一部分战士挥动锹镐，将墙根下的砖石一块块地击碎、掏出，再齐力将南墙推倒。南墙一倒，彭乐率五百骑兵，挥刀纵马，直冲进府中。毛鸿宾的亲兵大半被马刀砍死，余者尽降。毛鸿宾执刀力战，不想肩头中了一箭，手中钢刀落地，被人生擒。彭乐命人将毛鸿宾捆起来，押送到高欢面前。毛鸿宾披头散发，满脸血污，却是毫无惧色，立而不跪，道："毛某关西男子，必不为降将军。"高欢嘉其守节，也不难为他，命人将毛鸿宾押入大牢，好生看待，还派人为其治疗箭伤。随后，高欢收兵回了晋阳，命大将薛瑜镇守潼关，又命薛绍宗屯兵华阴（今陕西华阴西南），封锁了贺拔胜西进之路。

贺拔胜带兵走到半路，就听到潼关已失的消息，无奈之下，只得退兵，打算重回荆州。却不料，侯景已带兵占了襄阳。原来，侯景受命之后，带兵昼夜疾进，火速来到襄阳城下。襄阳城居汉水中游，整个城市呈正方形，依东低西高的地势而建，城垣周长十五里，高二十余丈，宽五丈左右，用蒸过的黄土层层夯筑，外用大块青砖垒砌。元颖见有敌来攻，紧闭四门，凭城坚守，一任侯景在城外讨战。围城之后，襄阳城民慌成一团。有钱的人家忙着埋藏金银细软，穷苦人家每日里惴惴不安，不知将来的命运如何。襄阳城的精锐士兵全被贺拔胜带走，剩下的都是一些老弱病残。元颖无奈，只得发动城中居民，令不分男女老幼，全部上城助防。每日里，百姓们除了守城，还要搬运大石垒断街路，向城上运送圆木乱石，昼夜露立，饮食短缺。几天下来，人人身疲力竭，渐不能支。

这一天，襄阳镇城都督邓诞随元颖上城巡视。邓诞三十多岁的年纪，身形魁梧，嗓门洪亮，外表给人一种粗犷的感觉，却是粗中有细，诡计多端。孝武帝西奔之后，邓诞见高欢得势，已有投靠之心。元颖不知邓诞居心叵测，又正值用人之际，对其很是倚重，视之为心膂。这天，邓诞登上城头，见城外兵势浩大，而守军疲弱不堪，料定城池守不住，心中暗道："城破之后，你元颖是死路一条，但又何必让老子全家为你陪葬？"当下打定主意，要献城投降。邓诞一边随元颖在城上走着，一边道："高欢迫逐皇上，天下义士莫不痛愤。今又派侯景来攻，将军何不出城退敌？"元颖手抚城堞，答道："贺拔公临行前交待得清楚，若有外敌，守城为上。况且城中兵力不多，自保有余，退敌不足，还是固守待援为好。"邓诞见元颖不肯出战，又生一计，道："元公连日操劳，很是辛苦，我愿助您守城，以尽绵薄之力。"元颖应对侯景颇感吃力，见邓诞毛遂自荐，乐得息肩，便将北门交给邓诞把守。邓诞心中暗喜，领命而去。转过天来，邓诞带着家丁来到北门，登上城墙，乘人不备，将信绑在箭杆上，射出城外，约定明夜子时开北门献城。城外的士兵捡到信，交给了侯景。

到了第二天半夜子时，一片厚重的灰云，遮住了月光，城上城下一片幽黯。侯景命所部人衔枚、马摘铃，悄悄来到襄阳北门前。邓诞早已遣散了守城士兵，替换上自己的家丁，此刻，正立在城头，支起耳朵，听着城下的动静，刚过子时，听得城下隐隐传来军马走动之声，知道是侯景到了城外，便命家丁开关落锁，打开了城门。侯景的部队鱼贯而入，在邓诞的引领下，沿着大街一直来到元颖的府第。数名军兵逾墙而入，打开府门。众将士一拥而进，直抵元颖的卧室之外，踢开房门，闯进屋内，将元颖从床上提到门外。元颖还打着赤膊，就被捆了个结结实实，懵懵懂懂地搞不清敌人是怎么进得城，只是睁着一双惊惧的眼睛，四处乱望。正在这时，府门外十余人举着火把，簇拥着一员大将走了进来。那员大将走路一跛一拐的，正是侯景。元颖再看侯景旁边那人，却是邓诞，几乎惊掉了自己的眼珠子，登时什么都明白了，但已悔之无及。侯景命人将元颖押入大牢，知道贺拔胜必要回军，便命邓诞镇守襄阳，自带大军出城迎击。

贺拔胜率军刚回到湖北境内，突见前面一队溃兵飞奔而至，来到近前。马上领头的将领滚鞍下马，一溜小跑来到贺拔胜马前，气急败坏地道："启禀元帅，敌将侯景占了襄阳，元颖被俘。我等好不容易杀出重围，前来报信。"贺拔胜听说襄阳城丢了，又惊又怒，不及多想，传下令去，命部队加快行军速度，火速回师，打算重夺襄阳。

这一日，贺拔胜的部队过了土家渡，到了高阳镇。这高阳镇是个不大的镇子，只有数百户居民。镇外一条大路，两边都是密林。贺拔胜带兵穿镇而过，走上大路。突然，两边的密林中鼓声大作。随着鼓声，一排排箭矢从林中射将出来。将士们纷纷中箭，倒在路上，剩下的乱作一团。贺拔胜见有敌来袭，忙命大家树起盾牌，严阵以待。可等了半天，不见敌人来攻，又派军兵进林子搜寻，才发现敌人已去得无影无踪。贺拔胜牵挂着襄阳，实不愿在途中耽搁，便命人将死者就地掩埋，将伤者驮在马上，继续赶路。

到了傍晚，落日没入地平线，远处的山峦变成了黛黑色。贺拔胜传下令去，让部队在一处开阔地扎营。将士们搭起帐篷，放好岗哨，草草用过晚饭，倒在帐篷里很快就进入了梦乡。半夜里，营中忽有百十个帐篷同时燃起了大火。将士们在睡梦中被惊醒，身上带着火苗冲出帐外，被火烧得倒在地上打滚，惨叫连连。暗夜里，整个宿营地登时一片大乱，大家互相践踏，自相残杀，又死伤了数百人。贺拔胜闻报，披衣出帐，命人赶紧救火，又带着亲兵四处弹压，好不容易稳定了军营里的秩序。这时，天色也已大亮，贺拔胜的部下来报，称哨兵已被杀死，横尸在地，而前来放火的敌人却已不知去向。

一连数日，侯景派出小股人马，不断偷袭贺拔胜的部队。贺拔胜军中的将士多为襄阳人，知道故乡沦陷的消息后，已是军心浮动，又遭数番袭扰，行军、宿营时提心吊胆，士气很是低落，军心开始涣散。一天傍晚，贺拔胜又命部队扎营休息。到了半夜时分，营中的篝火相继熄灭，清冷的月光透进帐篷。暮鸦停在道旁枯枝上，时不时地发出一声寂寥的鸣叫。将士们躺在帐内，辗转反侧，牵挂着沦于敌手的家乡亲人，纷纷出帐，逃出营外，扔掉兵器，换上平民衣服，连夜回老家去了。荆州刺史贺拔胜犹自未睡，忽见一名都督慌里慌张地闯进帐来，道："启禀元帅，大事不好，军中的士兵逃走了很多。"贺拔胜心里一沉，忙走出帐外，骑在马上，巡视各营，只见亲兵营中的情况还好，再到其余各营转了转，却是一片寂然，大半帐篷都是空的。贺拔胜知将士们思家心切，已然逃走，心中更是愁闷，自感进退无地，只好率麾下数百骑渡江，投奔了江南的梁朝。

潼关地势险要，是进出三秦之锁钥。孝武帝可以不要荆州，却不能没了潼关。公元534年10月，西魏皇帝元宝炬孝武帝下诏列高欢二十项大罪，称"朕将与丞相亲总六军，扫除凶丑"，命宇文泰率军攻潼关。长安至潼关不到三百里，宇文泰率王思政、独孤信等将，领兵十万，五天就到了潼关城下。潼关的城墙高达十余丈高，正面强攻的难度很大。薛瑜带兵守在城上，密布滚木擂石，自信决不至丢了城池。宇文泰却是有备而来，围城之后，并不忙于进攻，命部下打造了数十架云梯车。每架云梯车重达数吨，由上百人齐力方可推动，下有四个巨大的木轮，上面支着一架坚固阔大的云梯。士兵们推着云梯车来到城下，将云梯放倒，支在城墙上，就像是在城外搭建起一个临时的楼梯。由于云梯车非常沉重，守军用普通的叉棍是推不倒的。城外的士兵顺着梯级，源源不断地向城上涌来。在距离城墙数十米处，宇文泰还命人堆起数个土山，与城墙的高度相等，再命将士们将木板搭在土山与城墙上，便成了一道道可以飞渡的便桥。在宇文泰的多方攻势下，潼关很快失守。宇文泰挥兵入城，斩东魏守将薛瑜，虏其士卒七千人，又以大将王罴为华州刺史，镇潼关。

孝武帝的檄文传到邺城，东魏方面不甘示弱。公元535年正月，东魏孝静帝颁布诏书，指宇文泰等人为弑君凶徒，称："今分命诸将，刻期西讨。"随后，高欢命大行台尚书司马子如率大都督窦泰、太州刺史韩轨等人，统兵七万再攻潼关，想夺回这一战略要地。潼关经历两次攻防作战，城池破败，楼橹荒颓。华州刺史王罴到任后，四下召集民夫，修筑城防工事，疏浚护城河。民工们贪图方便，晚上将修城的梯子倚在城外。凌晨时分，城内的人们还在熟睡。司马子如等人带兵奄至城下，缘梯而入，到了王罴的寝室之外。王罴是典型的关中大汉，年方三十七岁，身高八尺，长面虬髯，多力善战，是宇文泰手下的一员猛将。这时，王罴晨睡未兴，听到外面人声汹汹，操起根木棒，赤条条地来到户外，见是东魏士兵来袭，大呼迎敌，手起一棒，正砸在一名敌人的铁盔上，"呼"的一声，将那人打得脑浆崩裂。其余的东魏士兵见状无不惊惧，纷纷退却。西魏将士们闻讯赶到，一起将东魏军队赶出城外。王罴穿好袍服，授兵登陴，乘城拒守。司马子如在城下命人树起云梯，督兵攻城。攻城将士们手持钢刀，爬上不断晃动的梯子，好不容易接近城头，就被数名守军的长枪刺中，纷纷从云梯上跌落下来。司马子如见状，命城下将士一齐放箭，掩护攻城部队登城。顿时，飞蝗般的箭矢向城头射来。王罴的部下忙拿来甲胄头盔，请王罴穿戴上。王罴挥手命部下将盔甲拿走，手持长枪，立在城头，仰天大呼道："潼关，三秦之门户。天若不佑国家，令箭中王罴之首。不然，王罴必当破贼。"说罢，指挥将士，搏战弥厉。司马子如见王罴如此勇悍，知不可攻，只得收兵撤退，回到晋阳，见了高欢，谢以无功。高欢知司马子如不以将略见长，并不怪罪，仍命其回邺城辅政。

当时，东魏占有山东、山西、河北等富庶地区，"王四渎（江、河、淮、齐）之三，统九州之五"，论经济实力、人口数量都居三国（东魏，

西魏，南梁）之首。西魏则局处于关中，境内长年干旱，农业欠收，国力衰弱，人口还不抵东魏的五分之一。潼关虽得而复失，在高欢看来，不过是丢了一块进攻长安的踏板罢了，没怎么放在心上，干脆另作打算，准备拿下夏州（今陕西靖边县），再从侧翼进攻长安。夏州距长安不到千里，北有契吴山，南有无定河。数百年前，夏王赫连勃勃于此筑统万城以为国都。后来，夏亡于北魏。统万城先改称统万镇，不久即改为夏州。

为出奇不意地打击敌人，高欢由晋阳率两万精骑，昼夜兼行，四天急行军九百多里，在深夜赶到了夏州城下。夜空如墨染，天上连星星的微光也没有。城内守军想不到有敌来袭，早已进入梦乡，城上静悄悄的，守御非常松懈。城下有条护城河，宽数十米，用条石垒砌成的驳岸。在夜色的掩护下，高欢命士兵武装泅渡，越过护城河，抵至城墙之下，又命将士们把长枪绑成梯子，爬上城头，杀散城上零星的守军。夏州刺史是斛拔俄弥突，正在府里睡大觉，突被家人的敲门声惊醒。家人进来禀报，说有敌人前来袭城。斛拔俄弥突想不到高欢亲至，还以为是饥民造反，也没怎么当回事，骂骂咧咧地披衣起来，刚走出府门，只见眼前黑压压的一片人，定睛一看，才知是东魏的正规军。斛拔俄弥突来不及抵抗，就被东魏士兵生擒。高欢干净利落地拿下夏州后，打算留下经营这块地盘。孙骞谏道："夏州孤悬，土地贫瘠，军无后援。丞相若留镇于此，脱有闪失，后果堪忧。"高欢虽觉得孙骞的话有道理，但就这么弃城，实有不甘。

过了两天，高欢带了几个侍卫，走上夏州城头，抚阵四望，打算实地考察一下，再定大军去留。时值隆冬，寒风呼啸着从城上掠过，天空灰蒙蒙的。城外一片芜田废地，蔓草荒烟，瓜果蔬菜早已绝迹，更谈不到什么花木了。城里也看不到什么生机，没几栋像样的建筑物。大部分房屋，竟是用席子搭起来的，在凛冽的寒风中，仿佛随时会被吹走。夏州刺史府也非常破旧，房顶上冒出一丛丛的枯草，在寒风中颤抖着。街上到处都是枯枝败叶，偶尔有几个行人，全穿着破烂单薄的衣服，一个个惊魂未定的样子。高欢看了这幅景象，叹道："河枯物绝，民生凋残，孙骞诚不我欺！"知道夏州确实不宜大军久驻，便撤兵而退，将夏州城民五千户迁于晋阳。

宇文泰在长安闻听夏州失守，召集手下幕僚商议对策。西魏文帝元宝炬登基时，宇文泰年仅三十岁，任丞相、都督中外诸军事、大行台，爵安定郡公，控制着西魏实权。宇文泰的丞相府便是原来的行台府，有临街正门五间，门上有金漆兽面的锡环，左右各有一扇角门。进得府来，先是一道影壁，绕过影壁，迎面便是大殿。大殿十七间，屋脊上有瓦兽。大殿之后，便是内宅。内宅有两侧翼楼各九间，寝殿九间，后楼六间，府内所有的梁栋、斗拱、檐角均由匠人用彩色绘饰，门窗枋柱则是用黑漆油饰。不一会儿，宇文泰手下的大将独孤信、李虎、赵贵、杨忠等先后来到殿中。宇文泰说了夏州失守的消息，想听听大家的意见。诸将议论了起来，但意见并不一致。独孤信认为不可示弱，应立即出兵，收复夏州。赵贵则主张收拢部队，以防高欢依托夏州进攻长安。双方争得不可开交，宇文泰一时也拿不定主意。

这时，行台郎中苏绰上前进言。苏绰是武功（今陕西武功附近）人，三十多岁，相貌清癯，长眉通爪，目光炯炯，好读书，多大略。苏绰起身道："大家不必担忧。那高欢兵士虽众，必不敢远来。"宇文泰听了，有些意外，道："苏公可否详细说一说？"苏绰道："当年贺拔岳元帅被刺杀，关中振骇，高欢不能因利乘便，进取雍州。及銮驾西迁，六军寡弱，毛鸿宾失守潼关。高欢仍未能深入我腹地。今日，我们上下同心，士民戮力。高欢决不敢前来送死。再者，夏州地广人稀，千里无烟。高欢纵想南侵，资粮也供应不上。"宇文泰听了，连连点头，决定暂不出兵，看看形势再说。不久之后，长安就收到了东魏撤兵的消息，如苏绰所料。

东魏大丞相高欢收兵回晋阳后，将部队分驻各州郡，自己回到了渤海王府。之后大半年的时间，东、西魏之间暂无大规模的战事。高欢半生戎马，大概也有些倦了，与家人在晋阳，度过了一段难得的平静岁月。转过年来的春天，阳光和煦，鸟鸣雀跃，清风拂过树叶。府里的花坛吐着阵阵清香，蜂儿围着花朵上下翻飞。高欢与娄夫人一早起来，坐上车马，带着几个孩子至晋阳城外郊游。娄夫人是高欢的正室，生高澄、高洋、高演、高湛等六子，

虽已年过四旬，前额却仍是光洁晶莹，一双又长又弯的眉毛，映衬得眼神温柔又深邃，一头乌发光可鉴人，梳成垂云髻，斜插着一支八宝赤金钗，上嵌珠玉，耳畔垂着明晃晃的玳瑁耳珰，随步晃动，宝光射目，穿着一件黄色拖地缎裙，上面绣着精工的凤凰，外罩一件锦红鸾纹衣，肩披妃罗翠软纱。

众人乘车到了郊外，来到河边，侍卫们远远地散开。高欢、娄夫人带着几个孩子在河边徜徉，看着微凉的河水，缓缓流淌在清风暖阳里。高澄、高演、高湛等身穿箭衣，脚蹬一双小牛皮糅制的靴子，腰系短刀，乍到河畔，犹如小鸟出笼，奔跑追逐，笑声不断。唯有二儿子高洋，默默地走在大家后面，与几个兄弟相比，竟显得有几分老成。中午时分，高欢命人在河边搭起一座大帐，一家人在帐中吃午饭。帐篷里面并无桌椅，只是在地上铺了毛毯和厚毡，毛毯上铺有几个坐垫，毡布上放着烤羊肉、烤鱼及时鲜蔬果。高欢一家人团团围坐，开始野餐。几个孩子都和高欢长得挺像，鼓鼓的腮帮、薄薄的嘴唇，鼻梁高挺，鼻尖微微翘起，忽闪忽闪的眼睛里，两颗眼珠像黑宝石一般，一边拿着小刀割肉而食，一边叽叽喳喳地说笑，腾起的声浪像是要把帐篷掀起来。

高欢毕竟是做大事的人，不会局囿于室家之乐，看着围在身边的几个儿子们，突然想探察一下他们的才器。待大家吃得差不多了，高欢命从人取来几把乱丝，递给儿子们每人一把，让各人将自己手里的乱丝理顺。娄夫人在旁看了，不明何意，却也没说什么。每团乱丝足有两斤多重，千头万绪纠缠在一起。高澄等都想在父亲面前表现一下，每人拿着一团乱丝，一根根地紧着整理，忙得不亦乐乎，但越想理顺，那团丝就越是杂乱。时间一分一秒地过去，高澄、高演、高湛的小脸上透着焦急，额头上也涌出了汗珠。高洋平时就沉默寡言，有如不慧，这会儿，坐在一旁，手捧着那团乱丝，却并不动手，只是呆呆地瞅着兄弟们忙活。高欢见高洋这副模样，怀疑二儿子是不是有些傻，笑问道："洋儿，你怎么不理乱丝？"高洋瞅了父亲一眼，也不答话，将手里的乱丝放在地上，突然抽出腰刀，手起刀落，将乱丝劈为两半，随口嘟哝道："乱者必斩。"高欢心中暗惊，转头对娄夫人说："这小子的识见还在当年的我之上呢！"娄夫人一直在旁边看着，这时才明白丈夫的用意，不禁微微一笑。在帐中用过饭后，一家人又在郊外游玩了一会儿，便打道回府了。娄夫人带着几个孩子去后宅歇息。高欢并不觉得困倦，一个人去了书房，倒背着手在地上来回踱步，心里琢磨着自己的二儿子。今天，高洋那快刀斩乱麻的果决，还是让他颇为意外。

　　第二天，太阳升起于东方，一片晴空万里，轻风送爽，令人感到很舒适。高欢用过早饭，想继续试探一下高洋的才干，便来到前殿，命人将高澄、高洋、高演、高湛找来。不一会儿，高澄等人先后来到，立在高欢面前，高低错落地站成一排。四个孩子都穿着短领窄袖的袴衣袴褶，高澄站在左侧，旁边是高演与高湛。高洋来得最晚，一语不发，站在高湛旁边。高欢挺直腰板，坐在一张椅子上，见几个儿子都到齐了，便煞有介事地对他们说："最近城外不怎么太平，你们各领二百骑兵，分出四门，到城外巡视一下。"高澄等人领命，各带一队骑兵出城而去。高欢等儿子们领兵走后，将彭乐召来，命其带一小队人马出城，追上高澄等人，假作攻打之势，看看几个孩子们的反应。彭乐现为晋阳镇城都督，还是那么五大三粗的，听完高欢的话，咧着嘴直笑出声来，连连点头，随即告退。

　　出府后，彭乐点起二百骑兵，全都戴上面罩，出了东城门，朝着高澄所去的方向直追了下去。天空一碧如洗，鸟儿叽叽喳喳地飞过。道旁树木葱茏，绿草如茵。彭乐等人行不多远，就在前方看到了高澄与他率领的骑兵，便一声唿哨，挥刀纵马，率将士们冲了过去。高澄年方十四岁，骑在马上，手执马鞭，优哉游哉地走着，正打算找个地方畅玩一番，忽见一队骑兵，手舞利刃，扬尘鼓噪，斜刺里直冲过来，不禁大吃一惊，几乎坠马，顿时手足无措，不知如何是好。彭乐率军驰到近处，收起兵刃，摘下面罩，哈哈大笑着说明情况。高澄这才明白是父亲命彭乐前来相试，抹了一把额头的冷汗，定下神来，想起自己刚才的恐慌之状，很是羞愧。就这样，彭乐又带着骑兵连扰高演、高湛。高演也是毫无防范，被彭乐惊得狼狈不堪。高湛年龄最小，挠怖过甚，竟哭将起来。

彭乐觉得很开心，带着骑兵又绕去北城门外，那里正是高洋巡视之处。高洋年仅十一岁，率兵出了北门，默默地骑在马上行着，忽见远处烟尘大起，隐隐传来战马奔驰的声音，便抽出腰刀，喝令麾下二百骑兵亮出刀枪，做好应战准备。彭乐领军驰近，看高洋严阵以待，担心误伤，忙把头罩摘下，露出面容，讲明情况。高洋却不依不饶，命人将彭乐从马上拖将下来，捆得结结实实的，押进城去。高欢正在府中，等待着彭乐的消息，忽闻门外脚步声响起。随后，高洋绷着小脸，手按刀柄，带着几个军士，将彭乐五花大绑着押了进来。高欢见此情形，不禁拊掌大笑，忙让人为彭乐松绑，又赏了彭乐二百匹绸缎。彭乐谢赏，然后退出府去。高欢手捻须髯，满意地看了看高洋，传下令去，命高洋为骠骑大将军、开府仪同三司，封太原公。

　　高澄身为世子，见高洋得宠，不禁有些妒意，便向高欢请求，愿去邺城辅政。自东魏迁都于邺城以来，大丞相高欢长驻晋阳，只是偶尔入邺朝参。尚书令司马子如、太傅尉景等人留守邺都，算是高欢的代理人，监督着朝中文武。在邺城，司马子如等人权势熏天，大肆卖官鬻爵，赃贿狼藉。高欢也知司马子如等人闹得不像话，但又找不出更值得信任的人去邺城，这时，听了高澄的请求，有些意外，看了看儿子，说："朝廷万机，责大事重，你年纪还小，过几年再说吧。"高澄见父亲不同意，有些沮丧。相府主簿孙搴在旁替高澄说话，谏道："京师诸贵横行无忌，以致人民嗟怨。若不加以整饬，将败国事。世子虽年幼，却颇有才略。若使入朝，委以重权，上辅幼主，下肃百僚，则内外同心，根本自固。"高欢听完孙搴的话，觉得有道理，便命高澄为京畿大都督，加领军，即日起程赴邺。高澄大喜，拜辞了父母，赶往京师，到邺城后，以并州别驾崔暹为吏部左丞，凡有参劾，不避权贵，用法严峻，内外震肃。

　　高澄去了邺城之后，尚书令司马子如来晋阳述职，先到渤海王府拜见大丞相高欢。高欢听得司马子如到来，降阶相迎，在府中摆宴相待，热闹了一天。宴罢，司马子如辞出，次日，又去看望晋阳大都督高敖曹。早在信都时期，司马子如与高家兄弟就有了交情。这天，司马子如来到高府门前，

159

由卫士引领着，进了宅子，绕过影壁，向东走去。东面大墙上有个角门，虚掩着。卫士上前将门推开，请司马子如进去。这里原本是个小花园。高敖曹搬进来后，把原来的花花草草一律铲除，又将地面做了硬化处理，添置了不少石锁器械、刀枪剑戟，使之成了个小型的演武场。司马子如刚一进来，就听到枪风呼呼，定睛一看，原来高敖曹正在练枪，当真是人如猛虎，枪似游龙，不禁鼓掌叫好。高敖曹听得有人喊好，收枪回头一看，见是司马子如到来，忙将枪搁在兵器架上，过来相见。

高敖曹没有戴头巾，发茬又粗又黑，四方脸盘，两道浓眉下，闪动着一双铜铃般的眼睛，光着上身，发达的肌肉在肩膀和两臂棱棱地突起，腰间扎着一条很宽的牛皮带；穿着一条蓝布夹裤。高敖曹一看老朋友远道而来，很是高兴，命人摆酒款待，又担心自己是个大老粗，怠慢了朋友，便又请来了孙搴坐陪。都督府的宴席自是丰盛，一张八仙桌上罗列水陆珍馐，有什锦火锅、糖醋鱼、黄芪煨羊肉、小米炖辽参、过油肉等二十几道名菜，桌旁还摆着十几坛上等的汾酒。这些汾酒都是采用清蒸二次清工艺酿造，又在地缸里发酵过，入口甘洌，是高敖曹的珍藏，轻易不拿出来待客。这次司马子如到来，高敖曹心情大佳，命人从地窖里搬出十几坛，招待好朋友。三人都是海量，推杯换盏，从中午一直喝到了傍晚，一连喝干了四坛酒。那汾酒入口绵软，后劲却是极大。孙搴不胜酒力，摇摇晃晃地站起来，说："兄弟酒够了，且先告退。"高敖曹正在兴头上，见孙搴要走，一把拉住，大着舌头说："我老高请人喝酒，哪有喝不倒就想走的道理？"孙搴这一站起，更觉头晕，晃晃脑袋，执意要走。高敖曹犯了犟脾气，吩咐一声道："来呀，去俩人，将孙主簿马车的轮子卸下来。"一旁的卫士领命，出去了一会儿，果然提进两个车轮子来。高敖曹将一个轮子套在孙搴脖子上，另一个套在自己脖子上，端起酒碗接着劝酒。孙搴哭笑不得，只得留下。司马子如已有了七八成的酒意，见此情形，拍手大笑，也命人取来一个大车轮子，套在自己脖子上。三人就这样继续喝酒。到了半夜时分，孙搴已然烂醉如泥。高敖曹这才命人将车轮子从各自的脖子上卸下来，吩咐家丁将孙搴抬进马车，送回家去。

不想乐极生悲,第二天上午,噩耗传来,孙搴竟然醉死了。司马子如与高敖曹听得消息,忙赶到孙家,见孙搴已然属纩,停灵在床,等待入敛。司马子如与高敖曹站在灵床前,后悔不已,眼中流下泪来。但事已至此,万难挽回。大丞相高欢听到这个消息后,很是痛惜,亲临其丧,吊唁致禭,慰其家属。司马子如与高敖曹一齐到高欢面前,磕头谢罪。高欢将高敖曹责备了一番,命其去虎牢关训练新军,又对司马子如说:"孙搴办事得力,却被你们一顿酒给喝死了。那你就得为我找一替手来。"司马子如默揣朝臣才略,推荐了中书郎魏收。高欢任命魏收为主簿,准备先考验一段时间。魏收就是后来《魏书》的作者,个人能力是有的,不过品质太也败坏。过了一阵子,高欢派魏收出使梁朝。魏收在出使期间违禁买卖人口,被人告发,秽声播于江表,还连累了梁朝的接待官员。高欢知道后,对魏收很失望,又将司马子如找来说:"孙主簿醉死后,魏收治文书并不称我心意。你还有合适的人选吗?"司马子如沉思半晌,又推荐了司徒记室陈元康。陈元康字长猷,冀州广宗(今河北邢台市广宗县)人,三十七岁,身形不高,长条形脸,微有胡须,身着青衫皂靴,很是精干。高欢当即召见陈元康,委任其为大行台都官郎,相当于丞相府的秘书长。陈元康不仅处事干练,还有非凡的记忆力。有次高欢出征,征途中没有纸笔,只能口传号令九十余条。陈元康全部记得清清楚楚的,回来后都整理下来存档。经过一番考察后,陈元康赢得了高欢的高度信任。高欢屡次称赞说:"陈元康这人真是天赐我的好助手。"

再说大都督高敖曹受命赶往虎牢关,汇合御史中丞刘贵、司空侯景等人,在关外扎起兵营,准备训练新军。虎牢关即古崤关,是洛阳东边门户,因周穆王在此牢虎而得名。《穆天子传》载:"天子猎于郑,有虎在葭中,七萃之士擒之以献,命蓄之东虢,因曰虎牢。"此关南连嵩岳,北濒黄河,山岭交错,自成天险。没几天,各州送来的新兵陆续来到,分隶诸将。高敖曹为大都督,麾下统领着七十六名都督,每名都督各领一千名新军。这一日,司空侯景在军营里摆酒,请同袍赴宴。到场的除了高敖曹,还有御史中丞刘贵、河南道行台斛律金等人。酒席宴上，众武将聚到了一齐，免不了一番酬酢，直喝得尽醉方休，谢过侯景的款待，各自回营休息。

　　第二天，朝阳初升，高敖曹起身出帐，梳洗已毕，用过早饭，骑马去新军训练场。虎牢关外有近百个训练场，沿着黄河北岸排开。高敖曹带了几个侍卫，纵马上了河堤。堤上遍布砂砾野草，也生长着一些杂树。堤下便是黄河，正当枯水季，河水不多，夹杂着泥沙，缓缓地流淌着。高敖曹骑着马，走了没多长时间，就发现前边的黄河滩上，集结着大批的民夫，心中好奇，随口问道："这些人在这里干什么？"一个卫士忙上前道："启禀大都督，是刘贵大人征集了民夫，在此疏通河道。"高敖曹听了，点了点头，信马走近前去。其时，在东魏境内，汉人的地位远不及鲜卑人。东魏皇室就是鲜卑族，高欢虽是汉人，自幼也是在鲜卑族群中长大，还有个鲜卑化的名字"贺六浑"。因汉人的社会地位低下，故多从事艰苦的体力劳动，如疏浚河道、修筑城郭等，在食不裹腹的情况下，常出现大批汉人的非正常死亡。这次前来浚河的民夫，就是周边郡县的汉人贫民。

　　高敖曹骑着马下到河滩，见眼前有一排临时搭起的茅棚，大概是民夫们的住所了，便从马上跳下来，走近前去，用手扒开秫秸扎成的棚门，向里面看去，发觉地面上非常潮湿，只铺着一层薄薄麦秸。民夫们的被窝卷一个挨一个地堆在屋里，散发着一股子霉味儿。高敖曹叹了口气，回过头来，向河工现场走去，只见河道里，数万民夫正在挖河运泥。高敖曹站到河岸上，向下望去，见那河道已挖有七八米深了，河底开始渗出了不少水。这个时候，民夫们得把河道里的泥土，沿着约五十度的斜坡运到河岸上。众民夫分工劳作，一些人推着独轮小车，走在不到尺余宽的木条板上。小推车两边的篓子装满了淤泥，足有五六百斤。推车的民夫两手紧攥车把，两眼瞪得溜圆，头上冒着虚汗，随着拉坡的绳索，小心翼翼、摇摇晃晃地向前拱着。稍有不慎，推车翻倒，装好的泥土全倾倒在半坡上，只能从头装起。每辆小推车前有两个拉纤的民夫，双腿打着颤，拼命地向前拉。腰带宽的车绊，深深地勒进他们的肩膀里。河道里，还有许多民夫在挖土装泥，个个浑身大汗淋漓，

稍有松懈，就会招来监工的皮鞭。远处，御史中丞刘贵身着华服，带着几十个侍卫，耀武扬威地站在高坡上，正在监工。刘贵是鲜卑牧民出身，也是高欢起兵时的元勋，但是性格残暴，所任职之处，莫不肆其威酷，此次提调河工，督责切峻，指挥手下，肆意鞭打动作慢的民夫。高敖曹看了这幕场景，不由得心中火起，扭头回到河岸，翻身上马，纵马去了训练场。

数日后，北豫州刺史郑俨祖押送一批新兵来到高敖曹的大营。这批新兵本应早到，因路途遥远，耽搁了几天。郑俨祖将新兵交割清楚，前来拜见高敖曹。高敖曹命郑俨祖坐在帐内，问询些事宜。御史中丞刘贵听说郑俨祖来到，便派使者持手令前来召见。使者是个三十多岁的武官，来到高敖曹的营中，施礼后道："启禀高都督，刘大人召见郑刺史！"说着，出示了刘贵的手令。御史中丞负责督察百官，权力很大。郑俨祖见是刘贵召见自己，忙站起身来，对高敖曹道："下官先行告退，去去就来。"高敖曹见是刘贵派来的使者，偏不放郑俨祖过去。郑俨祖不敢得罪高敖曹，只得讪讪回座。高敖曹命使者立在一旁，没话找话，与郑俨祖东拉西扯起来，有意拖延着时间。使者从中午一直等到太阳将落山，渐感焦燥，脸上也露出不耐之色。高敖曹瞧在眼里，更是磨蹭。又过了一会儿，那使者硬着胆子走上前来，对高敖曹说："末将在此已候了半日，还是请郑刺史速去，免得刘大人等待。"高敖曹被打断了话头，勃然作色道："你难道没见老子正在议事吗？"使者也压不住火了，仗着自己是刘贵派来的，出言顶撞。高敖曹大怒，喝令卫士拿了两片木枷，把这个不识趣的使者枷了起来。使者还嘴硬，对高敖曹说："枷则易，脱则难。"高敖曹应声喝道："有何难？"话音未落，拔出腰刀，顺着枷页子就抹掉了使者的脑袋。郑俨祖在一旁，惊得是目瞪口呆。使者的从人在帐外瞥见，连滚带爬地逃了回去。刘贵在营中候了大半天，不见郑俨祖前来，正在奇怪，忽见从人来报，才知是高敖曹扣住郑俨祖不放，还杀了自己的使者。刘贵知道高敖曹不好惹，挥手命从人退出，独自坐在帐中，暗生闷气。

次日，因新军器械不足，司空侯景打算派人去武库，再调一批刀枪来虎牢关，便请高敖曹前来商议此事。高敖曹骑马到了侯景的大营，跳下马来，将缰绳交与随从，走进中军大帐，一看刘贵已在座，便假装没看见，只向侯景打了个招呼，施施然坐在一旁。侯景并不知昨日之事，正要开口说话，忽见帐帘一掀，刘贵的侍卫走了进来，向刘贵禀报说："启禀中丞大人，外面挖河的役夫死了很多。"刘贵闻听此言，借题发挥，不屑地说道："汉人命贱，不值一钱，随之死就是了。"高敖曹在一旁大怒，拔出腰刀，搂头盖顶，朝刘贵就剁了过去。刘贵大骇，百忙之中一矮身，钻到了桌子底下。只听"嚓"的一声，高敖曹的钢刀砍在桌沿上，深入数寸，倒把侯景吓了一跳。刘贵知道单挑不是对手，就地一滚，从桌子底下钻出，头盔掉在地上也顾不得拾，飞跑到帐外，躲了起来。高敖曹从桌子上拔起刀来，大骂着追出，却已不见刘贵的踪影，在营盘里转了半天，一连踏破了十几座帐篷，也没找到刘贵，只得先回自己的军营。回营后，高敖曹越想越气，便顶盔贯甲，抄枪上马，下令鸣鼓聚兵，将队伍拉出营外，要跟刘贵火拼。侯景和斛律金等人闻讯赶来，一边一个，拉住高敖曹的马，磨破嘴皮子，苦劝了半天，才让高敖曹收兵回营，好歹没酿成大规模的流血冲突。

第十五章

> 高欢把持的东魏与宇文泰把持的西魏爆发小关之战。高欢麾下的骁将窦泰兵败自杀。战前,窦泰的夫人娄瑞娥做了一个怪梦,预示着窦泰的悲惨结局。

公元537年九月,半空中,一群大雁排成"人"字形,慢慢向天边飞去。晋阳城里的老树上爬满了褐色的苔类植物,随风摇摆,不时有几片树叶飘坠。太阳透过密密层层的枝杈,在地上投下稀疏错落的斑影。渤海王府的传令官手执令箭,骑着快马,将一道道命令飞传到各州郡。驻扎在各地的军队开始调动,天池山下的兵营里,大批部队陆续开拔。晋阳周边的大道上,不时有成建制的队伍经过。

这一天,城外又是一片人喊马嘶,上万名步兵,手持着刀矛,跟着飘展的旗帜,按照军官的口令有秩序地行进。步兵之后,响起"隆隆"的马蹄声和金属碰击声,这是骑兵队伍开了过来。骑兵们每人都配备一柄马刀,骑着各色的战马。每匹马都养得像绸缎般闪光,马鬃梳得一丝不乱,摇着尾巴,迈开四蹄,踏着轻快的步子走过去。骑兵后面,还有赶着骡马车辆的辎重部队,在路上带起了滚滚烟尘。晋阳东城门外,有两个守门的老军正在闲聊。一个老军道:"看见没?又要打仗啦。这一场仗打下来,不知又要死多少人呐!"另一个老军叹了口气道:"咱们这把岁数,好歹不用出征,凑和着活着就得了，你操那么多心干嘛？"两人正说着，忽见马蹄声响，从东方大路上来一队骑兵，簇拥着一员大将，直奔城门方向而来。两个老军相互使了个眼色，不再言语。那员大将正是窦泰，骑着一匹高头大马，身后随之着十几个侍卫，从两个老军身旁飞掠而过，进了城门，直奔渤海王府。

　　大都督窦泰时年三十五岁，身材健硕，由于长年在野外练兵，皮肤显得有些粗糙，眼角有了浅浅的鱼尾印迹。不过，他的头发仍然浓密黑亮，眉毛浓黑而整齐，眼睛里透着神采，一身甲胄下，是铁一般的肌肉。作为高欢的故友与连襟，窦泰是仅次于高欢的军中二号人物，掌握着东魏最精锐的骑兵部队，驻扎在阳泉。阳泉离晋阳二百余里，是个山清水秀的城市，四周环山，中间是一块平坦的小平原，气候宜人。窦泰来到阳泉后，不仅将麾下的五千骑兵扩充到一万余人，还为骑兵们配齐了鞍鞯、盔甲、刀槊等装备，称得上兵强马壮。前几天，窦泰刚从城外练兵归来，回府不久，忽收到晋阳的调兵符。窦泰当即明白，这一定是要打一场大仗了，不由得激动兴奋起来。是啊，想一想，作为骑兵统帅，窦泰已经两年没上过战场了。这一次，他一定要大展一番身手。窦泰命麾下将士开始战备，三天后一齐出发去晋阳。

　　临行前一天的傍晚，窦泰从军营回到了阳泉城的府第。结婚这么多年来，窦泰一直没有纳妾，与夫人的感情很好。夫人娄瑞娥知丈夫又要出征，在家做了一桌子菜，为丈夫饯行，见窦泰回来了，便命下人将饭菜端上来，有什锦火锅、荷叶鸡、煨羊肉等山西名菜，另有窦泰最喜欢吃的酱梅肉荷叶饼。每人面前，还有一碗热气腾腾的羊肉汤。丫环将蒸熟的酱梅肉夹在几张荷叶饼中，摆在盘中，端上桌来。窦泰有些饿了，拿起一张饼，一口咬上去，感觉不柴不腻，满口留香，不由得点了点头，端起酒杯，喝了一口竹叶青，又用筷子夹起一个烤兔头，有滋有味地啃着。娄瑞娥坐在丈夫对面，慢慢呷了口羊汤，将碗放在桌上，一边用汤匙搅着，一边若有所思地看着丈夫，有些心神不定。儿子窦孝敬年仅七岁，还什么都不懂，也不老实吃饭，绕着桌子跳来跳去。窦泰见夫人神色不对，知道是在为自己担心，笑着宽慰道："夫人不必担忧。我从军以来，从未打过败仗。这次又有万余精锐骑兵，足以横行天下，你还怕什么？"娄瑞娥听丈夫这么说，眉头略展。一家人边吃边聊，吃罢晚饭，残席撤下。窦孝敬到后花园玩耍，玩累了，便由奶妈带着去睡了。窦泰在庭院里散了会儿步，又舞了几趟剑，快到半夜时分，才回到房中。

这时，娄瑞娥还未睡下，正与几个丫环刺绣，见丈夫回来，便将丫环们打发出去，关上门，熄灯睡下。窦泰忙了一天，很是疲惫，躺在床上，不一会儿就打起了鼾声。娄瑞娥却是翻来覆去的，怎么也睡不着，到了半夜，才朦朦胧胧地进入梦乡，正睡着，忽听得房外隐隐传来歌声，歌声凄婉，似乎唱的是："窦将军，去不回，……"云云。娄瑞娥惊醒，侧耳倾听了一会儿，觉得歌声隐约缥缈，忽远忽近，心里觉得奇怪，见丈夫仍在沉睡，不忍吵醒他，便披衣下床，打开房门，走了出来。月光神秘地穿透雾霭，院里子夜雾弥漫。娄瑞娥立在台阶上，侧耳静听，那奇怪的歌声像是从院外传来，正打算唤起丫环，歌声却已戛然而止。然后，内宅的大门悄无声息地打开了，从外面走进一队形容诡异的红衣人。娄瑞娥吃了一惊，浑身的汗毛都立了起来，颤声问道："你们是什么人，因何走到我家来？"为首的红衣人答道："我等前来捉拿窦泰。"娄瑞娥听了这话，心中火起，倒忘了恐惧，喝道："大胆，我夫何罪？是谁派你们来捉他？"那红衣人却不再搭理她，欺近前来，将娄瑞娥推开，就要闯进房中。娄瑞娥又惊又怒，待要呼叫家丁，却霍然醒来，发现自己仍躺在床上，方才原来是南柯一梦。娄瑞娥略定下心神，发现冷汗已将睡衣打湿，忙悄悄起身换了一件。这时，窦泰仍在沉睡。娄瑞娥却是睡意全无，睁着一双眼睛，心头思潮起伏，直到天亮。

窗外传来一阵晨鸡报晓之声，窦泰睁开双眼，伸了个懒腰，翻身从床上坐起，看看夫人，发现娄瑞娥脸色不太好。窦泰不知娄瑞娥几乎是一晚未睡，一边披衣起床，一边道："我这就带兵去晋阳，你再睡会儿吧！"娄瑞娥却执意不肯，一定要起来为丈夫送行。二人先后起床，洗漱已毕，用过早饭。窦泰披上战袍，在腰间系上宝刀，推开房门，向前院走去。娄瑞娥带着儿子窦孝敬，率领众仆妇丫环于后相送。到了二道门口，窦泰转过身来，对娄瑞娥道："夫人留步！"娄瑞娥无奈止住脚步，张了张嘴，只觉心中千言万语，却又不知从何说起，只道一句："在战场上，千万要小心……"声音竟有些哽咽。窦泰见夫人恋恋，心中感动，上前两步，抚着娄瑞娥的肩膀，柔声说："知道了，又不是第一次出兵。"说罢，又亲昵地摸了摸儿子的头，便转过身，大步向前院走去，渐渐消失在娄瑞娥的视线里。娄瑞娥立在二道门前，目送着丈夫离去，想起昨晚的怪梦，心中若有所失，过了好一会儿，才怏怏地带着儿子回转房中。

窦泰走到前院，出了府门，见门外肃立着数名卫士，牵着自己的战马，便从一名卫士手里接过缰绳，翻身骑在马背上，当先而行。众卫士们也都上马，跟在窦泰身后，出了阳泉城，来到城外二十里的兵营里。将士们已是整装待发。窦泰率领这支骑兵立即开拔，不到三天的时间就到了晋阳城，将部队驻扎在城外，与侍卫们一起进了城，来到渤海王府，命侍卫们门外相候，自己进府来到前院大殿。这座大殿高三丈有余，有十几间屋子大小。殿中有九根柱子支撑着整个大殿，每根柱子都有数人合抱粗细，涂以红漆。殿内设有桌椅、茶具。窦泰进了殿中，坐在一张椅子上。王府内侍连忙泡上茶来，便即恭恭敬敬地退出。不一会儿，侯景、彭乐、高敖曹、斛律金、韩轨等将领也都先后来到。大家都是多年的战友，熟不拘礼，大着嗓门打过招呼，又开了一通玩笑，然后纷纷落座，等候着高欢到来。

不多时，东魏大丞相高欢身披锦袍，步入大殿。高欢的身形还是那么伟岸挺拔，头发梳得十分认真，没有一丝凌乱，可那一根根银丝一般的白发还是在黑发中清晰可见，鬓角的头发略微脱落了一些，额头上也开始出现了皱纹，悄悄地诉说着岁月的沧桑，两个眼窝微微下陷，眼神却仍是深邃明亮。众将见高欢来到，起身肃立。高欢步入殿内，居中而立，向众人扫了一眼，便开门见山地进行作战布署。这次，高欢集中了十余万兵力，兵分三路，准备一举攻克长安。高欢亲督十万大军取蒲坂，司徒高敖曹率兵两万攻上洛（今陕西商县），大都督窦泰率兵两万攻潼关……命令宣布完毕，诸将纷纷辞出，分头执行。不几天的工夫，东魏三路大军直逼关中。

关中大地经过十余年的战乱，已元气大伤，不仅农耕经济遭到极大的破坏，还有无数军民葬身于战火中。与东魏相比，西魏地广人稀，物资匮乏，兵力薄弱，综合国力弱，面对高欢的三路合击之势，稍有不慎则满盘皆输。这几日，长安城内秋雨连绵，牛毛般的雨丝似疏实密，淅淅沥沥地从空中落下，像一张大网，将全城罩在雨中，淋湿了地，淋湿了树，淋湿了宫殿房屋，在城内弥漫起一层如烟如云的水雾。晚上，秋雨潇潇，金风细细，叶叶梧桐坠，长安城里的百姓们已进入了梦乡。城西的大丞相府内，却仍是灯火通明，两扇大门敞开着，门楣下挂着的两盏"气死风"灯笼，将四外照得通明，连细细的雨丝都看得很清楚。府门前戒备森严，数十名持戟荷戈的武士身披蓑衣，在雨中警惕地巡逻。丞相府的正厅里人声嘈杂，众仆役们出出入入，来回奔走，端茶送水。大厅内，摆开一张书案和十几张桌椅，书案上铺着一张军事地图，宇文泰和朝中文武围在地图前，共商御敌之策。

西魏大丞相宇文泰刚过三十岁，眼角上已爬上了隐约可见的几条鱼尾纹，坐在桌案前的一张椅子上，身边是苏绰、独孤信、李虎、杨忠、赵贵等人。宇文泰揉了揉下巴，开言道："高欢三路大军已抵国境，形势之严峻自不待言。大家都说说自己的看法吧！"苏绰手捻须髯，道："丞相，高欢屯兵蒲坂，疑兵的可能性很大，目的是迷惑我军，以使窦泰乘隙西进长安。自高欢起兵以来，窦泰常为前锋，兵锐将悍，屡胜而骄。我若以精兵袭之，必能克之。窦泰若败，则高欢将不战自退。"宇文泰将手掌在案上一拍，说："苏公所言正合我意。那高欢倾国兴兵，认为我军无力还击。我乘其骄而击其偏师，不过五日，必败窦泰！"听了苏绰与宇文泰的话，诸将面面相觑，觉得此举未免风险太大，纷纷提出质疑。独孤信字期弥头，云中郡盛乐城（今内蒙古和林格尔县）人，鲜卑族，仪容俊美，善于修饰，军中呼为"独孤郎"。独孤信道："高欢大军已至蒲坂，与我们近在咫尺，听说已在黄河上搭起了浮桥。窦泰所部未至潼关，距长安尚远。今舍近击远，万一不胜，高欢必乘机渡河。那时，可悔之晚矣！"宇文泰满有把握地说："高欢虽在黄河上搭造起了浮桥，但若想渡过全部军队，至少也得七天。有这个时间，我们早已把窦泰消灭了。即便高欢真的过了黄河，我们还可暂退灞上（今陕西临潼），仍可拱卫长安不失。"苏绰接着宇文泰的思路，继续分析说："窦泰是高欢的骁将，顽凶而勇悍，屡胜而轻敌。大军若在蒲坂与高欢相持，则窦泰必来增援。那时，我军将内外受敌。倒不如选取精锐，先消灭窦泰，再乘胜回师，必可退敌。"独孤信听了，连连点头，赵贵等人也再没有二话。

第二天，宇文泰亲督所部出广阳（今陕西铜川市广阳镇附近），集结诸军。宇文泰自夏州起家，有兵约五千余人，后收编贺拔岳军团两万多人。在击败侯莫陈悦后，李弼拥众万余人归入宇文泰部队。此后，宇文泰又屡屡扩军，到目前为止，手里掌握着六万多作战部队，清一色的关中子弟兵。各路人马到齐后，城里人喊马嘶，一片喧腾。宇文泰于广阳分兵，亲率一万精兵，在半夜开拔，衔枚疾走，直奔渭水。

这天，一连下了十数日的秋雨终于停了，太阳露出了久违的面容。宇文泰率军赶到渭水，发现河面阔达里许，水流滔滔，翻卷着浪花向东流去，便命工兵在渭水之上联起十余艘巨船，横跨两岸，船上铺木板，以铁链两根镇固，搭成一座临时的浮桥。宇文泰督率兵马，用了一天时间，踏着浮桥迅速渡过渭水，待全军渡毕后，又命人把浮桥拆掉，引兵大进，直奔小关。小关即潼关左边的禁谷，居洛水与渭水之间。十月，宇文泰率军在小关略作休整，随即出发，以帐下虞侯都督韩果为前锋。韩果字阿六拔，是武川人，"膂力绝伦，被甲荷戈，升陟峰岭，犹涉平路，虽数十百日，不以为劳。性强记，兼有权略。所行之处，山川形势，备能记忆。兼善伺敌虚实，揣知情状，有潜匿溪谷欲为间侦者，果登高望之，所疑处，往必有获"（《北周书》）。行军路上，韩果率领侦察骑兵，昼夜巡查。

宇文泰率军出了禁谷，前边探马来报，称已发现窦泰部活动的踪迹，便令全军停止前进，与诸将一起勘验地形，准备迎敌。苏绰向宇文泰建议道："窦泰所部多为骑兵，我军不可在平地上列阵。此去东十里有牧马泽，我们若先占据那个地方，便可得地利。"韩果也道："苏公所言不错。那牧马泽是一片大沼泽，东西数十里，呈'几'字形，看上去地势平坦，但是下面都是深深的泥潭，不利于骑兵活动。"宇文泰闻言大喜，移军来到牧马泽，设下埋伏，又派韩果带一小队人马前往诱敌。

窦泰麾下的主力是万余骑兵，装备精良，人人身上穿有铁铠，是由柳叶形状的甲片镶嵌而成，胸背处各有两面大型金属圆护，还装备着弓箭、长矛与弯刀。弯刀也是专门为骑兵打造，刀体加宽，刀脊厚，刃锋利，刀头由斜方形改为前锐后斜，适于马上近距离劈刺。骑兵们胯下的战马不仅鞍鞯齐全，还配有马甲，分别保护马头、马颈、马胸和马躯。这一万余名骑兵，经过窦泰的精心训练，马术精良，擅长技击格斗，能跨越沟壑险阻，上下山阪，出入溪涧，如履平地。此次西征，窦泰部队准备一举拿下潼关，与高欢在长安会师。

那一日，窦泰身披短甲，内衬紧腰窄袖袍，足蹬短皮靴，手持一把环柄长铁刀（环首刀），骑着青鬃马，带兵来到牧马泽附近，就遇上了一场秋雨。连绵的秋雨使道路变得湿滑，经过重装骑兵的踩踏，更是泥泞不堪。窦泰见雨天路滑，只得驻军几天，好不容易天气放晴，正要传令进兵，忽见一小队西魏骑兵前来挑战。为首一员大将，正是韩果。窦泰不待多想，率兵迎击。韩果战不数合，丢下数具尸体，拔马就走，败向牧马泽方向。窦泰求胜心切，率部随后就追，在敌情与地形都不清楚的情况下，恃勇轻进，一头就扎进西魏军的埋伏圈。牧马泽方圆数十公里，是泥浆交汇成的一个大泥潭，晴天都不好走，哪里经得住一万多骑兵的蹿动？登时陷住了窦泰的人马。骑兵们在沼泽地里，空有一身力气使不出来，越挣扎，陷得越深，登时一片混乱，只得跳下马来，用力拉着缰绳，帮助坐骑从泥潭里拔出四蹄。不时有人滑倒，将士们一个个滚得像泥猴子似的。埋伏多时的宇文泰见机会来了，一声令下，率大军四面包抄上来。窦泰见四面八方全是敌人，才发觉不妙，忙迫之中领兵迎战。韩果手持铁枪，催马直奔窦泰而去。窦泰自恃勇冠三军，哪知今天在这儿碰上个韩果。二人势均力敌，刀来枪往打了个不分胜败。窦泰还能勉强对付一阵子，但他的部下可就不行了。宇文泰看到窦泰已被韩果绊住，指挥部队将窦泰的骑兵分割包围，像切蛋糕一样，一块块儿地吃掉。

窦泰见部下死伤惨重，虚晃一刀，从韩果的马侧绕过，招呼残部向东南方向撤退，打算迅速脱离战场。东南的地面上长着一眼望不到头的青色苔藓，看上去像是废弃的河滩，但下面全是深深的烂泥，对骑兵而言，无异于危险的陷阱。窦泰与数千铁骑一闯了进去，就再也出不来了，就这样连人带马困在里面。宇文泰率兵追了上来，站在沼泽边上，命人放箭。东魏骑兵成了活靶子，相继被射死。最后，只剩下了窦泰一人。宇文泰打算活捉窦泰，下令停止放箭，命人用长戟挂住窦泰的腰带，打算把他拖到旱地上。这时，粘稠的泥浆已没过了窦泰的马腹。窦泰身上插满了箭矢，两条腿没入沼泽中，动弹不得，看着围上来的敌军，自知无幸，暗自悲叹了一声，用尽残存的一点儿力气，拔出腰刀，自刎而亡。宇文泰歼灭窦泰部队后，毫不停留，火速回军蒲坂，与主力会师，又命人将窦泰的头颅装在匣子里，给高欢送去。

高欢亲率十万大军西征，占了龙门（今山西河津市），又领兵沿着河套南下，抵达蒲坂。蒲坂扼蒲津关口，当秦晋要道，是兵家西进关中的重要渡口。高欢到了蒲坂不久，就收到窦泰兵败的消息，但并不清楚窦泰的下落。各种消息纷至沓来，有说窦泰被俘的，有说窦泰溃围而出的，有说窦泰被杀的，莫衷一是。高欢虽有种不祥的预感，但仍心存侥幸，希望窦泰可以凭一身武艺，冲出重围，平安返回。

这一日，高欢正与诸将聚在帐中，忽见侍卫来报，说是宇文泰遣人前来，便命使者进帐来见。不一会儿，西魏使者双手捧着一个木匣子走进帐中，见过高欢，便将匣子呈上。卫士接过匣子，放在桌案上。高欢神色木然，坐在桌后，看着眼前这个匣子，心中莫名地一阵悸动，冷冷地问道："匣子里装的什么？"西魏使者昂然而立，大声道："是高王麾下大将窦泰的头颅。"此言一出，帐中的侯景、刘贵、斛律金等人一片哗然。高欢知道窦泰铁定是完了，心中一疼，差点儿没晕过去，但在敌方使者面前，又不能失态，只得硬撑着，两只眼睛几欲喷出火来，怒视着西魏使者道："好！你胆子倒不小，前来送头。"话音未落，便喝令左右，要将这个使者推出斩首。陈元康忙上前劝道："大王不可，两国相争，不斩来使。杀之适足以成其名。"高欢迅速冷静下来，明白窦泰既亡，杀一个使者也是于事无补，摆了摆手，命人将使者轰出营外，然后，颤抖着双手，与众人一起打开匣子。果不其然，那匣子里装的正是窦泰的头颅，面容尚栩栩如生。高欢难抑悲痛，双眼里扑簌簌流下泪来。一时间，帐中众人无不伤感。过了良久，高欢擦了擦眼泪，叹道："自古征战，无不有牺牲。窦泰兄弟马革裹尸，也算不枉为将一场。"说罢，命人将窦泰的头颅用石灰保存，又派人去小关找到窦泰的遗体，缝合在一起装入棺椁，派人送回阳泉安葬。

窦泰败亡后，高欢悲怒交加，不顾群下谏阻，率兵悍然渡过黄河，欲寻宇文泰主力决战。宇文泰知高欢存了拼命之心，不敢轻敌，下令全军后撤，至渭水北岸集结。这一日，宇文泰将几员大将找到帐里，讨论眼前的战事。这顶人字大帐的跨度足有十余米，匆忙间扎在沙地上，地面上还残存着未除去的枯草。帐篷里面陈设也很简陋，只有一张长条桌和几把椅子。宇文泰身披夹衣，与于谨、独孤信、李虎、宇文深等人围坐在桌前。独孤信等几个将领肝火挺旺，有的主张就地待敌，有的主张退回长安，正吵得不可开交。宇文泰面对高欢的十万重兵，压力也很大，眉头拧成个疙瘩，眼睛上带着血丝，看着桌上的地图，久久不语，耳边虽传来众人的争吵之声，却仿佛是充耳不闻。过了一会儿，宇文泰霍然站起身来，道："好了，大家先不要吵了。"诸将闻听，各住口不言，帐内霎时一片肃静。

宇文泰将目光盯在宇文深脸上，道："深儿，你怎么看？"宇文深是宇文泰的侄子，今年二十一岁，性格刚正直率，颇具才识度量，幼年时，在院里游戏，好垒起石块当作士兵，折下小草当作旌旗，布置军伍行列，隐然有战阵之势。宇文泰从旁经过看见，大喜道："你从小就懂得这些，以后一定会成为名将。"宇文深十六岁时，在宇文泰府内担任秘书郎，多次向宇文泰陈言政事，每当事理，常为宇文泰所采纳。这次，宇文深作为参谋随军出征，在刚才诸将争吵的时候，一直没有发言，今见叔父问及，便站起身来，对宇文泰道:"高欢镇抚黄河以北,很得人心,诚亦难敌。现在却悬师渡河,是为窦泰复仇,可谓忿兵,犯了兵家之忌。我军士气正旺,士卒骁勇敢战,屡抗大敌。丞相宜亲帅大军,迎头狙击,必可破贼。另外,请赐我一道兵符,征王罴之兵以断高欢的后路。"

宇文深话音刚落,大都督于谨就站出来反对。于谨字思敬,河南洛阳人,鲜卑族,性情沉稳,胆识过人,屡立军功。于谨说:"敌强我弱,若是打野战,我们不会占便宜。不如退回长安,挫敌于坚城之下!"于谨的意见获得了不少将领的赞同。然而宇文泰一挥手,打断诸人的话语,斩钉截铁地说道:"高欢若至长安,则人心浮动,现在却是远来新至,人地生疏。这个时候,正是我们退敌的好机会。"即命宇文深持兵符,前往王罴处发兵,又率军东至渭曲,列阵待敌。渭曲,顾名思义,是渭水在这里绕了一个弯而得名,东西约八十里,南北长三十里,地上布满了水、碱、草、沙,到处凸凹不平,高的是沙阜、低的是沙洼,还有水草堆积,四周长满了芦苇。西魏兵力较少,方便在渭曲隐蔽,又可借地势弥补兵力不足的缺陷。

宇文泰移兵至渭曲后,将部队分为三部分,亲领五千步兵背渭水为阵,吸引东魏军队来攻;另安排五千余步兵,隐蔽在渭曲的芦苇丛中,以角声为号,伺机破敌;再以独孤信、于谨等六员大将各率两千精骑埋伏在左右翼,以鼓声为号,即率所部攻击。诸将听说宇文泰要以身犯险,俱感不妥,纷纷劝阻。于谨说:"兵凶战危,丞相万金之躯,恐怕不宜冒此大险。不如让末将率军诱敌!"宇文泰道:"唯我出面,高欢才会上钩。待高欢全力攻击我军时,你们伏兵四起,必可打他个措手不及。"诸将见宇文泰主意已定,只得领命而去,分头埋伏。

第二天黎明时分,野外的秋风带着浓重的凉意,卷逐着天地间的白雾。朝阳初升,渭水之上水汽升腾,笼罩着整个渭曲。河岸上,是一大片茂密的芦苇丛,在河滩上绵延数里,向水天相接处伸展着。那些芦苇都有拇指粗细,长的有一人多高,在风中起伏摇颤着,好像白色的波浪,又像一片银光闪闪的森林。这个季节,芦苇正在开花,头上的穗子毛绒绒的,灰里透着

白，一眼望去，与近处的水、远处的树融为一体。地上，落满了一层层枯黄的芦苇叶子。

高欢引大军赶到渭曲，见芦苇丛前面的河滩上，有数千西魏士兵组成的军阵，便传下令去，列开队伍，准备发动攻击。大都督斛律金领兵为先锋，观察了一番地形后，觉得有些不妙，驰马来见高欢，道："宇文泰倾国兴兵，欲与我们决一死战，其战斗意志不可轻视。渭曲苇深土泞，不利我军展开。大王不如缓与相持，密分精锐偷袭长安，便可覆敌巢穴。"高欢自恃兵多将广，没有听取斛律金的建议，只命斛律金统领一万骑兵，作为预备部队，随时准备接应。大将彭乐盛气请战，说："我众贼寡，五个打一个，一定能胜！今日末将一定要活擒宇文泰。"高欢满意地点点头，道："若有人能活捉宇文泰，官升三级，赏绢万缎。"随后挥动帅旗，下令进攻。东魏各路人马都想生擒宇文泰，争得头功，一拥而上，在狭窄的渭曲里挤成一团。彭乐率兵攻到宇文泰的帅帐附近。西魏都督韩果率数百卫士组成一道人墙，齐用短兵接战，将冲上来的敌人纷纷砍翻在地。酣战良久，宇文泰见大批东魏军已被吸引过来，便下令吹起号角。一阵嘹亮的号角声响罢，芦苇中伏兵尽起，五千西魏精兵一齐杀来。高欢一见，冷笑一声，对斛律金道："此之谓敌之伏兵。"即命斛律金率预备队迎敌。这五千人都是西魏精锐，人数虽少，却也与斛律金的部队打了个难解难分。

在宇文泰周围，激烈的战斗从早晨进行到下午。双方阵亡将士无数，尸体倒伏堆叠在一起。东魏方面略显疲态，但在生擒宇文泰的诱惑下，仍是频频发动进攻。彭乐见总难得手，命步兵后退，调集弓箭手放箭，打算消耗宇文泰身边的有生力量。韩果等见敌人箭如雨发，便把盾牌立起来，遮挡着箭矢，也获得一个短暂的喘息机会。一阵密不透风的箭雨过后，东魏骑兵在前，步兵在后，交叉叠进，又冲了上来。韩果等人撤下盾牌，抽出刀剑，又开始了新一轮的厮杀。时间一分一秒地过去，宇文泰身边的卫士一个接一个地倒了下去，东魏士兵却是步步逼近。情况越来越危险，但宇文泰就是不肯令人击鼓。部下担心他的安危，一连请示了几次。宇文泰大怒道："将士正在苦战，我怎敢自爱？若擅自击鼓，一定斩了你。"部下吓得不敢再问，只得回去力战。

东魏方面志在必得，派出督战队督战，令前线将士只许前进，不许后退，违令者就地处决。严令之下，东魏将士舍命攻击，渐渐冲到了宇文泰的身边。韩果力战了大半天，已然精疲力竭，不防被一只冷箭射中右臂，手里的钢刀落地，几个东魏士兵冲过来，刀枪齐下。韩果无力躲闪，眼睛一闭，以为必死无疑。孰料一柄钢刀从旁边伸过来，"当"的一声脆响，架开了砍向韩果的兵刃。原来，宇文泰见韩果命在俄顷，拔出腰刀，亲自参战，救了韩果一命。韩果心中感动，不知怎么又有了力气，用左手拾起钢刀，再次加入了战团。这时，韩果与幸存的百余名部下皆已带伤，人人甲胄破碎，披头散发，形同鬼魅，但仍在宇文泰身边，力战不退。宇文泰眼见东魏军队已成强弩之末，总攻的时机成熟，终于下达击鼓的命令。

于谨等六名大将各领两千精骑，分别埋伏于战场两翼，早就急不可待了。但军令如山，六将谁也不敢轻举妄动，干着急而已。正在心急如焚之时，忽听鼓声响起，于谨等人大喜，这说明宇文泰仍是安全的。六将不敢怠慢，齐率所部向东魏军队杀过去。大将独孤信身先士卒，跃马横刀，率领二千铁甲骑兵从东魏军的队列中横冲而过，把东魏军队截成两部，使之首尾不能相顾。大都督于谨跃马冲锋陷阵，所骑的战马在战场上跑不开，干脆就下马步战，手执短兵横劈直刺，所向披靡，杀敌无数，血染征袍，衣甲都变成红色的。西魏军队同仇敌忾，将士齐奋。东魏部队早就人困马乏，混战中自相蹈藉，死伤无数，在西魏一万两千名生力军的凶狠打击下，四下奔逃。

东魏大丞相高欢驻马高坡督战，一看形势不妙，忙命人鸣金收拢军队，又让陈元康到各营清点一下人数，准备再战。不一会儿，陈元康匆匆骑马回报道："禀大王，各营差不多都空了！"斛律金闻讯赶来，焦急地对高欢说："众心离散，不可复用，请大王赶紧撤回黄河以东。"高欢怎么也想不明白，自己十万大军怎么就打不过宇文泰的两万余人呢？他气急败坏地骑在马上，双手扶着马鞍，就是不肯走。然而，东魏军队已开始了全线溃败。许多受伤的或没受伤的东魏将士,乱哄哄地移动着,潮水般地向后逃去。这时,忽有一骑飞驰而至,原来是后方派来的送信使者。那使者纵马来到高欢的马前,一脸惊慌地说:"大王,不好了!王罴部队已赶到黄河岸边,还烧毁了我军的浮桥!"斛律金在旁一听,知道再不走就晚了,情急之下也顾不了许多,挥手给了高欢的马几鞭子。那马驮着高欢狂奔起来,斛律金、陈元康等人紧随在后,一气儿跑到黄河岸边。

这时,西魏大将宇文深、王罴等人率兵已然抵近,正与东魏卫戍部队激烈交战。东魏的战船不敢靠岸,在河中央游弋着。高欢与斛律金、陈元康来到岸边,只能骑在骆驼背上,涉水登上了战船。随后,宇文深就带兵杀到了岸边。留在黄河西岸的东魏将士经过一番激战后,大部被杀,侥幸活着的只能束手就擒,岸边的车辆辎重也被焚烧。在冲天的火光下,西魏军开始清理战场,发现敌人的伤兵,就用长矛刺死。垂死者的惨叫声此起彼伏,很是瘆人。高欢站在战船上,看着西岸的火光,隐隐可见倒卧在岸上的部下尸体,不由得流下泪来。斛律金和陈元康站在高欢的左右两侧,苦劝了半天,高欢方才下令,大船扬帆东返。

东魏兵败渭曲后,受黄河天险的阻隔,很多将士被西魏俘虏,总共"丧甲士八万人,弃铠仗十有八万"可谓损失惨重。宇文泰从俘虏中挑选了两万多精兵,充实到自己的军队中,其余的人都放他们回去。为了纪念这次以少胜多的胜利,宇文泰命每个士兵都在战场上种一株柳树,又命苏绰作露布向国内传达。

就这样,东魏的三路大军,窦泰全军覆没,高欢仓皇而退,再说高敖曹这一路。当初,大都督高敖曹辞了高欢,带着两万部队离了晋阳,来到黄河岸边,准备渡过黄河,进入陕西。按照高欢事先的布署,高敖曹进入陕西后,要打下上洛(今陕西商州市),再继续向西推进,与高欢的大军形成钳形攻势,夹击长安。

时值深秋,黄河两岸苍山夹峙,堤坡上青草覆盖,林带苍翠。黄河处于旺水季,河面阔达十余里,滔滔水流夹带着千万吨的泥沙,犹如千万条黄龙缠绕厮咬，挟雷裹电，咆哮翻滚着。高敖曹是冀州人，按照冀州习俗，须祭祀河神之后，才可带兵渡河。这天，高敖曹三更就起床，命侍卫烧了锅热水，沐浴之后，换了一套新衣服，外面又披了一件战袍，骑上马，赶往岸边。民间故老相传，祭祀的时间宜早不宜迟，因为河神也需要休息。如果太晚祭祀，打扰了河神，便会惹得河神不高兴，从而招灾惹祸。祭祀的时间越早，就意味着对河神越恭敬，便会得到河神的佑护。高敖曹骑着马来到黄河岸边时，东方刚刚露出鱼肚白。远处的几个村庄里，传来此起彼伏的雄鸡报晓之声。高敖曹麾下三军皆已列好队伍，肃立于岸边，黑压压的一片，却是鸦雀无声。岸边停靠着五六十艘大船，最大的一艘，广方百步，高达十多丈，船面上建楼二层，每层外面都环有三尺高的女墙，可载将士千余人。这艘船便是高敖曹的座船，耸峙岸边，宛如水上高城。

　　高敖曹与众将来到座船前，从马上跳了下来，将缰绳交与军士，登上船去。船老大五十多岁了，皮肤黝黑，脖子两边露着虬劲的肌肉，已在黄河上跑了半辈子船，正指挥着众船夫摆放祭台，见高敖曹登船，忙上来参见。高敖曹点了点头，让船老大免礼，看着眼前的一张四方桌子，道："这就是祭台？"船老大恭恭敬敬地答道："正是，照老规矩，祭台要与船头平行一致地摆放。"高敖曹又问："祭具在哪里？"船老大道："就在船舱里，马上就搬上来！"说话工夫，祭台在船头摆好，几个船夫下到舱里，陆陆续续地拿上来一些酒壶、酒杯、筷子、铜香炉等，安放在祭台上。酒壶是用白锡打制的，里面盛着上好的烧酒。祭台下安放一烧纸盆，准备用来烧纸钱、纸元宝等。众船夫又端上几个瓷盆，里面装着祭品，又有一个船夫，手里端着一套瓷碗，请高敖曹过目。船老大在一旁道："大都督请看，这是敬献给河神的猪牛羊三牲和一条黄河大鲤鱼。"这些祭品已事先煮好，待会儿祭祀时，要盛在那套瓷碗里，任何人不得先尝，更不得用自己的筷子接触。高敖曹见那套瓷碗很是精致，便拿在手里翻覆地看着，道："这套瓷碗事先检查过吗？上面可不得有一丝裂纹！"船老大道："大都督放心，这些碗由我亲自检查过了，毫无瑕疵。"高敖曹道："不错！"说着，将碗递给船老大，看着船夫们将祭品放在碗里，又四下扫视着，道："祭祀用的檀香与蜡烛呢？"船老大道："在这里！"说着，取过一个包袱打开，见里面放着特制的檀香和蜡烛。每支檀香都有酒盅口那么粗，蜡烛长约一米，有手腕粗细。高敖曹看了，满意地点了点头。

大半个时辰后，祭台摆好后，祭祀仪式开始。高敖曹身披一件黑色大氅，率众将来到祭台前，亲自在酒杯里倒满酒，又在铜香炉里插上檀香，将香炉两边的蜡烛点燃。随后，高敖曹在前，诸将在后，面向东方，每人手持三炷檀香，点燃，拜迎河神，岸上的三军也一齐下跪。按程序，高敖曹应在船上一直跪着，直待手里的檀香烧得差不多，才能起身。然而，高敖曹拜过之后，就站了起来，将手里的檀香交与侍卫，走到祭台前，端起酒杯，来到船舷边，将酒洒入河中，口里道："河伯是水中之神，高敖曹是地上之虎。今天经过你的地盘，故此与你痛饮一番。"在一旁跪着的船老大听了高敖曹的话，心里一惊，暗想："高大帅慢神，此行恐怕往而不返了！"当蜡烛和檀香燃至一寸时，表示河神已享用得差不多了。高敖曹便将桌下的纸钱点燃，与三军再次祭拜，恭送河神回转河府。至此，整个祭祀仪式就算全部完成。高敖曹命人吹灭蜡烛与檀香，收拾过祭品，将祭台揩抹干净，抬下船去。

蓝天上，几朵白云悠悠地飘着。阳光透过薄薄的云层，洒在河面，如万道金蛇飞舞。一面帅字旗，在高敖曹的座船上徐徐升起，迎着秋风烈烈飘扬。诸军迎着晨曦，络绎登舟已毕。几十艘大船桨橹齐摇，一齐开动，离了北岸，渡过了黄河。这时，宇文泰的主力正与高欢对峙，所以，高敖曹率兵渡河并无阻拦，登岸之后，自商山（今陕西商州东南）转战而进，深入西魏境内数百里，平州灭郡，一直打到上洛。上洛是西魏重镇，东临丹江河谷，西有秦岭，北倚蟒岭，南靠熊耳山。守将泉企就是本地土著，率守军固守不降，顽强抵抗。高敖曹的部队是步骑混编，擅长野战，没想到在这里碰上了硬骨头，半个多月也没打下上洛城，倒折损了不少士兵。

高敖曹性情暴躁，见上洛城久攻不下，很是着急，亲至城下督战，命部队四面环攻。随着隆隆的战鼓声，将士们像蚂蚁般涌到城下，冒着密集的箭矢，树起云梯，开始爬城。城上的守军全力抵抗，躲在城垛之后，用弩箭、石块大量杀伤敌人。不到一顿饭的时间，高敖曹的部下死伤惨重，一个个血染征衣，川流不息地被担架抬将下来。高敖曹披着铁甲，立马阵前，看在眼里，又气又急，脑门子上的青筋迸起多高，不顾部下劝阻，纵马来到城下，跳下马来，口衔钢刀，登上云梯，向城头爬去。城头上环列着守城专用的"元戎弩"，威力极大。每个弩机重达几百斤，每次上箭，都得用双脚把弦蹬开。箭矢全是精铁所制，一发十支，迅如闪电，无坚不摧，又称"摧山弩"。高敖曹离城头还有丈余，就连中数支弩箭，重重地摔落地面，登时晕了过去。部下们见状，举着木楯，遮挡着箭石，拼死冲到城下，将高敖曹抬到后方。军医很快赶到，为高敖曹处理伤势。高敖曹伤得不轻，有一支弩箭射透铠甲，由胁下穿过，从背后露出箭头来。军医见了这样的重伤，也是甚感棘手。这时，战场上山呼海啸般的呐喊声将昏迷的高敖曹惊醒。高敖曹缓缓睁开眼睛，发现自己侧卧在地上，胁下一阵剧痛，低头看了看插在身上的箭杆，对军医道："你给我把这支箭拔出来！"军医忙道："大都督，切不可拔，箭上有倒刺。若是硬拔出来，恐怕会伤及脏腑。"高敖曹听了，咬咬牙又道："那你找柄剪刀，替我把这枝箭剪了去！"军医无奈，只得拿把剪刀，先剪去了箭杆，然后捏住箭头，轻轻用力，将箭从高敖曹的胁下缓缓拔出。箭一拔出，鲜血汩汩流下，染红了一大片土地。高敖曹却是一声不吭，连眉头都不皱一下。军医在伤口上涂上刀疮药，止住了出血，再用布将伤处包扎好，劝高敖曹回帐休息。高敖曹道："将士们正在苦战，我又怎能休息？"说罢，让部下用担架着自己，到城下继续督战，一连数日，都是如此。

城外部队打得艰苦，城内守军也并不轻松。那守将泉企年过五旬，素来多病，在城上一连十几日的不眠不休，身体渐渐支撑不住。这一天，泉企正提着宝剑在城头督战，突觉天旋地转，胸口发闷，嗓子眼儿发甜，口一张，一股鲜血喷了出来，脚下一个踉跄，栽倒在地。侍卫们冲上前来，将泉企抬

回府里。当夜，泉企油尽灯枯，奄奄死去了。守军推举泉企的儿子泉元礼接替指挥。泉元礼是个二十出头的年轻人，临敌经验不足，加之父亲亡故，心中悲痛，精神难免有些恍惚。一日，泉元礼在城上督战时，不小心将头部露出垛口。城下军兵觑得分明，弯弓搭箭，一箭飞去，正中泉元礼的左目。泉元礼大叫一声，倒在地上。城头上顿时一片混乱。高敖曹虽受重伤，眼光犹在，见城上守军各自为战，知道机会来了，命大部队在城南佯攻，另派两千精兵，悄悄从城北爬上城去，出其不意从守军背后杀出，斩关落锁，大开城门。城外军队一拥而入，分头控制住城中的要害，终于占领了上洛城。泉元礼死于乱军之中。

入城后，高敖曹先是出榜安民，禁止军兵骚扰百姓，又下令停军休整，让将士们好好休息几天，自己率卫队进驻了上洛刺史府，见泉企的棺木还停在府内，即命人安葬，又收殓了泉元礼的尸体，还将泉企的家小礼送出城。在激烈的攻城战里，很多将士挂了彩。高敖曹便派人在城内腾出几套院落，搭建起临时的战地医院，为战士们疗伤。城内大大小小的几家药铺，几乎被搬空。在药铺里坐堂的几个大夫，不仅为高敖曹处理箭创，还被派到了战地医院，治疗其他受伤的将士。城里的居民都被组织起来，将阵亡者的尸体掩埋。

高敖曹在上洛城住了一段时间，箭伤好了七八成，又可以抡刀使剑了，就带了几个侍卫，骑着马去城中巡视，见部队已休整得差不多，便打算着要离开上洛，按原定计划继续前进。正在这时，忽见街上来了一匹快马。马上那人青衣小帽，一身厮役打扮，到了近前，勒住坐骑，滚鞍下马，跑到高敖曹马前，躬身施礼。高敖曹定睛一看，却也认得，正是高欢的亲兵张胜，便知一定有重要情况，忙与之同回刺史府，到了客厅上，不及落座，便对张胜道："丞相命你远道而来，可是有要事相告？"张胜道："大都督所料不错，丞相令我化妆改扮，前来送信。"说着，撕开衣襟，取出高欢的一封亲笔信，递了过来。高敖曹接过信件，打开一看，不禁脸上失色。原来，高欢在信上写得清清楚楚，告知窦泰已全军覆没，让高敖曹火速退兵。在信的最后,高欢还特意嘱咐说:"路险贼盛,拔身可也。"意思是让高敖曹弃军而回。高敖曹又将书信看了一遍,转手交与侍卫,让张胜下去休息。张胜道:"丞相临来时交待,让小人见到您后,火速回报。小人既已将信送到,这就要走,免得丞相悬望。"高敖曹命人取了二十两银子,赏了张胜。张胜接了银子,谢过,一口水也不及喝,便辞了高敖曹,出府上马,自去了。张胜走后,高敖曹在客厅里踱着步,反复思索,自知孤军深入,退军在所难免,正要传令下去,忽听府门外一阵大乱。一个探子飞马来报,称西魏大将独孤信的部队已然抵近,还有几天就可到上洛城了,西魏大都督于谨也带兵向上洛包抄了过来。高敖曹见军情紧急,与幕僚们商议后,下令全军弃城,为了尽快跳出敌人的包围圈,选择从熊耳山撤兵。

　　熊耳山属秦岭东段,正当长江流域和黄河流域的分界处,西端位于卢氏县,向东北绵延百余里至伊川县,南连伏牛山,北接崤山,横亘在上洛城的东南方向。《水经注》载熊耳山"双峰竞秀,望井铭耳",《尚书·禹贡》称此山"导洛自熊耳",因而得名熊耳山。整座山上岭崖交错,主脊绵延,呈锯齿状,到处都是崇岩峻岭,可谓千沟万壑,地形复杂。山间丛林密布,遮天蔽日,白昼不见阳光,地上长满了杂草荆棘,简直无路通行。高敖曹的部队进山后,由前锋将士手持砍刀,扫荡荆棘,开山辟路,后面的将士攀藤附葛,扶伤忍痛,辗转于山陵丛林之间。正当雨季,一连几天倾盆大雨。部队在雨雾中行军,几次迷失了道路。到了晚上宿营的时候,许多士兵没有帐篷,只能睡在树下潮湿的树叶上。森林内蚂蝗、蚊虫无孔不入,叮咬一口就很容易染上疟疾、破伤风等疾病。高敖曹军中疫病流行,死亡累累。熊耳山绵延数百里,渺无人烟,给养也非常困难。大军很快就闹起了粮荒。不几天,所有的战马都被杀掉吃光,连马皮都不剩。将士们只得以草根、树叶、芭蕉、野生果子、野菜充饥。一些将士饿得狠了,便去捕捉蛇、蚯蚓等为食。到后来,连野菜、草根都没得吃,大批士兵被活活饿死。高敖曹的部队离开上洛时,尚有一万五千多人,等出了熊耳山,剩下的不到八千人,个个面黄脚肿,军服破烂,像是逃荒的饥民,非常狼狈,又历经数月,跋涉千

里，总算回到了晋阳。在山中，大都督高敖曹的箭伤复发，又染上了疟疾，体温忽高忽低，时而昏厥，时而清醒，最终病故。他的遗体由卫士们轮流用担架抬着，回到了晋阳城。

第十六章

> 小关战败后，高欢前往汾阳天池避暑，夜见奇石，重新振作。回到晋阳后，高欢巡视青州、冀州等地，用海盐从柔然换取了大批战马，组建重装骑兵。

大丞相高欢收兵回到肆州，已是第二年的一月份。天气寒冷而干燥，人马行走在路上，将土道踩得非常酥松，荡起了无边的灰尘。纷纷扬扬的细尘飘落在人们身上、头发上，糊住人们的眼睛，又钻进人们的鼻孔里。运送伤兵的车辆夹杂在队伍中，在路上颠簸着。每辆车上，坐着或躺着三、四个伤兵。伤兵的头上或身上包着破布，面色苍白，皱着眉头，紧闭着嘴。赶车的车夫有气无力地吆喝着，时不时地甩两下鞭子，催促着马匹前进。

高欢将人马分驻各州郡，只带卫队回了晋阳。此次西征，顿兵疲民不说，还折了大将窦泰、高敖曹，更损失了数万人马。这空前的失败，让高欢很是沮丧，浑身上下都觉得疲倦。那是一种由心里散发出来的劳累，无以名状，却又挥之不去。尉景率留守文武接出三十里，将高欢迎进城去。城上一丝风也没有，空气仿佛是凝住了一般。高欢骑马走在大街上，面沉似水，一语不发，在渤海王府门前，甩蹬离鞍，跳下坐骑，走进府中。尉景等人于后相随，一起来到前院的大殿，分头落座。尉景瞅了一眼高欢的脸色，干咳了两声，将留守事项，拣几件重要的，陈说了一番。高欢对姐夫一向尊敬，虽然现在心情不好，但还是强打着精神听完，又勉励了几句，便让尉景等人退

出。众人离去后，高欢叹了口气，慢慢从椅子上起身，带着几个内监，绕过殿后，向内宅走去，一踏上熟悉的甬道，就见娄夫人、几个孩子与一群丫环仆妇已在门前相候。前些天，娄夫人去了一趟阳泉，帮着妹妹料理窦泰的丧事，昨天才回到晋阳。

　　高欢与娄夫人步入内宅，来到正房的厅里，二人落座后。丫环斟上热茶。高欢接茶在手，呷了一口，随手将茶杯放在桌上，对娄夫人道："你去过阳泉了？"娄夫人揽着小儿子高湛，见丈夫问起，黯然答道："去过了。"便将窦泰出殡之事叙说了一遍。高欢默默听完，又道："瑞娥母子的情况怎么样？"娄夫人叹了口气，想起了出殡那天，妹妹哭得死去活来的样子，眼圈泛红，有些伤感地道："好在还有孝敬在，后半生不至无靠。"高欢沉默了一会儿，道："过段时间，你再派人去趟阳泉，把她们母子接到晋阳来，方便就近照顾。"娄夫人点点头，说："我也是这么想的，还没来得及和你说。"二人又说了会儿话。这时，丫环们摆上午饭来。夫妻俩都没什么胃口，草草饭罢，娄夫人带着几个孩子去午休了。高欢坐在室内，喝了会儿茶，又踱到书房，随意翻览了几份公文，便觉得兴味索然。书房的窗下，有一张小床。高欢倒身躺在小床上，长叹了口气，合上双目，休息一下疲倦的身心。

　　时间一晃进了六月，气温骤然升高，树上的知了叫得震天响。不论白天还是夜晚，不论是在树荫下还是房屋内，那酷热总是挥之不去。人们就像在蒸笼里一样，身上的汗珠一层层地冒出来。为了避暑，也是为了散心，高欢率僚佐来到汾阳郡，登上管涔山，在天池之畔驻足。中国有几十个天池，分布于各地，如吉林长白山天池、青海孟达天池、内蒙古阿尔山天池、新疆天山天池等。高欢这次去的汾阳天池，即今祁连池，坐落在管涔山的主峰上，海拔近两千米。高欢与众人沿着石级，登上山巅，走进一片清幽的竹林。那片竹林有十余亩方圆，里面的竹子个个高直挺拔，铺展开翠色欲滴的叶子，一片郁郁葱葱。竹林的深处，有一泓清碧的池水，池形如环，深不见底，面积近百亩，便是天池了。池水幽蓝，清澈如玉，时见游鱼。池畔长满了青青芳草，有许多野花点缀其间，又有无数古木，高耸参天。天池的四周，山峦环绕，群峰相连，视野开阔，风光别具。虽当盛夏，因为海拔的原因，这里却是清爽宜人，堪称是绝佳的避暑盛地。白天，高欢与僚佐们在池中泛舟，但见碧波浩渺，倒映着四周的山色，舟旁不时掠过一群不知名的水鸟。

湖畔还有十几间宽大的石室，不知搭建于什么年代，是供游人休息之用的。每间石室都有两间屋子那么大，四面墙壁全是用花岗岩建成，呈漂亮的灰蓝色。顶上架着石梁，盖着石板。石室内冬暖夏凉，布置也很简单，有张宽大的石床，上面铺着厚毡。石床旁还有石桌、石椅。这天晚上，高欢等人就住在石室里。众侍卫分散开来，四处警戒。半夜时分，山巅的气温很低，几个巡逻的侍卫披着厚厚的袍子，犹感寒冷，忽见池畔有火星闪烁。那火星点点如灯光，又如萤火，忽聚忽散，忽大忽小，在众人眼前闪烁不定，时隐时现。侍卫们觉得奇怪，忙去禀报高欢。高欢闻报，便派了几个士兵到池畔搜索。不一会儿，几个士兵抬了一块大石头走进石室，来到高欢面前，将石头轻轻放在地上。这块石头形状奇特，外圆内方，上面似乎刻有文字。

高欢命众人点起火把，将石室内照得如同白昼，俯下身去，仔细看石头上的字，依稀可辨是"六王三川"四个字，却不明白是什么意思。这时，几个僚佐闻讯，从其他石室赶来，看了石上的字后，也莫明其义，纷纷猜测，议论不已。有人说："大王，行台郎中陈元康素称博物多知，何不找他来问问？"高欢便派侍卫去找陈元康。这时，陈元康尚未入睡，见高欢遣人来招，忙赶了过来，仔细观察这块石头后，一脸喜色地说："大王之字为'贺六浑'。石上之'六'，应大王之字；'王'者当王有天下。既于天池得此石，可谓天意命王，吉不可言。"高欢又问："石上的'三川'二字是什么意思？"陈元康答道："河、洛、伊为三川，是指洛阳一带；泾、渭、洛亦为三川，即今雍州一带。大王若受天命，终将据有关中。"高欢道："我何德何能，敢为天意眷顾如此？"说罢，便命人将石头抬出去，在池畔好生安置。这件事看似匪夷所思，却又见诸正史，很可能是高欢手下人刻意安排

的。但不管怎么说，经过这一事件后，高欢的心情倒是好转了一些。

众人又在天池之畔住了月余，知山下暑热渐退，便回到了晋阳。俟各地秋收完毕后，高欢便去了青州，打算从青州调批海盐去幽州，换取柔然的战马，弥补上次战败的损失。青州在山东半岛中部，处东海和泰山之间，位于中国东方，因"东方属木，木色为青"，故名"青州"，为古"九州"之一。青州盛产海盐，是人们生活的必需品，却又不像农作物那样可以耕获而得。这天早晨，高欢带着侍卫走出府来，见府门左边摆列着十二把开道旗，由十二名甲士擎执，右边是班剑、仪刀共三百人。高欢的坐车就停在府门前，拉车的是八匹精选的辕马。车厢甚是宽敞，内设座椅、书案，还有一张简单的床铺。车厢上罩有曲柄黄罗伞盖，车厢两旁各有两百名卫士，各执刀剑弓弩。高欢登车后，车夫一抖缰绳，车前的八匹马一齐迈开蹄子，拉着马车缓缓驶过街巷，行过长街。大车后面，紧随着文武佐吏的车马。出了城门后，马儿轻快地小跑起来，马蹄"嘚嘚"敲击着地面，溅起阵阵沙尘，拉着车子疾速又平稳地向前驶去。

青州刺史张始均听得高欢要来，率州中文武，出城百里迎候，将高欢一行人接到馆驿之中。这座馆驿本是盐厂总管的办公之处，经过一番修缮，作为高欢的临时住所。馆驿东西约百米，南北近二百米，正门中央悬一横匾，白底黑字，上书"渤海王行宫"五个大字。进了大门，绕过一道照壁，便是东西班房和二门，构成一重院落。再向北走，进了仪门，便是大堂。大堂上最显眼的是一座屏风，上绘海日初升的图案。屏风前摆一方形木质地坪，高出地面约一尺。地坪上有太师椅与书案。大堂的东侧是议事厅，可与幕僚议事。西侧是启事厅，可处理一般公务，也是代笔的行文之所。从大堂的东西两侧绕过屏风，便是内宅，有正房及东西配房，花木扶疏，生活气息浓厚。

高欢进了馆驿，来到大堂上，居中而坐，张始均下座相陪。张始均年逾五旬，身穿官服，头戴纱帽，露在帽沿外的头发已是斑白，抬头纹和眼角纹都很重，两只眼睛倒还灵活。二人寒暄了一番后，高欢道："始均，青州一年能出多少海盐？"张始均忙躬身道："禀大王，青州一年可出海盐三千石。年成好的话，一年可出五千石。"高欢脸上露出一丝笑容，点点头道："很好。海盐关乎民生，本王想亲到盐厂去一趟，看是否可从青州调一批海盐到幽州去。"张始均道："调盐之事，下官这就去安排。大王远来疲惫，还是在府中休息一会儿，明日再去不迟。"高欢摆了摆手，道："不必，本王不累，现在就去吧。"说着，站起身来。张始均不便再劝，随之出府，命人前头引路，一径直奔海边的盐场而来，走不多远，便来到东海之滨。但见千里沙滩，万里海波，几只飞翔的海鸥迎风飞舞着。海风拂过面颊，空气里也透着一股咸味。远处，天海一色，开阔无边。雄浑而苍茫的海面上，滔滔白浪从天际滚滚而来，霎时间由远而近，如千军万马奔腾而至，撞击着岸边的礁石，发出雷鸣一般的巨响，飞溅起无数浪花。

高欢等人从车马上下来，迎着海风，立在沙滩上，顿觉胸襟为之一畅，见前面不远处，沿着海岸线，一字排开数千间简陋的茅屋。张始均在旁，指着那排茅屋，对高欢说："大王，前面便是盐厂，也是盐丁们煮制海盐之处。"高欢迈步向前，边走边说："始均，前人有言曰：'海陆取卤，日晒火煎，煮海熬波，卤水成盐。'说的就是海盐的制作吧？"张始均道："大王博学，所论甚是！盐丁们从海中取卤为原料，或用柴火煎熬，或经风吹日晒，使水分蒸发后便可得盐。"二人边走边谈，进到盐厂里，见里面到处燃着熊熊灶火，正煎炼着锅中的卤水，以便加快海盐的提炼，还有很多盐丁，三五成群地忙碌着。这些盐丁多是海边的贫民或罪徒，他们"晓露未晞，忍饥登场，刮泥汲海，伛偻如猪"，为了生计，从事着辛苦的煮盐工作。众盐丁已知今日有贵官前来，见了高欢等人，也并不讶异，仍是干着自己手里的活。一间茅屋外，有几个盐丁正刮取海边咸土，还有些盐丁在用草木灰等吸取海水。高欢好奇地问："这是在干什么？"张始均解释道："禀大王，这些盐丁正准备用海水过滤海泥。经过这道工序，卤水里便可含有更多的盐分。"高欢在屋外的一个水池边驻足，道："那卤水便是在这个池中贮存吗？"张始均道："正是！卤水存在这个池子里，再经阳光蒸发后，便形成海盐了。"高欢点了点头，信步走去。

天色渐晚，阵阵凉风吹皱了平静的海面。天边那艳丽的晚霞，如同打翻了的颜料，烘托着一轮鲜红的夕阳。夕阳的余晖投入海里，把蓝色的海水染成了耀眼的殷红。海面之上，渔船点点，海鸥翩翩。高欢等人回到了馆驿，略事休息，第二天，便去了瀛州和沧州。这两个州同青州一样，也是东魏海盐的重要产地。高欢在青州、瀛州和沧州，各调了五万石海盐，派军马押送，运往幽州，准备与柔然互市。随后，高欢又风尘仆仆地赶往幽州。

柔然，是蒙古草原上继匈奴之后崛起的部落制汗国，与东、西魏长期并立，"随水草畜牧，所居为穹庐毡帐……马畜丁肥"。柔然游牧之地，北达贝加尔湖畔，南抵阴山北麓，深山则当夏积雪，平地则极望万里，野无青草，地气寒凉，马牛龁枯嗽雪，自然肥健。北魏时期，朝廷曾用铜钱向柔然购买马匹。但柔然常用铜钱铸造兵器，威胁到边疆安全。高欢当政后，禁止以铜钱买马，在幽州建起"互市"，改用布帛、海盐等与柔然交换马匹。由于自然环境方面的原因，柔然并不产盐，只能从内地获取。所以，盐是东魏与柔然之间的大宗经贸产品。前几年，高欢命潘相乐任幽州刺史，负责互市之事，又对互市颁布了一些限制令，如只许在官府监督下的互市；在边境定点设置若干监督互市的官员；只允许以物易物的互市，违者处刑等。渐渐地，幽州互市步入正轨，开始繁荣起来，既满足东魏对战马的需要，又可提供一笔巨额收入解决军费之需。

幽州位于北方，因北方为太阴，故以幽冥为号，是东魏的军事重镇、交通中心和商业都会。幽州刺史潘相乐闻听大丞相高欢将至，率府中文武接出二百里，将高欢一行迎进幽州治所蓟城。蓟城南北九里，东西七里，城砖坚固，石基如新，开十门，是一座南北略长、东西略窄的长方形城市。城内人烟稠密，列树成行，虽无金粉楼台，倒也不乏茶馆酒肆。这几年，潘相乐也见老了，胸前一部花白的胡须，头发也是白多黑少。潘相乐是高欢的故交，少年时做过道士，心地仁厚，为将多年，每不欲略地屠城，故不以功名见长，但精于筹划，常负责后勤。大丞相高欢进了蓟城，在刺史府住下，休息了一天，便要去互市上看看，又不想兴师动众，故弃车乘马，由潘相乐陪

189

伴，带了几十名卫士，全都换上便装，出了北门，一起赶往幽州的互市。

虽然还不到十二月份，幽州已经很冷了。昨天下午，天上就飘起了雪花。今早，那雪仍在纷纷扬扬地下着。房顶上、街道上、田野里一片雪白。路旁的松树上挂满了又细又长的冰条儿，闪闪发光。凛冽的寒风一阵一阵地吹过，吹起了地上的落叶，又像刀子似的刮过行人的脸。高欢等人裹着厚重的皮裘大衣，骑在马上，急匆匆地赶着路。"互市"位于城东七十里的韩家集，占地约千余亩，四周围着粗大的栅栏，内有白米行、屠行、油行、果子行、炭行、生铁行、磨行、丝帛行、马市等，以物易物的贸易盛极一时。不到正午时分，高欢等人就来到了韩家集。众人跳下马来，从东边的入口一进市场，就看到了一派繁忙的景象。市场里人来人往，摩肩接踵。有布衣短打的汉人，有钩鼻深目的胡商，有毡帽裘服的柔然族人，也有穿长袍皮靴的蒙古牧民。一个个满面红光，兴致勃勃地，或在街上高视阔步，或在用各种语言和手势交谈着。偌大的市场里，卖货买货声、讨价还价声，此起彼伏，汇成了"嗡嗡嗡"的一片声浪。

目前正是边民互市的旺季，市场里熙熙攘攘，拥挤不堪，用摊位隔成几条街道。每条街道都有四五百米长，两边是鳞次栉比的摊位和铺户。每天上午卯时一开市，从街北到街南，有铺面的撑开铺面，没铺面的摆开摊子，地上扫得干干净净，早早泼上了水，小方桌、长条桌一齐铺开，各种花花绿绿的商品，当街一摆，便围上高高矮矮一圈客人。互市里交易的商品很多，包括草原土产和内地百货，五花八门，琳琅满目，让人眼花缭乱，如上绣美丽图案的长袍、暖和适用的"毡疙瘩"、羊绒（毛）制品、皮（毡）靴、晶亮的嵌银器皿、虎骨、鹿茸、海东青、鲜美的牛羊肉、奶酪、牛肉干等等，任人选购。在一家皮货铺前摊床上，堆着小山丘般的貂皮、狐狸皮、虎皮、熊皮等。卖主是个高车族的老猎人，操一口不熟练的汉语，起劲地招徕着顾客："哎，上好的长白山皮货，硝得地道，快来买呀！"有几个想买皮货的人，在摊位前驻足停留，一手掂起摊上的皮子，用内行的眼光反复看着。市场里还有几家卖小吃的，一家烤饼摊前挤满了人，有的在吃饼，有的坐在位

子上等待小二上菜，有的边吃边聊……，做烤饼的汉子则是忙得不可开交。

潘相乐对高欢道："大王，东边就是马市了！过去看看？"高欢点了点头。于是，潘相乐命几个便装的侍卫在前开路，一行人挤过人群，来到市场东侧的马市上。那马市占地百余亩，里面拴满了成排成行的马匹，也有少量的骆驼、驴、牛、羊等牲畜。高欢等人一进马市，耳边就充斥着马嘶牛鸣之声，甚是聒噪。很多柔然、高车及鲜卑族的牧民，将自己饲养的马匹拉到这里交易。为了防止马儿四处乱跑，牧民们用缰绳将马儿拴在桩子上，方便买者集中挑选。马市里的数千匹马，毛色各异，挤成一团，全都瞪着惊惶的大眼，不安地踏着蹄子，打着响鼻，时不时地发出一两声嘶鸣。

一些马匹的旁边，围着三三两两的买家，正与马主议价交易。买卖双方都不说话，只是将手塞入对方袖口里，用他们约定俗成的"摸价"方式，心照不宣地"议价"。这种交易方式又称"袖里数乾坤"，流行在牲口市场上，起源却已不可考。潘相乐虽非初次见这种交易方式，但还是觉得新鲜。高欢边走边四下观瞧，对潘相乐说："你看那买卖双方，貌似在袖管中握手，实则在宽大的衣袖中用手指比划，报出各自的理想价格。"潘相乐连连点头，道："如此说来，整个交易过程中，问价、谈价，根本不用说话，都是在手上进行了？"高欢道："正是，每个手指都代表不同的数字。即便成交，旁人也不知成交价格。"二人走着，见眼前就有一对"袖里数乾坤"的，便驻足一旁，饶有兴致地看着。只见买卖双方均全力以赴，整个过程无声又充满智趣。最后，双方在袖管里用手势没有谈拢，买家摇摇头走开。高欢一行人迈步继续前行，潘相乐边走边说道："这样的方式，听说本在玉器行业中采用，后来才延伸到牲口交易中来，并一直沿用至今。"高欢道："民间还有种说法，称牛马灵通，平日里给人耕地犁田、碾米拉磨。如果它们知道被人卖掉，就会跑到深山默默等死……"潘相乐接口道："难怪买卖牛马要这么秘密进行。原来是怕它们知道！"此话一出，两人都笑了。

二人走到一处系马桩前，见桩上拴着一匹青骢马。那青骢马的两只大眼睛像碧蓝的玻璃，闪亮发光，两只竹叶似的耳朵竖立着，长长的颈子上披散着垂地的长鬃，四肢粗壮有力，身形匀称高大，毛色闪闪发光，一条长尾巴时而下垂，时而左摇右晃。高欢见了这匹青鬃马，不由得来了兴致，走上前去，立在系马桩前，先掰开那马儿的嘴，看了看牙口，又摸摸其身子骨，当即说出马的年龄及特长。那马主是个三十多岁的柔然汉子，辫着头发，身穿小袖袍，下着小口裤，足蹬一双长筒皮靴。他虽不识得渤海王，但见高欢气宇轩昂，知非等闲人物，又见高欢对马很是内行，不由得挑大指称赞。高欢笑了笑，向潘相乐一摆头。潘相乐会意，从侍卫身上取过十匹绢，递给了马主。今年马市上，一般马匹的价格，大约是盐一石或绢五匹。膘肥体壮的好马自然要贵一些，但也不过六七匹绢。马主见了那十匹绢，乐得眉开眼笑，一边连声道谢，一边解下马缰绳，弯着腰，双手递了过来。潘相乐接过马缰绳，转手交给了身旁的侍卫。高欢转身要走，打算再去其他的摊位看看。旁边的几名卖家见高欢出手阔绰，纷纷拉着马，挤上前来，希望高欢能相中自己的马匹。便装的侍卫们慌了，忙迎上前去，张开两臂，形成一道人墙，将这些卖家拦在一旁。一位四十多岁的柔然牧民见侍卫拦在前面，想往后退，但是马儿却不肯挪动脚步。那牧民便将身子倾斜着，使出力气拽着马匹。这时，高欢等人已去得远了。高欢一边走着，一边对潘相乐说："相乐，明天我就回晋阳了。这次我带了十五万石盐和大批的绢布，当然不能全买成马匹，就先存在仓库里。你派人到马市上多来几趟，见有那好马，便逐次买进，再派专人押运，分批送往晋阳。"潘相乐忙道："大王尽管放心，下官一定照办！"

第十七章

> 高欢与柔然联姻，为长子高澄娶柔然公主。高欢姐夫尉景在邺城仗势跋扈，引起牢狱之灾，但在高欢运作下安然出狱。

从幽州回晋阳路上，众人打尖休息。高欢借这个工夫，从马车里出来，在路旁散步，行台郎中陈元康随侍在侧。岁月不饶人，高欢年逾四旬，久坐车中，便觉浑身酸痛，故要时不常地下车活动一下，舒展舒展筋骨。天空一碧如洗，阳光透过松针的缝隙照射下来。地上落着一层薄薄的白雪，闪着寒冷的银光。高欢披着一件里外二毛的裘服，围着狐皮围领，背着双手，一边在路旁踱着步，一边与陈元康闲谈，慢慢地就说到了官员贪腐的问题上来。这几年，在高欢的治下，东魏经济有了长足的发展，但也出现一个严重的问题，就是官僚贪污成风。高欢在起兵之初，还是很注意吏治的，如《北史》称："初，神武（高欢）自晋阳东出，改尔朱氏贪政，使人入村，不敢饮社酒。"然而，高欢集团进入洛阳，掌握了政权之后，许是太平日子过得久了，贪污问题越来越严重。迁都邺城之后，"自顷朝贵、牧守令长、所在百司多有贪暴，侵削下人。虽或直绳，终无悛革"。可见东魏贪污现象的严重。

行台郎中陈元康性柔谨，通解世事，自任现职以来，辅佐高欢，经纶大业，一直很受信任，这时，乘机进言道："大王，文武官员贪黩无度，令百姓们怨声载道，是否该惩治一下？"高欢听了，并没有立即回答，一边在路边晃肩散步，一边默然思索，良久方道："元康，这事不宜仓促。督将们的家属多在关西，宇文泰常相招诱，人情未安。江南还有个梁王萧衍，专事衣冠礼乐，士大夫望之以为正朔所在。我若急正纲纪，不相假借，恐怕督将尽奔关中，士人悉奔萧衍。那时，文武皆散，何以为国？"高欢执政后，与西魏干戈不断，正当用人之际，故不想对勋臣执法过严。陈元康仍不死心，道："大王，诸将分驻各地，聚敛无厌，淫虐不已，闹得很不像话。依下官看，还是警告他们一下的好！"高欢听了，不再答话，一声号令，召来几十名卫士，令卫士们拔出腰刀，将陈元康围在中间，又令其余的卫士立于外围，持弓搭箭，对准陈元康。陈元康莫名其妙，看着眼前泛着寒光的利刃，心里"呼呼"直跳，两腿直抖，脸上青一阵、白一阵。高欢摆摆手，命卫士们敛兵而退，笑吟吟地对陈元康说："军士持刀未斩、持弓未发，都把你吓成这个样子。众将在前线可是亲当镝矢，身冒白刃，出百死获一生。虽或贪鄙，但所取者大，怎可与普通人一样对待？"陈元康这才明白了高欢的意图，不禁拜服。

一行人返回晋阳后，已是第二年的年初。大地解冻，万物复苏。城头、房顶和地面的积雪开始融化，土壤变得湿润。树枝上冒出了茁壮的芽蘖，小草悄悄地从土里钻了出来，开始长出新的叶子。护城河里的水，平静地流淌着。不久，冀州刺史潘相乐亲自押运着数千匹骏马来到晋阳，交割已毕，便到王府拜见高欢。高欢听得潘相乐来到，降阶相迎，与之携手走进前殿，分宾主落坐，仆人献茶后退出。

正当中午，阳光透过窗棂，照射进殿内，光影斑驳，竟有了几分暖意。高欢道："相乐，你派一员部将押运马匹就是了，何必自己跑这一趟？"潘相乐微微欠身道："启禀大王，我这次来除了送马，还另有要事！"高欢端茶饮了一口，道："哦！是什么事？"潘相乐道："大王，这一程子，我在买马的时候，听牧民们纷纷传扬，说那宇文泰几次派使者去柔然，向首领阿那瓌封官许愿，使劲拉拢。下官知晓此事后，不敢大意，又派了细作前去打探，才知柔然已有与关中结盟的意向。"高欢听了，不由得心里一沉。当时，柔然正当鼎盛时期，首领阿那瓌更是骁勇善战，控弦数十万，纵横大漠，不时南下寇抄，若再与宇文泰结盟，便会让东魏处于两面受敌的不利局面。潘相乐见高欢沉默不语，道："大王，下官倒有一计应对，不知当讲不当讲？"高欢听了，精神一振，忙道："相乐，你我二人，不必这么客气，有什么话尽管说！"潘相乐道："细作打探得，那阿那瓌有一女，年方十六岁，尚待字闺中。我想大王的世子今年十八岁，也未婚配。若能派使者前往柔然，为世子求婚，必能阻柔然与宇文泰联手。"高欢听了，有些愕然，但仔细一想，除此之外，也确无良策，便道："如此也好，只是派谁去呢？"潘相乐道："大都督斛律金曾为部落酋长，熟知柔然民风，堪当此任。"高欢便命人将斛律金找来，请他出使柔然，为高澄求亲。斛律金听了，欣然领命。高欢问道："斛律将军，这次去求亲，我们要送多少聘礼才合适？"斛律金沉吟道："为世子求婚，聘礼自不可少，多做些金银首饰，再有些名绸彩缎和衣物就是了。"又道："柔然视'九'为吉祥数，聘礼以'九'为起点，从'一九'到'九九'，唯大王所择。"高欢点了点头，让人打造了赤金的头冠、耳环、戒指、项链、手环等各八十一件，作为聘礼，至于名马重币、绫罗绸缎，自是不在话下，足足装了四百多辆大车。

　　过了几天，已是初春。斛律金率三千骑兵，离了晋阳，带着聘礼前往柔然。潘相乐也辞了高欢，与之同返。月余之后，斛律金遣人回报，称阿那瓌收到聘礼后，大喜过望，不但尽逐宇文泰的使节，还慨然允亲，派了送亲使者护送公主前来，不日就要到晋阳了。高欢闻报，即将高澄由邺城召回，告知此事。彼时男婚女嫁，全凭父母之命、媒妁之言，自己反做不得主。高澄虽然骄横，今见父王指婚，也只得遵从。于是，高欢开始紧锣密鼓地筹备儿子的婚事，又将王府西跨院重新装饰了一番，作为新婚夫妇的住处。不久，斛律金与柔然的送亲使者护送着公主到了晋阳，暂不进城，驻扎在城外三十里处。柔然送亲使者请随行的巫师占卜，选定五天之后的吉日作为婚期，请斛律金通知了晋阳方面。高欢知道这是政治联姻，不敢轻视，吩咐高澄与斛律金按期前往迎亲，又命人宰牛杀羊，准备喜宴。到了迎亲这一天，太阳在层层云霞的托举下，蹿上了树梢，为大地披上缕缕霞光。渤海王世子高澄头戴圆顶红缨帽，穿上簇新的衣服，腰扎彩带，脚蹬高筒皮靴，佩带弓箭，骑着高头大马，在斛律金与五百士兵的陪同下，带着一辆彩车和许多礼品，前往城外迎亲。一路上，远处的山峦层层叠叠，近处的树木翠绿欲滴。路旁麦田里的青苗，顶着点点露珠，晶莹剔透。草丛里的几只野鸡，被急骤的马蹄声惊起，抖颤着羽毛，张开双翅，惊叫着，盘旋着，向别处飞去。

　　柔然送亲队伍十分庞大，在城外搭建了千余架帐篷，还建起了几百座土木结构的房屋，形成了一个临时的居住点。送亲使者听得高澄前来迎亲，与众侍者迎了出来。那使者便是公主的叔父，名叫庵逻佳，头戴红缨角帽，帽边和帽耳镶着水獭皮，身穿崭新的长皮袍，下摆两侧开衩，袖端呈马蹄袖，腰带上挂着刀子、火镰、鼻烟盒等饰物，足下穿一双软筒牛皮靴。众侍者皆穿青色绒布做面的夹袍，腰系弯刀。高澄等人跳下马来，先敬献"碰门羊"一只和白糖、茶叶、胶等礼品，象征和谐、甜蜜、旺盛。然后，高澄与斛律金手捧美酒，向庵逻佳敬酒，行跪拜礼。

　　礼毕，已是中午，庵逻佳请高澄、斛律金进大帐用餐。帐内，柔然人准备了丰盛的全羊席，这是招待贵宾的传统佳肴，又称整羊席。柔然人知道高澄今日前来迎亲，一早就在驻地旁掘地为坎，投入炭火，再用铁箅盛上整只羊，上用柳子盖覆上封，放在火上，直烤至外部肉焦黄发脆，内部肉绵软鲜嫩。此时，高澄等人一进帐篷，就见一张方桌上摆着一只大木盘，里面放着那只烤过的整羊，金黄油亮，上面撒着芫荽和葱花，用来装饰和提味，香飘满帐。桌上还摆着许多干鲜果品、冷热肴馔，另有一张又大又厚的糯米粑粑。它是用三十斤糯米面做成的，足有簸箕大，表示结婚后新郎新娘团团圆圆，丰衣足食。众人围坐桌前，手持小刀子，随意割取烤羊肉，配以葱段、蒜泥、面酱、荷叶饼，吃喝了一阵子。这时，一名

柔然侍者端着一个托盘,放在高澄面前,里面是一个烤熟了的羊脖子。庵逻佳在一旁道:"请世子将这羊脖子从中间掰断!"高澄不解其意,望向斛律金。斛律金忙道:"世子,此为婚俗之一种,是为了试新郎的力气大小。"高澄听了,点点头,见那羊脖子并不甚粗,也不以为意,拿起来就要掰。斛律金又附耳低言道:"世子且慢,你看看,那羊脖骨髓道里是否有根铁棍?"高澄仔细看了一下手中的羊脖子,果见里面穿着一根细铁棍,有些意外,心想:"这些柔然人花样可真多,要不是斛律将军指点,可就出丑了!"想到这里,便取出铁棍,很容易地将羊脖子掰断。众人在旁,鼓掌大笑。

宴罢,高澄等人走出大帐,准备回程。庵逻佳道:"世子殿下稍等片刻,我去请公主出来。"说着,便去了公主的大帐,将新娘子请将出来。那柔然公主头蒙红盖,穿着一件鲜艳的羔皮长袍,以绸缎做面,上有二龙戏珠、珠宝连城、蝙蝠、云纹、回纹、万字、蝴蝶、花卉等图案,下摆是彩色氆氇镶边,腰系丝绸腰带。公主的身边,围绕着十几个侍女,皆头戴珊瑚珠串的头围带,上插各式簪钗,身穿红、紫红、绿色的长袍,腰系彩绸。公主在众侍女的搀扶下,袅袅婷婷地走出帐来,坐进彩车。高澄骑上马,绕新娘乘坐的彩车三圈,然后,与送亲仪仗一同离去。阿那瓌为女儿准备了一份丰厚的嫁妆,有七百多辆大车,满载着貂裘、豹皮、虎皮、狮子皮裤褶等珍贵兽皮及兽皮制品,还有五千匹马及绵羊、山羊、牦牛、骆驼等。送亲使者率众护送嫁妆随行,打头的是一百名歌手,头戴风帽,骑在马上,一边敲打着手鼓,一边唱着歌;随后是三百仪仗人员,头戴短风帽,扎巾翻领,背负剑囊,手持各式彩旗;最后是三百名武士,身披铠甲,外衬战袍,右手持标枪,左手持盾,组成一支浩浩荡荡的送亲队伍,往晋阳进发。一路之上,歌声不断,此起彼伏。高澄骑在马上,听得歌声或激昂或婉转,便问斛律金道:"斛律将军,柔然派这些人唱歌随行,是为何故?"斛律金一边控马前行,一边答道:"世子,那柔然之地广袤辽阔,居住分散。女儿出嫁后,不知何时才能再与亲人见面。因此,嫁女既是喜事,也是与亲人分别的悲事,

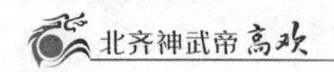

必用歌唱去表达。"高澄听了，这才明白。

当迎亲队伍回到晋阳时，已是傍晚。太阳即将落山，天上的云彩如五彩的花环，又好像是一条条漂亮的丝带。有些微风，空气凉爽宜人。高澄来到王府前，跳下马来。柔然公主也下了车，在侍女的搀扶下，进入王府。王府前院里燃着一堆旺火，这是要为新婚夫妇举行拜火仪式，以示生活美满幸福，祝愿他们白头偕老。高澄与公主并肩来到火堆前，一齐跪倒叩头。一名柔然巫师站在旁边，一边向火堆上泼洒着马奶酒，一边念诵着吉祥的祝词。祝罢，二人起身，跨过火堆，进入王府的前殿。前殿里灯火通明，迎门一张大方桌上，已经摆好了天地神位。高欢与娄夫人各着盛装，分坐在桌旁。新郎、新娘拜过天地父母，便去新房里梳洗换装，等待婚宴的开始。

夕阳西下，夜幕降临。渤海王府里灯火通明，人声鼎沸，热闹非凡。孝静帝知道高澄大婚的消息，派人送来了贺礼。太傅尉景、尚书令司马子如、侍中封隆之、司徒侯景、大都督刘贵等大臣皆亲来道贺。王府前殿内，摆着丰盛的流水席，坐满了喜笑颜开的贵宾，一场盛大奢华的婚宴正在举行。高澄头戴礼帽，身穿华服，手持金杯，旁边的侍卫提着银壶，向人们逐一敬酒。大家高举酒杯，开怀畅饮。热闹的婚宴延续了七天，贺喜的人们才陆续离去。柔然公主嫁到晋阳以后，在夫家的地位是显赫的。高家对公主照顾得很是周到细致，让公主很快就适应了中原的生活。

公元542年五月的一天，渤海王府外一片忙碌的景象。众家人、侍卫们出出入入，正在收拾行李，安排车马。原来，东魏大丞相、渤海王高欢要去邺城朝见。这几年，高欢不管多忙，总按每年一到两次的频率，不定期入邺朝参。今年，高欢已四十七岁，虽仍能纵马奔驰大半天，但是，长途骑乘，肯定是吃不消了。所以，高欢现在出行都是乘坐特制的马车。这辆马车的车厢长近十五米，宽约九米，用上好的黄花梨木打造而成，很显华贵，左右开有车窗，用蜀锦作窗帘，车门开在后面。四个木制的车轮外包着铝片，轻便而坚固。车架下装有簧板，使人坐在车厢里也感觉不到车子行进时的震动。

整辆车由高手匠人用三年的时间才完工,比皇帝的御辇更坚固、更轻便,当然也更美观。王府总管看着几个马夫,将府内最壮健的八匹骏马驾在车辕上,又收拾好行李,亲自查验一遍无误,便去请高欢出府上路。

高欢穿着便服,正在内宅与娄夫人叙话。娄夫人不停地嘱咐着丈夫,身边围着高洋、高演、高湛等几个儿子。长子高澄婚后不久,就携柔然公主去邺城辅政。次子高洋还是那么不爱说话,高演、高湛、高浚等围在父母身边,叽叽喳喳说个不停。这时,王府总管进厅来报,称门外车马已经备好,请王爷上路。高欢闻言,立起身来,披上一件大氅,与娄夫人一起走到客厅外。高欢走下台阶,回头向娄夫人和孩子们略一摆手,便与家人们一起到了府外。

府门前,家人与卫队早已肃立恭候。高欢走出大门,坐进了马车。车内布置得也很华丽,内壁上贴着名贵的软缎,地板光滑又整洁。车厢中间是个檀木矮桌,桌后有个座垫。车厢后铺着厚厚的毛毯,可以躺下来休息。侍卫见高欢进了车厢坐定,便在外面关上了车门,向车夫打个手势。车夫会意,一抖缰绳,"嘚儿"的一声,顺手甩了一下长鞭。那八匹马一齐走动,拉着车辆,又快又稳地向前行走。车前,二十名骑士佩剑开路,车后,五百名王府卫士骑着马紧紧跟随。大街上的百姓见高王出行,早已远远避开。一行人很快出了晋阳城的西门。城外,五千名铁甲骑兵排成数列纵队,见高欢的车驾出城,便催马跟在卫队的后面,一齐向邺城进发。

出城之后,高欢听得市声渐远,便将窗帘拉开,坐在车窗前,观赏着路边的景色。车队很快到了崛围山下,此山位于晋阳城西四十多里处,山上长满了松柏,山花竞放,山脚下是一眼望不到头的沃野平畴。高欢的车队在山中峡沟疾驰而过。这道峡沟位于崛围山的两峰之间,长且狭,有"十里峡沟不见天"之称,两边全是红色沙石岩,峰上却是绿树滴翠。二十余日后,车队进入河北境内,又行了几天,便可看到高高的铜雀台了。铜雀台位于邺城西南近四十里处。据传,当年曹操消灭袁氏兄弟后,夜宿邺城,半夜见到金光由地而起,隔日掘之得铜雀一只。荀攸称昔舜母梦见玉雀入怀而生舜。今得铜雀，亦吉祥之兆。曹操大喜，于是破土断木，烧瓦磨砖，筑铜雀台于漳河之上，以旌武功。那铜雀台高十丈，台上又建五层楼，飞阁重檐，雕梁画栋，离地共二十七丈，巍然崇举，其高若山。台上所有的门窗都用铜笼罩装饰，日出之时，流光照耀，气势恢宏。过了铜雀台，邺城那巍峨的城堞便已遥遥在望。高澄、司马子如等朝中文武知高欢将至，相率出城，在城外驿站恭候。

驿站就设在大道之旁，本是供驿卒休息、换马的场所，内有几十间驿舍，设施齐备。为了迎接高欢，高澄又事先命人予以全面整修，使整个驿馆更显华靡。驿馆门外，左陈班剑，右列仪刀。一众京官穿戴整齐，垂手肃立，等候着大丞相的到来。高澄时任京畿大都督、中书监，身材健硕，两条浓眉下，一双眼睛望向前方，两片厚厚的嘴唇微微地撇着，面有傲色，披着件锦袍，腰系弯刀。高澄身边，便是尚书令司马子如。司马子如五十多了，鬓角的头发略微秃进去一些，额角上也添了几道皱纹，淡淡的眉毛下，眼神冷漠而又犀利，面无表情，紧闭着嘴，穿着一身崭新的官服，衬托出文臣之首的威仪。自打高澄来邺城辅政，司马子如的权力便受到了制约，行为也不得不检点一些。司马子如心中自是不满，但因忌惮高欢，却从不露出，刻意韬晦。即使这样，高澄却仍嫌司马子如在自己面前摆老资格。高澄与司马子如暗中一较劲，百官也分成了两派，或攀附高澄，或支持司马子如，紧盯着朝中的政治动向，周旋于盘根错节、扑朔迷离的争斗之中。这次，高澄与司马子如等人一齐出城迎接高欢，表面上虽是一团和气，内里却是各怀鬼胎。

不一会儿，远方尘土飞扬，传来"隆隆"的战马奔驰之声，正是高欢的车队来到。高澄、司马子如等人在路边一齐跪倒。霎时间，车队奔至近处。高欢命人停车，打开车门，迈步走下车，伸手将司马子如从地上扶了起来，又命众人平身。高澄、司马子如、崔暹、斛律金等朝中贵官排成一排，依次相见。高欢与大家寒暄了几句，便又回到车里。马车徐徐启动，在众人的簇拥下，驰入邺城。高欢带来的五千铁甲军就驻扎在城外的军营里，那五百卫队则紧随着高欢，去了邺城东面的渤海王府。这座府第是高欢的故居，一直有人看管打理。府中常驻二百侍卫，归高澄统领。今日，高欢的马车来到府门前。车夫"吁"的一声，勒住了缰绳。侍卫上前搀扶着高欢，从车上下来，走进府中。尉景、高澄、司马子如等人跟着入府，一起来到客厅上。高澄等人又上来参见问安，到了傍晚，相继辞去。高欢留太傅尉景和大将军斛律金一起便宴。

很快，宴席齐备，就摆在正厅里。虽然只是三人，但仍有白玉鸡脯、金毛狮子鱼、锅包肘子、滋补羊脖等几十道菜。酒席边，四五个侍女忙着斟酒、布菜。太傅尉景年过六旬，胡须已然全白，头发也白了五六成，身披黑色熊皮大氅，内衬软缎锦袄，足下是一双白底黑面的朝靴，左手腕上，戴着一只沉甸甸的赤金手环。作为高欢的姐夫，尉景在邺城可称得上是说一不二。每日里，请托之人都要踏破了门槛。尉景是来者不拒，大肆收受贿赂，甚至夺人田宅，连触国法，数年之间，家产巨万，非复当年怀朔镇的寒酸队主了。高欢与斛律金、尉景三人久别重逢，很是亲热，一边聊着别来景况，一边开怀畅饮。酒酣耳热之际，斛律金向高欢说："启禀大王，最近，末将常思担任御史中尉一职。"御史中丞负责纠察百官，虽有权势，却是吃力不讨好。高欢奇怪地问："你已是军中大将，为何想降级任职呢？"斛律金道："欲捉尉景！"高欢大笑，顺口劝尉景道："姐夫，家产已自不少了，以后，就别再贪了吧！"尉景将酒杯往桌上一摆，不服气地说："我与你相比，谁的生财之道更多？我不过取之于人罢了，你却擅割天子租赋。"高欢听了，笑而不语。至晚席散，尉景和斛律金各自出府回家。

第二天凌晨，太阳还未升起，屋外一片漆黑。高欢早早地起了床，梳洗已毕，借着灯烛之光，穿上朝服，准备去上早朝。作为东魏大丞相，高欢虽年长位尊，但一向律己甚严，在邺城期间，每日的早朝从未误过。高欢走出屋外，由两个侍卫提着灯笼，在前照着路，出了府门，骑上马，带着卫队，奔赴皇城。夜风很凉，隐约可见道旁一棵棵高耸的梧桐树和柳树。皇城位于邺城西边，又称紫宫或紫微宫，四面建宫门各一，里面有宣室、承明、宣德、曲台等殿阁四十余座，大小门户数百，还有六座小山和多处水池，又有主干路三条，其中两条平行的东西向干路贯通宫城，中部一条南北向干路纵贯其间。高欢来到皇城的北门，跳下马来，见宫城的两扇金漆大门紧闭，外有百余名禁军把守。天仍然黑着，又过了一会儿，朝中文武陆续来到。这时，皇城内响起了钟声，两扇大门徐徐开启，高欢与大家一起走进宫门，沿着东西大道来到了大正殿前，走上百余级台阶，步入殿中，按官职高低，左文右武地排好。殿内燃着上百盏灯烛，照耀得四下通明。高欢打量了一下殿内的官员，独不见太傅尉景，觉得奇怪，问了问站在旁边的斛律金，才知道尉景去打猎了。高欢摇头苦笑了一下，也不以为意。

不一会儿，静鞭三响，从殿后走出四个太监，分左右侍立在龙书案旁。大家知道孝静帝就要出来了，忙整整衣服，肃立站好。随着一阵脚步声，年轻的孝静帝头戴冲天冠，身穿褚黄袍，由殿后走出，坐在龙椅上。这一年，孝静帝刚满十八岁，温裕开朗，沉雅明静，有文武之才，力能挟石狮子逾宫墙，射无不中，又喜好文学。在高欢专权的情况下，孝静帝对朝政无所关预，但每逢嘉辰宴会，多喜与众臣赋诗，颇得朝望。大丞相高欢与文武百官跪倒丹墀，山呼万岁，施三跪九叩的大礼。然后，众人平身。一个太监高声赞道："众文武，有事出班上奏，无事卷帘退朝！"高欢出班，手持笏板，向孝静帝奏称："陛下，国家自迁都以来，已历数年，尚未派人展敬园陵，特向陛下请旨。"东魏虽从洛阳迁都到邺城，但历代帝王的陵墓尚在洛阳旁的北邙山，如孝文帝元宏的长陵、宣武帝元恪的景陵、孝明帝元诩的定陵、孝庄帝元子攸的静陵等。这些陵域久历岁月，皆需安排专人修缮。孝静帝听了，道："丞相所奏甚是，就请丞相派人赶制祭祀之物，再至洛阳妥善修整！"说罢，又劳问了高欢一番，然后退朝。

太傅尉景没有参加这次朝会，出城到漳河边打猎去了。漳河位于邺城西南，绵延百余里，水流湍急，腾跃起落，一路喧声。漳河边有一草原，平坦而辽阔。草原上的森林里有虎、熊、狼、狐狸、野鹿等野兽，是一个天然的猎场。尉景酷爱打猎,如果几天不打猎,浑身都难受,自任太傅之后,常抛开公务,到漳河之畔纵马弯弓。漳河猎场里的动物,经尉景几次大规模捕杀,剩余的已经不多。幸存的动物,也都逃到了密林的深处。尉景这次出猎,为了捕获更多的猎物,命邺城令调发五千民夫,在密林之外作长围。邺城令接到尉景的命令,明知不合法,却也不敢怠慢,从各属县集齐民夫,派至猎场。

这天早上,天气有些阴冷。天空不见太阳,一片灰蒙蒙的。尉景打猎的兴致不减,带了几百随从,皆穿猎装,纵马出了邺城,来到漳河边,命围在林子三面的民夫,一齐向林中收拢。民夫们一边行进,一边用木棍敲打着树木草丛,惊动野兽离开它们的藏匿之处,向草原上逃去。这事其实也很危险,万一碰上凶猛的野兽,民夫就有生命危险。但迫于严命,众民夫只得硬着胆子打围。太傅尉景头戴皮盔,背附箭袋,手持弓弩,带着人马在草原上纵马驰骋,射杀着惊慌逃窜的野兽,不一会儿,就射死了五六匹狼和十几只狐狸、野兔,甚感得意。正在这时,天空突然乌云密布,紧接着,狂风大作。那风来得既急又猛,铺天盖地,漫卷而来。林间的树木被风刮得摇摇摆摆,树头都被刮歪了,发出呜呜的怪声。草原上的野草犹如大海里的波浪,汹涌起伏。天地一片晦冥,尘土飞扬,飞沙走石。黄豆大小的雨点,噼哩啪啦地落了下来,砸到人脸上生疼生疼的。众民夫登时大乱,四处乱跑,互相践踏,死伤数十人。这个乱子闯得可是不小,第二天,几十家苦主联名上告。人命关天,邺城令不敢隐瞒,只得上报朝廷。尉景被御史纠参下狱,拟为死罪。

高欢的姐姐高娄斤被封为常山君,是当朝一品诰命夫人,见丈夫下狱,立即坐上车,去找高欢说情。高娄斤也已六十多岁,个子不高,身形瘦削,一头银丝一般的白发,梳得十分认真,没有一丝凌乱,脸上布满了密密麻麻的皱纹,眼窝微微下陷,鬓边插满珠翠,衣服华奢。在路上,高娄斤坐在车里,心里七上八下,犹如一团乱麻,不知丈夫在监狱里要遭什么罪呢。实际上,尉景虽然下狱,但并没有吃苦。毕竟尉景是高欢的姐夫,有哪个胆大包天的狱卒敢难为他？除非不想活了。邺城典狱官是个六品小官，平日想巴结尉景却苦于没有门路。今见尉景下狱，知道自己的机会来了，连忙带上狱卒，亲自到狱中看望太傅大人，还为尉景安排了整洁的单人牢房，一日三餐有专人供应。所以，尉景虽然下了狱，仍是享受着优厚的待遇，只是失去了人身自由。

这天高欢退朝之后，回到府里，宽去朝服，换了身便装，正在客厅里坐着喝茶，就听到门前一阵大乱。随后，一阵杂沓的脚步声传来，几个侍卫来到客厅外，道："启禀丞相，常山君不知何事非要见您。"高欢不知何故，忙迎出门来，见姐姐已然痛哭着走进了院中。高欢幼年丧母，是尉景与高娄斤一手将他抚养长大。高欢对姐姐一向非常敬重，见她如此悲伤，料想是出了大事，忙让进客厅落座，着急地问道："大姐，有什么事你赶紧说，不要只管哭泣！"高娄斤这才抹了抹眼泪，将尉景闯祸的事述说了一遍。高欢听完，反倒放下心来，安慰道："大姐不必担心，待明日上朝时，我就向皇上进言，管保姐夫无事。"高娄斤听了，心里略觉踏实，又说了会儿话，便回去了。

高欢送走了姐姐，立即派几个家人，赶往邺城狱去服侍尉景。有了高欢的关照，尉景在狱里的日子更舒服了。第二天凌晨，高欢又去早朝。孝静帝高坐龙椅，接受群臣朝见已毕。高欢挺身出班，跪倒在地，朗声道："启奏陛下，臣有本上奏！"孝静帝见是高欢，和颜道："丞相且请平身，不知有何事？"高欢立起身来，双手持着笏板，道："昨日，太傅尉景擅发民夫围猎，致平民殒命，诚当死罪。但臣非尉景，无以至今日。敢请圣上开恩，宽恕他这一回。"孝静帝已知此事，虽下诏逮捕尉景，但怎么可能真的处治他？今见高欢上奏，乐得卖个人情，便赦免了尉景的死罪，削其太傅之职，降为骠骑大将军。使者持诏书来到邺城狱，命狱官立即释放尉景。

典狱官接诏后，恭恭敬敬地请尉景出狱。这样，尉景在监狱待了没两天就被释放了。监狱外，早有家人驾车恭候。尉景大摇大摆地走出监狱大

门,坐上车,回到了自己的府中。常山君高娄斤一见丈夫安然回家,欢天喜地地命人摆宴,为丈夫接风洗尘。不一会儿,酒席摆上,夫妻二人相对而坐。高娄斤一边给丈夫斟酒,一边说:"多亏兄弟求了皇上,你才能从监狱里出来!虽然降为骠骑将军,但只要人平安就好!"尉景这才知道自己的太傅之职被免,不禁有些懊恼。这时,门外家人来报,称大丞相驾到。原来,高欢听说姐夫出狱,亲来探望。尉景听了,将酒杯在桌子上重重一墩,起身走进卧室。高娄斤不知何故,先不管他,便去迎接高欢。姐弟二人在院里见面,一齐走进客厅。高欢不见尉景,奇道:"我姐夫呢?"高娄斤抬手指指卧室,低声道:"不知又犯了那门子邪劲!"说着,便引着高欢走进卧室。尉景正面朝里地躺在床上,明明听见高欢走进屋来,却仍是不肯起身。高娄斤过去推了他一把,嗔怪道:"还不快起来,兄弟来看你了。"尉景却不动身,只是叫道:"看我干啥?不如赶紧把我杀了算了。"高欢知道姐夫是为丢官一事发火,坐在床边好一阵抚慰。大半天的工夫,尉景才平静下来。

第十八章

> 高澄行事跋扈，逼反了虎牢关镇将高仲密。高仲密向宇文泰请援。高欢率军往讨，在邙山大败宇文泰，将关中六军消灭殆尽。

高欢处理完尉景的官司后，又在邺城住了一个多月，便回了晋阳。转过年来，也就是公元543年，高欢在晋阳发布了一系列的指令，对邺城人事进行了调整，命高澄为大将军，领中书监。自此，高澄的权力得以加强，不仅统领着邺城禁军，还掌握了朝中文武的赏罚之权。"少而富者多骄，少而贵者多傲。"随着权势的扩张，年轻的高澄日益骄横，行事也越发地跋扈。

这一天，吏部郎崔暹来见高澄。崔暹字季伦，博陵安平（今属河北）人，四十几岁，面如锅铁，身形矮胖，颔下一撮稀疏的黄胡须。此人工于心计，尤善逢迎，是高澄的心腹。崔暹来到客厅，施礼落座后，双手递过一卷纸来，说："大将军请看，这是御史中丞高仲密今年新选的御史名单，上面的人皆是其同乡旧部。高仲密这般卖弄朝廷公器，公然结党营私，实是罪大恶极。"御史执掌监察，御史中丞便为当朝最高监察官。高澄接过名单一看，上面清楚标明每个御史的籍贯和履历。据此来看，今年新进御史果然多为高仲密的故旧。高澄大怒，一拍桌子，骂道："这高仲密敢如此狂妄。你这就去告诉他，今年新进的御史须全部改选。"崔暹心中得意，领命而去，出了大将军府，便去了御史中丞衙门。

御史中丞高仲密是高乾的二弟，相貌与高敖曹有几分相似，只是面色青白，身板单薄，略显瘦弱。当年，高仲密与大哥高乾、三弟高敖曹、四弟高季式同在信都佐高欢起兵，本属高欢嫡系。高欢掌权后，也确实没有亏待高家兄弟。高仲密四十出头，却已任御史中丞多年，执掌着监察大权。但高仲密性狷急，自恃门第，不能容物，还有个毛病，就是喜欢提拔私人。今年朝廷御史大改选，高仲密用了很多冀州乡党作御史，把名单报了上去，不想被崔暹抓住了把柄，还捅到了高澄那里。

此刻，高仲密正在御史衙门办公，忽见崔暹狐假虎威地来到，心中不禁"咯噔"一声。原来，高仲密的发妻崔氏，就是崔暹的妹妹，不为高仲密所喜。前一阵子，高仲密干脆休了崔氏，从此，与崔暹结怨。今天，高仲密见崔暹找上门来，虽心中忐忑，却还是笑脸相迎，命吏人搬来把椅子，请崔暹在书案旁坐下说话。崔暹也是老于世故，虽然是来捅刀子，但脸上仍是一团和气，先和高仲密寒暄了几句，才将来意合盘托出，口称大将军之命，令高仲密改选今年的新进御史。一听是这事，高仲密就感到不痛快，脸色也阴沉起来。崔暹见高仲密为难，暗自得意，便称有公事要忙，起身告辞，扬长而去。高仲密看着崔暹远去的背影，不禁又恨又怕，恨的是崔暹，怕的却是高澄。高仲密心想："敖曹如果还活着，高澄绝不敢如此放肆。现在三弟已然战死，高澄等人无所忌惮，自是不再将自己放在眼里。"想到这里，高仲密再也无心办公，回到衙门后的内宅，紧绷着脸，眉毛拧成个疙瘩，背抄着双手，在院子里转来转去，嘴巴不住地动着，下唇已咬出了一道牙痕。高仲密琢磨了半天，料想在朝中安身不牢，便向晋阳的高欢写了封信，称自己德才不足，请辞御史中丞一职，愿调任外官。高欢不知高仲密与高澄起了龌龊，接信之后，尚顾念旧情，便任命高仲密为北豫州刺史，镇守虎牢关。

高仲密接到调令后，即日交卸了御史中丞一职，将邺城的田宅一并变卖，带上全部的金银细软，领着家人一溜烟儿地去虎牢关上任。虎牢关雄峙于东魏边境，是对抗西魏的桥头堡，更是洛阳的门户与屏障，战略地位极为重要。高仲密来到虎牢关后，一颗悬着的心才放下，但想起在邺城受的窝囊气，恨恨不已，思前想后，干脆向长安的宇文泰送了封密信，要献城投靠，并请兵接应。

长安关河四塞，自古帝王之州，面积约四十平方公里，有十二座城门和八条主要街道，最长的街道约六公里，城内的秦、汉宫殿保存完好。西魏皇宫便是在秦、汉旧宫的基础上修缮而成，有长乐宫、未央宫、桂宫、北宫和明光宫等，集中在长安城的中南部。西魏文帝元宝炬自登基之后，鉴于前任孝武帝之死，在皇帝的宝座上相当知趣，从不乱说乱动，每早按时起床，到未央宫的大朝正殿上早朝，却不染指军国大事，至于御门听政、宫中视事、一年一度的批准死刑、接见外国使臣等，也都是走个过场。几年下来，文帝与宇文泰倒也相安无事。闲暇之时，文帝便在宫眷、太监、宫女的簇拥下，或赏玩琴棋书画，或养喂花鸟虫鱼，或品藻文物古董，或听曲蹴鞠，倒也逍遥自在。

自河桥之战后，东、西魏之间，已有几年没有大规模的战事了。此时的宇文泰，正在长安皇宫之内，陪着文帝元宝炬看蹴鞠。关中蹴鞠之风甚盛，人们不分贵贱老幼，都喜欢这一活动。文帝酷爱蹴鞠，还派人在未央宫旁专门建了个鞠城。未央宫是汉代旧宫，据郦道元《水经注》载："秦时有黑龙从南山出，头临渭水，尾达樊川，后化为山脉，长六十多里。汉时萧何建未央宫，斩龙首而营之，山即基阙，不假筑。"未央宫位于长安的最高点，视野非常开阔。文帝又命人在宫前布置了看台，可一目了然地俯视鞠城。这个鞠城方广亩余，是将地面夯实后又泼过柏油，坚硬又平整，周围有短墙。鞠城的东、西各有座小屋子似的球门，踢球入对方球门多者胜。鞠城中央已放好了一个革制的圆球，是用两片熟皮子缝合而成，里面塞有兔毛，做工精致，实料轻裁，密砌缝成，不露线角。整个球不轻不重，正好十二两，很有弹性。球场上，两队球员各十二名，皆绣衣宽衫，腰系锦带，分黑白两色，正在热身，做着蹴鞠前的准备。时当秋初，不冷不热。文帝、宇文泰及朝中文武登上未央宫前的看台，分别落座。场上的发令官一声"开始"，队员们开始蹴鞠。这两队球员都是从军营里精选的蹴鞠高手，知道皇帝与大丞相亲

临现场，无不使出平生绝艺，尽展拗踢拐打的球艺。鞠城之内，两队对抗激烈，交争竞逐，只见球不离足，足不离球，驰突喧阗，节奏快捷，赢得了众人的声声喝彩。

正在这时，苏绰急匆匆地来到宫里，沿着台阶走上看台，到了宇文泰身边，附耳低言了几句。宇文泰脸色一变，当即站起身来，向文帝元宝炬躬身一礼道："陛下，臣有要事，暂时告退！"文帝正看得津津有味，见宇文泰要走，也没在意，道："爱卿请自便！"宇文泰便与苏绰下了看台，回到丞相府。原来，高仲密派来的密使今天到了长安，到丞相府求见宇文泰。苏绰在府内值班，接待了使者，听说是高仲密派来的人，知道事关重大，不敢擅自作主，急忙入宫，向宇文泰禀报。宇文泰回到府里，命将密使引到书房。密使先向宇文泰跪倒施礼，然后呈上了高仲密的亲笔信。宇文泰接过信，看了一遍，有些狐疑，又反复盘问来使，仔细了解高仲密与高澄结怨的经过，才知此事不虚，不禁大喜。宇文泰重赏了使者，许以出兵，将其打发回虎牢关。送走高仲密的使者后，宇文泰又与苏绰密议了一番，便命李远为前锋，率精兵三千东出洛阳，接应高仲密。随后，宇文泰亲率麾下六位柱国大将军，全军出动，为之后援。

渭水之战后，宇文泰的兵力迅速扩充到七万余人（包括各州城府县驻屯军），却是来源不同，派系各异，如于谨出身夏州，而赵贵、李虎、李远等人则本属贺拔岳军团。这些军中悍将虽一总听命于宇文泰，相互间却素不买帐，行动上难免相互掣肘。去年，为强化对军队的控制，更好地发挥军队的作战效能，宇文泰与苏绰详细策划后，把最精锐的部队集中起来进行整编，分为六军，又命赵贵、独孤信、侯莫陈崇、于谨、李弼、李虎六人为柱国大将军，各统一军。

南阳郡开国公赵贵字元贵，天水南安(今甘肃天水)人。贺拔岳遇害后，赵贵头一个站出来倡迎宇文泰，并协助宇文泰在军中树立威信。宇文泰在世期间，赵贵一直深受信任。

河南郡开国公独孤信和宇文泰是世交，当年宇文泰的父亲率众袭杀卫可孤的时候，独孤信就是众勇士之一。

彭城郡开国公侯莫陈崇字尚乐，鲜卑族，代郡武川人，是贺拔岳旧将，曾生擒关中巨匪万俟丑奴。贺拔岳死后，侯莫陈崇与赵贵等人合议迎宇文泰主军。

常山郡开国公于谨，字思敬，河南洛阳人。少有大志，《北周书》称："谨性沉深，有识量，略窥经史，尤好《孙子兵书》。屏居闾里，未有仕进之志。或有劝之者，谨曰：'州郡之职，昔人所鄙，台鼎之位，须待时来。吾所以优游郡邑，聊以卒岁耳。'"宇文泰担任夏州刺史期间，以于谨为防城大都督，兼夏州长史，是宇文泰的老部下，一直深得宇文泰的信任。

赵郡开国公李弼，字景和，少有大志，膂力过人，是天生的武将材料。李弼少年之时常对亲友说："丈夫生世，会须履锋刃，平寇难，安社稷以取功名；安能碌碌依阶资以求荣位乎！"宇文泰讨伐侯莫陈悦的时候，李弼主动献城，对宇文泰统有关中发挥了举足轻重的作用。宇文泰曾对李弼说："公与吾同心，天下不足平也。"命李弼镇原州，不久拜秦州刺史。

陇西郡开国公李虎，陇西成纪人，早年在贺拔岳帐下任左厢大都督。贺拔岳死后，李虎奔荆州投贺拔胜。劝说贺拔胜速往关中收编贺拔岳的部队。但是贺拔胜舍不得离开荆州，错过了一次宝贵的机会。李虎后来听说宇文泰代替贺拔岳掌握关中地盘，就从荆州去长安。半路上在阌乡（今河南灵宝县西），被高欢部将所获，押送到洛阳。孝武帝方谋取关中，正积极拉拢宇文泰。李虎一到洛阳就被释放，并提升为卫将军，派到宇文泰处任职。李虎战功卓著，勋业彪炳，有一个曾孙大大有名，便是后来的唐太宗李世民。

这六位柱国大将军全是宇文泰的心腹，并各有所长，如赵贵佐宇文泰有功，李虎以战立名，李弼将略能军，于谨奇谋辅事，侯莫陈崇悍勇纵横，独孤信厚德抚民。他们各领一军，每军下设两个大将军，共十二大将军。每个大将军下又设两个开府，共二十四开府。每个开府下设两个仪同三司，共四十八仪同。每个仪同领兵约千人，六柱国合计有兵五万人左右，一总听命于宇文泰。这次，为了接应高仲密，也为了检验一下六军的战斗力。宇文泰率六位柱国大将军倾巢而出，直扑虎牢关。

高仲密向宇文泰请援的同时，还给四弟高季式写了封信，约他同降西魏。高季式时任济州刺史，治所在碻磝城（今山东茌平西南）。若论高季式的功绩，本不够资格担任刺史。当初熊耳山退兵途中，高敖曹在伤重弥留之际，对身边服侍的人说："我命不久矣，这一生没有别的遗憾，只恨不见季式作刺史。"这话后来被高欢知道，立即任命高季式为济州刺史。从此，高季式从一名员外郎，陡然成为镇守一方的封疆大吏，时仅二十一岁。这一日傍晚，高季式正在府内书房，忽见二哥派人送信来，不知何故，打开信后，看了几眼，才知二哥已决意投敌，又约自己一齐归降，不禁骇然失色，拿着这封信，就像是拿着一块通红的火炭，两手竟微微颤抖起来，虽然天气并不热，额头上还是冒出了一层汗。高季式挥手屏退送信人，又仔细将信读了一遍，一个人在书房里琢磨着。夜色渐深，人声沉寂了下去，从树后升起了一轮弯月。清冷的月光，均匀地铺洒在地面。夜雾弥漫开来，笼罩着整个刺史府。高季式彻夜未眠，痛苦地思虑了一整晚，终于打定了主意，天不亮时，走出房门，喝令卫士将送信人绑了，自己骑上快马，怀里揣着高仲密的那封信，带了一小队军士，押着送信人，星夜赶往晋阳。

这一日，大丞相高欢正在王府料理军政。阳光射进敞开的窗户，照得殿内一片通明，纤尘毕现。正在这时，高欢忽听门上来报，说是济州刺史高季式到来，就在门外求见，不禁有些奇怪，心想："碻磝至晋阳的距离并不算短，高季式身为刺史，擅离职守，突然来到，一定是有要事。"想到这里，便命人将高季式引至客厅，随后出来相见。高季式正在厅里坐立不安地等候，一见高欢，忙上前施礼。高欢素日里拿高季式作心腹，也不拘礼，以手相搀，亲切地说道："季式，不必客气，快坐！"二人落座后，高欢未曾开口，就发现高季式一副魂不守舍的样子，浑不似平日的意气风发，忙道："季式，你这是怎么了？"高季式满脸痛苦不堪，默然片刻，长长叹了口气，把手缓缓地伸进怀里，掏出那封密信，递给了高欢。高欢见高季式举止古怪，忙接过信来，才看了没几行，不禁面上失色，读完信后，更是惊骇。高季式沉痛地道："送信人就在府外，高王可亲加讯问。"高欢听了,扬声对厅外的侍卫道:"去几个人,将府外的送信人带进来!"门外卫士轰然而诺,不一会儿,推推搡搡地将送信人押了进来。那送信人被五花大绑着,跪在地上,不待拷打,便竹筒倒豆子似的,一五一十地全部交待。高欢听完,知高仲密叛逆之事属实,即让卫士送信人押入晋阳狱,又命人速将斛律金找来。

这时,高欢略为平复下心情,转头看向高季式。高季式仍是一动不动地坐在椅子上,如木雕泥塑一般,满脸的沮丧。高欢走近前去,手抚他的肩膀安慰道:"季式,你对我的忠诚我是知道的。这事与你无关。你暂且回济州,必无过虑。"高季式这才站起身来,向高欢告辞,忐忑而出。不一会儿,斛律金来到。高欢不待寒暄,直接将高仲密叛变之事告诉了他。斛律金听了,很是惊讶,道:"有这等事?"高欢面色阴沉地道:"假不了,你且看这封信!"说着,将高仲密的亲笔信递了过去。斛律金从高欢手里接过信,看了一遍,也变了脸色,道:"虎牢关是洛阳门户,一旦有失,那洛阳……。"高欢道:"你马上就去虎牢关平叛,现从晋阳发兵已是不及……"说着,高欢写了一道手令,交与斛律金,道:"你持这道手令,骑快马到侯景处调兵,再火速赶往虎牢关,解除高仲密的武装。"斛律金知道军情紧急,受命之后,连家都没回,骑快马飞驰而去。

司徒、定州刺史侯景是高欢的老朋友,也是很受高欢信任的将领,兼任河南道大行台,将兵十万,专治黄河以南的大片地区,继窦泰之后,成为仅次于高欢的军中二号人物。侯景工于心计,是谋略型的将帅,颇瞧不起高敖曹、彭乐那样的猛将,曾私下里对亲信说:"这俩人打起仗来,就象疯猪乱窜一样,能有什么出息?"侯景为人又甚是阴狠,每于行军之际,大肆屠杀平民百姓,对待军中士卒也很残忍,动辄对部下施以酷刑。

这一日,侯景忽听门外卫士来报,说是大将军斛律金来到,忙一跛一拐地到府外迎接,刚走下台阶,就见斛律金走进府来。早在信都时期,二人就已熟识,这次相见,侯景一边拱手为礼,一边笑道:"将军何事匆匆而至?看你累成这个样子,快到府内休息。"说着,两人携手走进大厅。斛律

金由晋阳奔马而至,已是数日不眠不休,头上、身上布满灰尘,一副疲惫不堪的样子,甫一坐下,也不客套,就低声道:"老侯,高仲密反了,军情紧急,高王命我速去处置。"说着,从怀里拿出高欢的手令,递了过去。侯景闻言愕然,眨了眨一双三角眼,忙接过手令打开,见上面写道:"……高仲密忽萌叛意,兹命斛律金由河南道领五千精骑,前往虎牢关相机处置。侯景见令后,即率所部兵马续发,以为后援。"侯景素性多疑,临去河南道任职之前,曾与高欢密约:"今握兵在远,人易为诈。高王所赐信函,皆请在纸尾加墨点为记。"高欢觉得这个防伪措施还是必要的,就同意了。现在侯景接到手令,审视了下页尾,见墨点赫然,知道此事属实,忙从桌上拿起一支令箭,交给身边的卫士道:"速去调五千骑兵,在城外候命,越快越好。"卫士领命而去。侯景又转过头,对斛律金说:"调兵还得几个时辰,你也累得够呛,不如就趁这个空档休息一下吧。"斛律金这才觉头脑发晕,浑身酸痛,知道体力不支,就听从侯景的安排,随之来到后院的一间偏房里。侯景命人取来卧具,在床上铺好,带上门去了前院。斛律金衣服都没脱,倒在床上,很快就睡得什么都不知道了。两三个时辰后,卫士来见侯景缴令,道:"禀将军,兵马已到,就在城外。"侯景这才去后院,推开偏房的门,见斛律金和衣而卧,睡得正香,便用手轻轻推了推他。斛律金睁开两眼,一翻身从床上坐起,问道:"人马都到了?"侯景点了点头,道:"就在城外,随时可以上道!"斛律金道:"好!咱们这就出城。"说着,站起身来,用双手搓了搓脸,与侯景一起走出房外。斛律金睡的时间虽不长,但也恢复了一些精神,在府门前骑上马,与侯景到了城外,见五千精骑已整装待发。侯景纵马来到队伍前面,当众将令旗符信交与斛律金。斛律金立即统兵上路,星夜兼程,赶往虎牢关。侯景回城后,也迅速集结本部人马,随之络绎而进。

天色有些阴沉,太阳深藏在云里。东北风呜呜地吼叫,在旷野里打着旋儿。虎牢关外是一片绿色棉田,在风中荡起层层碧波。远方,隐隐可见邙山的轮廓。西魏大将李远领军潜至虎牢关西门外八十里后,便驻军不前,派人秘密入城,与高仲密接洽。高仲密自从打发人去长安后,每日里心神不定,在府里如坐针毡。这天早上，忽见家人来报，称门外有一名长安客商，要面见刺史大人。高仲密心里又惊又喜，忙命人将那客商引至客厅，自己也匆忙来到客厅，与之相见。来者三十多岁年纪，一身商人打扮，脸上透着精明，正是李远派来的密使。二人在客厅里坐定，屏退余人。那密使便告知高仲密，称李远将军已至城西，请他速去城外相会。至此，高仲密叛意已决，谎称巡视，带了十几名心腹，与来使一同骑马出了虎牢关。众人纵马飞驰，不一会儿，就到了李远的兵营，让那密使先进营去通报。

李远听高仲密来到，忙请高仲密到大帐相见。高仲密到了李远的帐外，跳下马来，将马缰交与从人，走进帐中，抬眼望去，见帐内坐有一员大将，头戴虎头盔，身穿熟铜甲，三十五六岁的年纪，面如淡金，略有胡须，身材不高，很是精悍。高仲密知这人必是李远，忙拱手为礼道："下官蒙将军远来相救，此恩此德，万死难报。"李远起身相迎，拱手还礼道："宇文丞相在长安接信后，命我为先锋，先行到此！高刺史能弃暗投明，末将自当尽绵薄之力。"说着，李远请高仲密坐于帐侧，好言抚慰了一番，又道："宇文丞相亲率六军，不日也将至关下！"高仲密大喜，道："将军虽远来辛苦，还请早早入城为是，免得夜长梦多！"李远正有此意，见高仲密主动提起，自无不允，当下点起队伍，全换上东魏军兵装束，随着高仲密入城。高仲密一马当先，来到虎牢关前。守城的军兵见刺史大人带着大队兵马入城，虽觉得奇怪，却也无人敢拦。

高仲密进城后，已是下午时分，立即将城内守军调出城外，由李远派兵接防，又以议事为名，命城中官员到刺史府集合。刺史府坐落在城东，共有三层院落。前院是府衙，即刺史办公的所在。府衙前是个广阔的院子，院中央有棵独生的大槐树，高达数丈，树冠甚是庞大，上面生着绿色的骨朵和椭圆形的小叶。院子的南北两侧各有一排房屋，是僚吏理事之处。一个时辰后，虎牢关都督、长史与众官员到齐，高矮不齐地立在院落里。众人不知高仲密要议何事，交头接耳地议论着，又听说城内守军皆已开拔，更有些莫名其妙。此时，高仲密正与李远坐在衙内，听差役来报，称城中官员已到齐，便一齐走了出来，立在众人面前。李远已换上西魏大将的装束，身旁随着十几名军兵。众人定睛一看，刺史大人身边居然立着一员敌将，顿时哗然。李远一声号令，埋伏在两侧厢房里的西魏军兵变服突出，各挺刀枪，将众官员围了起来。高仲密见局势大定，心里略觉踏实，清了清嗓子，朗声道："高欢祸国专权，渺视朕躬。高澄恃其父势，凌虐百官。所以，本刺史打算献城与宇文丞相，再引兵入邺，诛除高氏父子。大家以为如何？"众人听了，无人答言，院中一片沉寂。长史是一名文官，睁着一双惊恐的眼睛，不知如何是好。虎牢关都督却是性情刚烈，虽知处境不妙，仍挺身而出，戟指大骂，道："逆贼，高王哪里对不住你，你竟敢……。"话未说完，李远一挥手，几名军士手起刀落。那镇将连中数刀，登时身首异处，鲜血汩汩流淌，浸湿了槐树根下的大片土壤。高仲密知事已至此，已是骑虎难下，只能硬心狠肠地做下去，便高声道："凡与我共投宇文丞相的，必保荣华富贵，否则，就是死路一条！"其余的官员知大势已去，也不敢再说什么，只得诺诺畏服。随后，李远派了一小队骑兵，将高仲密送去晋见宇文泰。高仲密前脚刚走，斛律金率骑兵就到了。李远紧闭四门，固守待援。斛律金领军来到虎牢关下，见城头已更旗易帜，知道城池已失，便屯扎于西门之外，切断了洛阳与虎牢关的联系。

虎牢关是军事要地，有一城控带千里之势。此关若失，东魏整个西部再无险可守，西魏军队随时可以长驱东下。高欢派斛律金与侯景去夺虎牢关，原以为万无一失。但不久，从洛阳传来急报，称宇文泰全军出动，正向虎牢关方向运动。高欢收到这个消息，不敢小视，便也从晋阳率大军继至，屯兵于黄河北岸，连营数十里，钲鼓之声，振动远近。

正值三月，黄河里布满了碎冰，河面暴涨至十余里宽，水势甚盛。滔滔浊流翻卷咆哮，激起数尺高的浪花，如一条气势磅礴的黄色巨龙，蜿蜒盘旋，流向远方。水声震耳，似千军万马奔腾不息。黄河两岸绿树成荫，林涛萧萧。高欢准备全军渡河，直抵虎牢关下，再寻宇文泰主力决战。但诸将鉴于小关之败，建议轻军渡河，将主力驻扎在黄河北岸，以为策应。这几天，高欢一直拿不定主意。斛律金闻得高欢亲至，便将兵马交由部将统率，离了虎牢关，前来参见。高欢的中军驻于成皋，西临黄河，南为深涧，地势高矗。中军营里，除了高欢的五千卫队，还有两万多名精锐士兵。斛律金带了十几名骑兵，一路飞奔，在成皋的中军营外下马，来到高欢的帐前。高欢的中军帐是一座牛皮大帐，高有数十尺，有四五间屋子那么宽，帐帘低垂，在料峭的春风里微微抖动着。帐外，站着几十名全副武装的卫士。斛律金跳下马来，请卫士通报。不一会儿，卫士出来，传高欢之命，请斛律金入帐相见。斛律金步入帐中，见高欢居中坐在一张书案之后，忙叉手施礼。高欢一摆手，命卫士搬来把椅子，放在书案前，让斛律金坐下，道："斛律将军，你来得正好！听说宇文泰引六军将至，你来说说，目前我军是否应渡河决战？"在路上，斛律金就考虑过这个问题，见高欢问及，便将自己的看法合盘托出，说："宇文泰为接应高仲密，仓促出军，实不足畏。我军宜并力济河，否则，不仅失了虎牢关，洛阳亦将难保。"高欢点头称是，又眉头一皱，道："渡河是势在必行，但我们船只不够，倒是棘手。"斛律金道："无妨，黄河北岸不乏密林。我军可伐木为筏，在河上架起浮桥，不过半月，便可渡过河去。"高欢大喜，即分遣军士砍伐了数千根巨木，编成许多木筏，放在河里，再将这些木筏用铁索串联起来，在木筏上铺好木板，便构筑成一道宽阔坚固的浮桥，直抵黄河南岸，又命斛律金协防浮桥，接应大军渡河。

不几天，宇文泰率军赶到，见对岸军势雄壮，又见黄河上已建起了浮桥，未敢贸然进兵，想先毁掉浮桥，切断虎牢关下斛律金部队的退路。当晚，宇文泰命人去黄河上游，驾着几艘大船，顺流而下，悄悄向浮桥靠近。每艘大船后，都用缆绳拖着十几艘小船。小船里，满载着浇了油的干柴，干柴上洒满了硫磺焰硝。在离浮桥还有几里地的时候，大船上的人抛下火把，将小船点燃，紧接着，挥刀斩断拖拽小船的缆绳。顿时，那数十艘小船上烈焰升腾，如数十条火龙，随着滔滔的河水，疾向下游浮桥冲去。东魏侦察兵发现上游火船来袭，忙去禀报斛律金。斛律金早有提备，立即派行台郎中张

亮，带数艘战船溯流而上。每船皆载十余条铁索，铁索上系有数尺长的铁钉。等火船到了近前，张亮派精通水性的士兵，手持铁索，潜入水中，游近小船，将锋锐的铁钉钉在火船上，再用铁索把火船拉开。火船很快自燃净尽，东魏浮桥得以保全。宇文泰一看火攻计无效，不敢贸然去解虎牢关之围，只好率兵退回洛阳以西。过了两天，河南道大行台侯景率所部抵达，与高欢的主力汇合。东魏军势大振，众将士踏着浮桥安然渡过黄河。高欢分布诸军，将虎牢关围得铁桶一般，又亲率主力，抵至邙山。

宇文泰听说敌军已过了黄河，便集结起六军，连夜赶往邙山。在小关之役中，高欢吃了敌情不明的亏，这次变得聪明多了。在没渡河之前，高欢就已派出大批的侦察人员，潜至前线打探情报。宇文泰的部队过了洛阳，抵至邙山以西四十里时，高欢就收到密报，即命军队倚邙山列阵，令彭乐、侯景、韩轨等人率领骑兵，按照梯次有序配置，和步兵组成前端微凸的鱼鳞状方阵，在邙山前的宽阔地带依次展开，静候西魏军来到。

黎明时分，朝阳未升，星辰未落，邙山四周一片雾气蒸腾。林间的树木随风轻摇，地上的枯草开始返绿，草叶上挂着晶莹的露珠。宇文泰率六军绕过邙山，长途奔袭而至，走了大半夜，已是人困马乏，刚来到邙山东侧，猝然发现东魏军阵，有些惊慌。东魏方面却是以逸待劳，趁敌立足未稳，马上发动了攻击。高欢命彭乐为前锋，率铁骑五千，突然向敌左翼发起冲锋。这些骑兵由斛律金一手训练，不仅马术精良，而且装备着重甲，奔驰如风，倏忽往来，攻击迅猛。彭乐受命之后，身披铁铠，手持长刀，率领骑兵，如一道闪电直冲入西魏军中，打了对方一个措手不及，俘虏了西魏江夏王道升、钜鹿王阐、蜀郡王荣宗等人及四十八员督将。高欢见彭乐旗开得胜，麾兵大进，命侯景率骁骑五千，绕到西魏军队右侧，以强弓劲矢不断射杀敌人，让西魏军阵陷入了混乱，又命韩轨率重骑兵中宫直进，杀入敌阵，挥动弯刀、狼牙棒、短柄斧，左右冲突，放手砍杀。顿时，在树林、田野、洼地、高地上，无处不有成群的士兵在决死拼杀，兵甲碰撞之声响彻沙场，呐喊之声震动远近。此役，高欢出动了十五万人，而宇文泰全军不过八万人。不到正午,西魏军兵就被俘斩了数万人,陷入一片混乱。

宇文泰率残部大败而走,忽听得身后喊杀之声迫近,暗道不妙,扭头一看,正是彭乐率骑兵紧追了上来。早年,宇文泰为贺拔岳部将时,曾出使晋阳,与彭乐有过一面之识。这时,宇文泰已跑得人困马乏,见彭乐快追上来了,便扭回头喊道:"你不是彭乐吗?痴男子,听说过'兔死狗烹'这句话吗?今日若无我,明天你还能有命吗?倒不如赶紧回营,多取些金宝!"彭乐听了,就放慢了追击的速度,让宇文泰趁机逃走,随后收兵回营,向高欢禀报道:"黑獭侥幸逃脱,已被吓破胆了。"高欢已知彭乐私放宇文泰的消息,见彭乐进帐,立时气不打一处来,一把揪住彭乐的脑袋,往地上猛撞。彭乐伏在地上,双手捂着脑袋,吓得魂不附体,忙道:"大王饶命!末将愿再领五千骑兵出战,一定会将宇文泰捉来……"高欢恨得咬牙切齿,怒斥道:"你故意放走了他,现在还去哪里再捉?"说罢,左手揪着彭乐的头发,右手拔出腰刀,几次想砍了他,却又惜其前功,便命人去取三千匹绸缎来。不一会儿,十几个卫士每人背着一堆绸缎来到帐中。高欢命人把这些绸缎全压在彭乐背上,几乎把他压断了气儿,又重重地踢了彭乐几脚,便将这些绸缎全赐给了他,命其起身回营。这次,高欢虽没有杀彭乐,但开始怀疑他的忠诚。后来,高欢在临终前对儿子们嘱咐道:"彭乐心腹难得,宜防护之。"高欢去世后不久,高洋就找了个理由灭了彭乐全族。

这一天,东魏大捷,到了傍晚,收兵回营后,清点战果,各部斩获颇丰,军中一片欢腾。人就是这样,一得意就容易做出一些出格的事。当晚,东魏中军营的校尉冯彪犯了馋痨,带着手下几个士兵,到辎重营偷了一头运粮的驴,拉到外面私自杀了,将驴肉剥洗干净,用腰刀剁成小块,又在营间隙地架起数口大锅,将驴肉投入锅中,倒入清水,加上盐酱等作料,煮将起来。不一会儿,肉香四溢。附近营帐的将士闻到肉香,全在帐里坐不住了,纷纷走出帐外,四下探询,发现有人在煮驴肉,便都围在大锅之旁,想分几块肉吃。有人更在锅旁支起桌椅,摆列碗筷,准备大快朵颐。

正在这时,中军大都督刘贵身披锦袍,腰系弯刀,带着几十名兵士巡夜

到此，见前面围了一堆人，传来一阵笑语喧哗之声，提鼻子一闻，还有一股浓烈的肉香，心内诧异，便上前查看。刘贵带兵，素有严苛之名。冯彪等人见是刘贵到来，心里有些发怵，只得躬身施礼。刘贵一概不加理会，上前分开人群，见眼前是数口煮肉的大锅，锅内有些半熟的肉块，正随着滚水上下翻腾，脸色顿时沉了下来，问道："这是怎么回事？"冯彪看了看刘贵的脸色，知道要糟糕，硬着头皮上前答道："启禀大都督，因我军白天告捷，我与几个弟兄杀了头驴，打算庆祝一下。"刘贵大怒，喝道："强敌未退，明日胜负尚在两可之间。你们却私自杀驴而食，不怕军法吗？"话音未落，刘贵几脚将肉锅踢翻，命人将冯彪重责二十军棍，又驱散了其余的军士。众人找了一场没趣，只得各回帐去。冯彪被这顿军棍打得皮开肉绽，由几个军士搀回到自己的帐内。众军士围在冯彪身旁，安慰了一番，见天色不早，便相继散去。冯彪趴在帐内，因棒痛难熬，翻来覆去地睡不着，越想越是不忿，便一骨碌爬起来，穿好衣服，趁着夜色的掩护，悄悄溜出军营，径投向西魏军中。在路上，冯彪每遇到东魏的巡逻兵，便谎称去前线侦察，从而轻易骗过盘查，一直来到西魏军前。西魏军兵发现有人靠近，喝问道："什么人？别再往前走了，否则开弓放箭。"冯彪忙答道："千万别放箭，我是来投降的，有机密军情，要面禀宇文丞相！"西魏军士闻听，派了几个人出营，将冯彪全身搜查了一番，又解除了他的武装，押入大营。

已是半夜时分，西魏军营里点着许多篝火，将士们多已在帐篷里入睡。宇文泰并未休息，正在帅帐内，与诸将商议明日的战事。大帐里摆着一张桌子和几把白木椅子，桌上明晃晃地点着几支蜡烛，还摆着一张地图。宇文泰坐在一把椅子上，两只胳膊放在桌上，侯莫陈崇与赵贵坐在一个条凳上。独孤信坐在宇文泰对面，一边说着明天的作战计划，一边用手在地图上比划着。李虎坐在独孤信身旁，全神贯注地听着。忽然，帐外有人来报，称有一名东魏校尉来降。帐内众人闻听，立刻来了兴致。宇文泰也是精神一振，令人将冯彪带到帐中，亲加审问。冯彪来到中军帐，见灯烛火把照耀下，一位贵官居中而坐，两侧都是披甲挎刀的大将，忙跪倒磕头，道："小人是中军校尉冯彪,无事横被杖责,故此前来投诚,愿献出中军方位。"宇文泰温言道:"你若能说出高欢所在,赏你丝绸千匹。"冯彪见有重赏,就道:"高丞相驻军孟家坳,离此四十里,小人愿意引路前往。"宇文泰大喜,亲率麾下精兵,令人衔枚,马摘铃,由冯彪引路,轻装疾进,乘着茫茫夜色,绕过东魏防线,直扑孟家坳。

第二天清晨,西魏军队潜至孟家坳。宇文泰头顶铁盔,身披铠甲,骑在马上,手搭凉篷向前望去,见前面的小山坳里果有一大片帐篷。帐篷周围,隐约可见东魏军兵和拴在一起的马匹,还有许多大车。大车的旁边,是一堆堆即将燃尽的篝火。宇文泰从营地规模上,断定眼前就是东魏中军,知冯彪所言不假,心中一阵狂喜,便按事先的安排,自领一军,以中山公赵贵领左军,领军独孤信领右军,合击敌军。一声令下,西魏三军各奋武勇,齐向前杀去。西魏大都督李虎奋槊冲锋,率队直入东魏大营,几出几入,杀伤甚众,东魏将士无人敢挡其前。西魏大将侯莫陈崇选了一套"明光铁铠"穿在身上,横刀纵马,冲击敌阵,所到之处如波翻涛裂,无人能敌。东魏士兵相互说:"此真铁猛兽也",纷纷躲避。在西魏的突袭之下,东魏中军不及御敌,登时大乱。东魏骑兵跑得快些,得以逃生。没有了骑兵的支援,中军营的步兵孤掌难鸣,大部被俘。

高欢猝遭敌袭,从帐中仓皇逃出。大帐四周已乱成一锅粥,双方士兵的叫骂声、兵器撞击声、战马嘶鸣声、垂死者的惨叫声,汇合在一起,更有残兵败将,像没头的苍蝇一样四处乱窜。高欢只带了几个卫士,上马狂奔,没跑多远,跨下战马长嘶一声,悲鸣倒地,只见那马的颈上中了一箭,鲜血涌流,已是不行了。都督尉兴庆跳下马来,把自己的坐骑让给高欢,手舞长枪,保着高欢血战突围。众人好不容易杀出重围,高欢身边的卫兵只剩下七个人,后面却有大批追兵紧紧追赶,而且越追越近。尉兴庆见形势危急,停步不前,对高欢道:"大王快走,小将箭囊里有一百多支箭,足杀百人。"高欢勒住战马,望望后面涌来的追兵,知道尉兴庆有死无生,便道:"这次你若能脱险,我会以你为怀州刺史。若你不幸战死,我必提拔你的儿子任此职。"尉兴庆道:"儿子还小,愿大王用我的兄长。"高欢答应下来,挥泪扬鞭,先行撤走。尉兴庆一人殿后,箭不虚发,一边射死了几十名追兵,令西魏军兵一时不敢接近。但是,尉兴庆的箭很快就射完了,西魏士兵渐渐地围了上来。尉兴庆毫不畏惧,手执短兵接敌,又杀伤了十几个敌人,最后战死沙场。

孟家坳战场上,征尘遮天蔽日,直透云霄。东、西魏的部队犬牙交错,形成了一场混战,到处都有倒毙的尸体。高欢在战场上纵马而驰,带着几个卫士向北跑去。北边驻扎着侯景的左路军,到了那里,就算是安全了,正纵马飞奔之际,忽听背后有人叫他的小名:"贺六浑,你往哪里去?"高欢回头一看,不由得大吃一惊,只见后面数百骑追了上来,为首一将头戴铜盔,身穿铜铠,手执长枪,正是自己的老对头贺拔胜。原来,贺拔胜已于前年由南朝回到了长安,在宇文泰麾下任大都督,此次随军出征孟家坳。贺拔胜与高欢是老相识,虽分别多年,还是在战场上认了出来,见高欢落了单,心中大喜,一边叫着高欢的小名,一边带人马包抄上来。高欢见对方人多势众,暗叫不妙,也不答话,扬起马鞭,狠狠地抽了坐骑几鞭子,催马就跑。贺拔胜提枪猛追,一赶就是好几里地。双方的距离越来越近,已呈马头衔马尾之势。贺拔胜的枪尖都快碰到高欢背上了,嘴里叫道:"贺六浑,贺拔破胡今日一定要杀了你。"高欢又惊又怕,抱着马脖子闷头猛跑,被颠得上气不接下气。在这千钧一发之际,大都督斛律金在一旁赶到,弯弓搭箭,向贺拔胜射去,正中贺拔胜所骑的战马。那战马悲鸣倒地,将贺拔胜从马上摔了下来。贺拔胜右手在地上一撑,一跃而起,忙命人牵自己的副马来,待到副马牵到时,高欢已跑远了。贺拔胜功败垂成,惋惜不已,叹道:"今天出征,我却忘记带上弓箭,大概是天意吧!"贺拔胜素有神箭手之称,若带着弓箭出来,这次高欢就很难幸免。

河南道大行台侯景率五万大军,驻扎在孟家坳的左侧。这天早晨,将士们刚刚用过早饭,正在整装待发。营外把守的军兵忽听得一阵急骤的马蹄声,抬眼望去,见远处一骑战马如闪电一般,飞驰而至,霎时间已奔到营门前，却并不停留，直从营门口撞了进去，一连踏坏了几座帐篷，直奔侯景的大帐。营门前的哨兵竟未及阻拦，不禁又惊又怒，于后紧追。马上之人直奔到侯景的帐前，勒住马缰，不待马匹站稳，就从鞍上跳下来，疾步向大帐走去。帐外卫士定睛一看，不是别人，正是大丞相高欢，便未敢相拦。高欢掀起帐帘，直闯进侯景的大帐。侯景见大丞相高欢突然到来，惊异不已，忙起身相迎。此时的高欢，已是筋疲力尽，坐在帐内，一边喘着粗气，一边将中军遇袭之事讲述了一遍，命侯景立即率部驰援。

侯景闻听，火速领兵出发。侯景的左路军内有三千重甲骑兵，分为十队，每队三百人，皆持长刀，乘着高头大马，身穿冷锻瘊子甲，刺斫不入。侯景与这三千骑兵率先到达孟家坳战场，正与宇文泰的部队相遇。原来，宇文泰率兵突袭获胜，将高欢的中军营搅得粉碎，一早晨抓了上万名俘虏，尚未及撤走。就在这时，侯景率兵赶到，即纵铁骑陷阵，杀入宇文泰的队伍里。宇文泰的部下鏖战了一个早上，已是强弩之末，哪经得住这支生力军的打击，很快就被杀得大败。宇文泰的战马被冷箭射中，负疼乱跑一气，直跑到数十里外。宇文泰在马上坐不住，被颠了下来，重重地摔在地上。那匹马脱了缰，顿时跑得无影无踪。这时，东魏追兵已然赶到，离宇文泰不过几十步远。宇文泰身边一个卫士也没有，情急之下，拔出腰刀就要抹脖子。这时，西魏都督李穆骑马赶到，见此情形，顺手就抽了宇文泰几鞭子，喝道："糊涂士兵，你的长官在哪里？为什么你一个人留在此？"这一手迷惑了追兵。宇文泰年纪较轻，此时摔得盔歪甲斜，灰头土脸，没有一点大帅的样子。追兵以为宇文泰只是个无足轻重的小兵，便舍之而过，继续向前追去。等到追兵走远，李穆跳下马来，把自己的战马让给宇文泰。宇文泰刚才那下摔得不轻，腰都直不起来了，却仍是不肯接受李穆的马匹，说："我怎能为了自己逃命，却将你置于险地呢？"李穆焦急地说："天下可无穆，不可无公。一会儿还会有追兵到来，丞相不可自误。"说着，力劝宇文泰上了马，李穆跟在马后，一直向西跑去。

下午时分，彭乐、韩轨等人率右路大军开到。西魏军队失去了宇文泰的

指挥，虽有李虎、侯莫陈崇等人奋勇杀敌，毕竟寡不敌众。于谨、独孤信、赵贵、杨忠等几位柱国大将军相继失利，麾下将士死伤无数。天色渐渐暗下来，西魏军乘机撤退。

宇文泰和李穆逃出战场后，向西绕了很长一段路，直到听不到战场上的喧嚣，才停下休息了一会儿。夜色渐浓，四下伸手不见五指，宇文泰和李穆摸索着寻路回营，忽见前面人影晃动，似有小队士兵在活动。宇文泰不知是友是敌，连忙跳下马来，牵着马，与李穆一同躲到路边的树木后面，又用绳子系住马口，免得马嘶声将敌人引来。不一会儿，前方那队军士举着火把，来到了近前。借着火把的光亮，宇文泰看得分明，正是西魏的一支巡逻小队，人数不多，约有六七个人的样子。宇文泰与李穆放下心来，忙从树后闪身而出，迎上前去。原来，宇文泰战场失踪之后。独孤信、于谨等人放心不下，一连派出多支探索小队，四处找寻，不想在这里遇见。那支搜索队的小队长遇见了宇文泰，大喜，上前参见已毕，从背后的箭囊中掏出一支火箭，用火折子点着，搭在弓上，"嗖"的一声，射向空中。漆黑的夜空之中，一支带着火苗的箭矢非常醒目。周围的几支搜索队见了火箭信号，知道已寻到宇文泰，纷纷围拢了过来。宇文泰在众军兵的护卫下，与李穆返回西魏大营，随即便率军退回了长安。

这次邙山之战，东、西魏皆是全力以赴，双方统帅都几乎丢了性命，足见战况之激烈。最终，西魏大败，损失督将四百余人，军士被俘斩六万多人。宇文泰辛辛苦苦建立起来的六军，几乎被全歼，从此，再未与高欢做正面战场的较量。高欢大获全胜，便准备收兵。行台郎中陈元康建议乘胜进取长安，说："两雄交争，岁月已久。今幸而大捷，当乘胜追击。"司马子如也道："混一东西，正在今日。昔曹操平汉中，不乘胜取巴、蜀，失在迟疑，后悔无及。愿大王勿以为疑。"高欢犹豫道："万一遇到伏兵，大军如何撤退？"陈元康道："此前我军沙苑失利，敌尚无伏兵；今宇文泰大败而回，何能远谋？若舍而不追，必成后患。"高欢综合考虑各方面的意见后，还是采取持重的策略，命侯景督军围攻虎牢关，自己则率大军东返。

河南道大行台侯景受命，独领所部五万余人围住虎牢关，分兵四门，每日环攻不已。虎牢关城池险峻，易守难攻。城内守将李远已随宇文泰回了关中，临行前，留部将魏光率两千多人在城中拒守。那魏光也是一员悍将，率兵抵抗得非常顽强，令侯景一时难以得手。更加不巧的是，一连几日，绵绵春雨下个不停。雨水落在城上，使城墙又湿又滑，令人很难攀爬。每天，侯景虽亲至城下督战，但进展不大，只是损兵折将。

这一天，虎牢关外，冷风阵阵，雨丝飞坠，激烈的攻防作战进行到傍晚。侯景披着蓑衣，骑在马上督战，见暮色渐浓，知今日破城无望，叹了口气，抹了一把脸上的雨水，下令鸣金收兵。众将听得锣响，将攻城部队撤下，收殓城下阵亡将士，将伤者送回大营疗伤。侯景分命将士回帐休息，又令炊事兵埋锅造饭，诸事安排妥当，这才骑着马，来到自己的大帐前，跳下马来，跛着腿走进帐中，在军士的服侍下，卸去身上的盔甲，换过被雨淋湿的衣服。天色黑了下来，侯景命人在帐内点起灯烛，一个人草草用过晚饭，撤下碗筷后，在案子上摆开虎牢关地图，一边听着淅淅沥沥的雨声，一边苦思破城之策。

夜已深，那雨仍没停下来的意思，"噼哩啪啦"地击打着帐顶。侯景坐在帐内，毫无睡意，仍想不出妥善的破城之策，不禁有些焦躁。正在这时，帐外传来一阵嘈杂的脚步声，由远而近。随即，卫士喝道："什么人深夜到此？"又听一人朗声道："我们是伏路军校，在城外五里之处擒到一名细作，前来献给行台大人。"侯景听了，在帐内扬声道："让他们把人押进来。"随即，帐帘一挑，带进来一股冷风。七八个身披蓑衣的军士，将一五花大绑的人推了进来。那人已被打得鼻青脸肿，额头、口角边淌着血，满身沾着泥浆，看来被擒前经过一番剧斗，进帐后，仍是满脸倔强，一言不发，立而不跪。为首的队主向侯景躬身施礼，道："启禀大人，今夜，我和几个弟兄在虎牢关外设伏，见此人鬼鬼祟祟地来至关下，徘徊不去，甚是可疑，便将他拿获，还在他身上找到一封信。"说着，双手将信件呈上。侯景接过信件，打开一看，不禁又惊又喜。原来，这封信是宇文泰写给城中守将魏光的。在信上,宇文泰令魏光坚守,信末赫然盖有宇文泰的大丞相之印。

侯景手持此信,心中忽生一计,暗道:"天助我也!这回破城有望了。"想到这里,命军士将送信人推出斩首,又派人拿来五十匹绢,分赏了伏路军校。众军校谢过行台大人的赏赐,告辞而出。侯景独在帐内思忖片刻,疾步走到帐口,对外面的卫士道:"来呀,速去把军中书办找来!"两名卫士领命而去。那军中书办即是随军的文书,平日里专司草拟公文,写得一笔好字,善能模仿各种字体,此时,已在帐篷里睡下,忽见两个卫士找了来,命其速去行台大人帐中。书办不敢怠慢,赶紧披衣而起,穿上靴子,撑了把油纸伞,踩着地上的泥水,来到了侯景的大帐里。侯景见书办到来,将宇文泰的那封信递给他,命其照此笔迹,写封假信出来。书办见是此事,松了口气,坐在帐内的书案旁,动手研好笔墨,一边参照原信的笔迹,一边听着侯景的口授,模仿宇文泰的语气,造出一封假信,命虎牢关守将"速速弃城"。不一会儿,假信写成,仅从笔迹上看,几可乱真。侯景很是高兴,夸奖了书办几句,命其回帐休息,又派人依照原信上的印文,刻了一枚假印,醮上印泥,盖在伪造的信后。假信造毕,可谓是天衣无缝。侯景拿在手里,翻来覆去地看了几遍,觉得挑不出什么毛病,不禁甚感得意。

这时,天已蒙蒙亮,下了几天的细雨不知何时已经停了。太阳尚未升起,天地间弥漫着白茫茫的雾气。侯景虽一夜未曾合眼,却仍是精神抖擞,命人击鼓升帐。不一会儿,诸将到齐。侯景对昨夜之事毫不提及,仍不动声色地分兵派将,继续攻打虎牢关,待诸将散去后,却又命卫士将副将贺尉诚找来。

这贺尉诚三十四五岁年纪,身材不高,为人机警,本是长安人氏,当年随可朱浑道元投奔了高欢,熟知关中人情地理。这天早晨,贺尉诚顶盔挂甲,抄枪上马,正欲随本队去攻城,忽闻行台大人召见,便又跳下马来,随着卫士来到了侯景帐内。侯景平日从不对部下假以辞色,今见贺尉诚进帐,却是起身笑脸相迎,命其坐在自己身旁,执手寒暄,让贺尉诚有些受宠若惊。随后,侯景屏去身边的卫士,将那封假信拿给他看,又低声道:"昨晚,咱们的伏路军擒获了一个西魏细作。从那细作身上搜出一封信,是宇文泰写给虎牢关守将魏光的。"贺尉诚不知何故,双手接过信来,道:"请问元帅,这便是那封信吗?"侯景一笑,道:"不是。你手里这封,是我根据原信的笔迹,命人伪造的,敌人绝看不破。"贺尉诚倒也机灵,心里明白了几分,问道:"元帅莫不是要用此假信去诓那魏光?"侯景道:"正是!我想请贺将军假扮送信人,混进城中下此假信,令敌弃城。事成之后,我必请于高王,以你为大州刺史。"贺尉诚素来胆大心细,盘算了一番,觉得此事可行,便点头答应下来。侯景见贺尉诚允了,大喜,命人拿了五百匹绢,先赏了贺尉诚,命其且回帐歇息,到了晚上再依计行事。

这一天很快就过去了,攻城仍是没有任何进展。到了半夜,侯景将贺尉诚找来,令其换上便装,将那封假信缝入衣襟,又仔细嘱咐了一番。贺尉诚领命,辞了侯景,趁夜深人静,出了军营,悄悄来到虎牢关下。城下一片死寂,地上散落着些断枪折箭。贺尉诚仰脸向城上看去,只见城头一片漆黑,隐隐可见旌旗飘扬。忽然,沿着城垣,有十几支火把由远而近。贺尉诚知道是巡城的兵士,忙将双手拢成个喇叭形,罩在嘴上,向城上喊道:"城上的弟兄,我是宇文丞相府中校尉,前来下书。请速放我入城。"城上的巡逻队听得,不知真假。领头的小队长手扒城堞,向城下看去,见下面影影绰绰有个人,却看不清面容,便命人从城上顺下根粗绳,对城下喊道:"你快把绳子系在腰上。"贺尉诚伸手揽过绳子,见有杯口粗细,很是结实,便依言将绳子一头系在自己腰中,轻轻拉了几下,表示已经系好。城上的几个军兵一齐用力,将贺尉诚缓缓拉上城去。

这时,虎牢关守将魏光闻讯,带着亲兵匆匆赶来。贺尉诚一到城上,就被数名执刀军士围了起来。贺尉诚却是毫无惧色,抬眼向四周看看,见身边明晃晃地点着十几支火把。火把下,有一员顶盔挂甲的大将,正是魏光。魏光知大军邙山失利,又见城下敌兵云集,已然惶惶不可终日,今见贺尉诚,不知是敌是友,手按腰刀,问道:"你是什么人?冒险登城所为何事?"贺尉诚见魏光问及,忙向前躬身施礼,操一口正宗的关中土音,道:"末将贺

强,是宇文丞相府中校尉。因大军邙山失利,丞相已率部撤回长安,又命我传信与你。"说着,"哧哧"两声,撕开衣襟,取出假信呈上。魏光接过信来,且不打开,用狐疑的眼光打量着贺尉诚,问道:"敌人围城甚严,你是怎么过来的?"贺尉诚不慌不忙地答道:"我本是关中人士,熟知地形。趁敌不备,抄小路绕至城下。"魏光是李远部下,职级低微,并不熟悉宇文泰府中之人,听了贺尉诚的话,打开信件,翻覆审阅,又仔细验过印文,确凿无误,心里已自信了六七成,又拐弯抹角地盘问了贺尉诚几句。贺尉诚早有准备,答得是滴水不漏,毫无破绽。魏光连日苦战,身心俱疲,见城外敌军势大,知虎牢关早晚难保。今见丞相令自己撤军,正合心意,对贺尉诚再无怀疑。

  第二天,侯景仍是督兵攻城,打得比平日还要激烈一些,一直到了傍晚,才收兵回营。魏光率众奋战了一天,见侯景敛兵而退,不及休息,便将城中尚存的二千余守军集结起来,当众宣读了宇文泰的信件。众将士听闻是宇文丞相的命令,也各无异议,摩拳擦掌,准备并力突围。待夜定更深之时,城外一片寂静,四野的营盘中,成千上万的篝火闪烁,望上去,极是壮观。魏光整好队伍,命三百骑兵在前,其余步兵在后,打开西门,一声呐喊,涌将出来。侯景早有安排,一见西魏军出城扑营,让部队闪开一个缺口,使魏光等人顺利撤走,也并不追击。贺尉诚随众出城,瞅人不注意,逃离魏光的队伍,回到了侯景的大营。侯景趁势进占虎牢关,随后,派人骑快马向高欢报捷,并将贺尉诚的功绩详详细细地述写了一番。高欢闻报大喜,重赏侯景,又命贺尉诚为朔州刺史。虎牢关内,高仲密的家眷未及出城。侯景将他们投入囚车,押送到晋阳。高仲密叛国投敌,按律是要诛九族的。但高欢以高乾有勤王之勋,高敖曹殁于王事,高季式先行自首,上奏孝静帝后,皆免三家连坐之罪,只将高仲密的家人羁押在晋阳狱中。

  高澄行事不当,逼反了高仲密,不仅使东魏险失虎牢关,还兴师动众了一番。国内舆论一片哗然,高澄在邺都的声望直线下降。高欢回到晋阳后,也弄清楚了高澄与高仲密结怨的经过,不由得勃然大怒,派使者飞马去邺

227

城,召高澄与崔暹到晋阳。

东魏大将军、京畿大都督高澄在邺城见到使者,看过父王手令,知道不妙,但也只得硬着头皮,带上崔暹,与使者同行。一路无话,高澄与崔暹到了晋阳,来到渤海王府,在一名侍卫的引领下,来到了前殿,见了高欢,跪倒在地,伏首请罪。高欢一见二人,眼里直冒火星子,也不多话,走上前去,冲着高澄身上猛踹了数脚,拳头、巴掌,夹头夹脑地打了下去,嘴里小畜牲、小杂种的乱骂。崔暹在一旁,吓得魂不附体,磕头如捣蒜,连称:"大王息怒。"恰在这时,陈元康前来禀见,刚进府门,就听到里面一片喧嚷之声,忙三步并作两步,跑上台阶,进到殿内,见高澄已被打得满地乱滚。高澄一见陈元康,如同见了救星,连忙哀告道:"元康救命,父王要杀我。"陈元康忙上前劝道:"大王教训世子,自有礼法,岂宜至是。"高欢回身坐在椅子上,擦了擦额头的汗,仍是怒气不息,说:"此子不堪重用,致高仲密外逃,几失虎牢关。"说着,又盯住崔暹,恨道:"你在邺城辅佐我儿,却惹出这么大的乱子,罪无可恕。"话音未落,便令侍卫将崔暹推出府门斩首。崔暹吓得瘫软在地,连话都说不出来。陈元康忙道:"万万不可!"说着,走近高欢身边,附耳低言道:"大王方以天下付大将军,有一崔暹不能相容吗?"众人皆知高欢准备让高澄接班,并在刻意培植高澄的班底。若是为高仲密之事而杀掉崔暹,未免有些划不来。高欢一经陈元康提醒,恍然大悟,平静了一下,命侍卫将高澄与崔暹轰出府外。高澄与崔暹不敢便走,一齐跪在府门外待罪。娄夫人与高洋等人听闻此事,也来求情。高欢碍于众人情面,只得作罢,将高澄与崔暹各罚了一年的俸禄,命二人再回邺城。

第十九章

> 高欢的长子高澄到邺城辅政,与尚书令司马子如争权。高澄以御史中丞崔暹为心腹,将司马子如下狱。高欢入邺朝见。前吏部尚书尔朱文畅勾结都督郑仲礼、任胄等人欲刺杀高欢。任胄的门客薛季孝向高欢告密。高欢捕杀尔朱文畅等人。

　　五月的一天,天空灰蒙蒙的,看不到太阳。昨夜落了一场雨,由晋阳至邺城的官道变得有些泥泞。路上行人不绝,有赶车的,有挑担的,也有徒手步行的。临近晌午时分,由晋阳方向疾驰来一队人马。这支队伍约有百余人,皆骑着高头大马,挥舞着马鞭,在路上纵横驰骤,马蹄子刨起的泥浆四处飞溅。几个挑柴的汉子避让不及,被溅了一身的泥水,心里暗骂,却不敢宣之于口。跑在最前面的那匹马,是纯种的大宛良驹,三岁口,鞍鞯鲜明,辔头和嚼子黄澄澄的,竟都是纯金打造。马上之人二十多岁,肤色暗沉,脸上有些青肿未退,眉宇间露着骄横之色,头戴紫金束发冠,身穿锦缎箭衣,披着一件大红袍。随着战马的奔驰,那大红袍随风伸展开来,煞是威风。这人正是东魏大将军高澄,身后随着崔暹和众卫士,正在赶回邺城的路上。

　　这个时节,暑气渐盛。高澄纵马奔驰了一阵子,觉得有些燥热,便敞开衣襟,放慢了马速,转头对身后的崔暹道:"季伦,这次回晋阳,幸得元康美言,不然父王非严惩我们不可!"崔暹纵马上前,脸上露出谄媚的笑容,答道:"大将军多虑了!高王虽有教谕,不过是做个样子给外人瞧瞧!依下官看,这天下迟早都是大将军的。"高澄听了,仰面大笑,更是得意。此次晋阳之行,高澄虽受了顿申斥,却也明确了自己的接班人地位,心中很是愉悦,恨不得插翅飞回邺城,再大展一番拳脚,当下双脚点蹬,纵马疾奔起来。崔暹在旁紧紧相随,时时注意,让自己的马落后高澄一个马头。

十几天后,高澄一行回到邺城,沿着朝阳大街,来到了皇宫东侧的大将军府。当初,为了建这座府第,高澄不惜耗费巨资,又调集五万民夫,用了足足一年的时间,才修造完毕。据时人称,这座大将军府比皇宫还要气派。进了府门,绕过影壁,便是一排大殿和东西配楼,皆装饰得金碧辉煌。大殿之后,便是高澄的内宅,包括寝殿、书房、花园和演武场。高澄在府门前跳下马来,将马缰绳交与侍卫。崔暹与众卫士告退。高澄迈步进府,走过前院,沿着一条石子铺就的道路,来到内宅。路边的柳树葱茏翁郁,绿意盎然,悠长的柳丝在暖风里轻轻摇晃着。几个丫环迎上前来,飘飘万福。高澄问道:"夫人可曾在家?"一个丫环答道:"夫人早上就带着少爷去进香了,不在府中。"说着,一个丫环打起帘子,请高澄进入寝殿,又有一个丫环打来洗脸水,递上热毛巾。高澄洗了把脸,换了一套簇新的衣服,略坐了一会儿,便走出寝殿,向书房走去。

书房外,有一个花坛,鲜花盛开,灿若云霞。高澄步入书房,坐在书案前。有仆人忙斟上茶来,又端来几盘蜜饯点心,放在书案上,然后躬身退出,轻轻带上了房门。这里名为书房,其实没几本书,书架上放的全是文玩玉器,每一件都价值连城。书案之上,摆着一摞未处理的公文,约摸有半尺高。高澄且不忙看公文,端起茶碗,品了口茶,沉思起来。目前,在邺城辅政的是尉景、司马子如、高澄三人,各有所司。尉景已复职为太傅,论年龄和资历,算是辅政大臣之首,总理朝政,直接对高欢负责。高澄为大将军、京畿大都督,掌握着邺城兵马。司马子如为尚书令,执掌朝廷行政大权。三人里,尉景年老衰庸,不怎么管事,又是高澄的姑父,还则罢了。尚书令司马子如却是学问渊深,颇具识见,在邺秉政多年,广有党羽,可谓是树大根深。高澄每有所行，常为司马子如所掣肘。头几年，高澄年幼识浅，见到司马子如，常以子侄辈自居。所以，二人表面上还算过得去。近些年，随着权势的扩张，高澄对司马子如越来越是不耐，一直想将司马子如踢开，独揽朝中大权。这次从晋阳回来，高澄心中更有了底，暗想："天下是我们高家的，凭什么司马子如要来分一杯羹？就算他曾为父王出过力，但这些年，在邺城也算捞足了，却仍不肯交出权力，未免有些太不识相。"想到这里，高澄不禁愤愤然，起身背着手，在屋里转起了圈。

第二天一早，阳光透过薄薄的云层，化作缕缕金光，洒向大地。高澄起床用过早饭，来到书房，派人将崔暹找来。不一会儿，崔暹匆匆来到，见了高澄，上前施礼。高澄指把椅子让崔暹坐下，先谈了几件公事，接着，话锋一转，说到朝政上来，道："季伦，我在邺城已有数载，但朝中权贵仍欺我年轻，私下里以权谋私。你看这如何是好？"崔暹善于钻营，平时留心朝中动向，知高澄与司马子如必不久睦，现在一听这话，就知是指司马子如说的，心中暗道："我的升官机会来了！"脸上却仍是不动声色，故作沉吟道："大将军所言甚是！邺中权贵横行，骄悍难制。朝廷众御史本负监察之责，却早已与之沉瀣一气，莫肯纠劾……"高澄的两只眼睛盯着崔暹，缓缓道："我想命你为御史中丞，负责监察百官。这样，就不怕他们私下勾结了。"崔暹心里狂喜，但嘴上推辞道："下官才疏学浅，怎堪担任这样的贵官？"高澄拍了拍崔暹的肩膀，道："你是我的心腹，由你出任御史中丞，我自然放心。"崔暹感激涕零，"扑嗵"一声跪倒在地，连连磕头，道："多谢大将军提拔，下官一定效犬马之劳。"高澄伸手将崔暹由地上拉起来，密授机宜。崔暹一边认真地听着，一边连连点头。

过了几天，高澄穿上朝服，去晋见孝静帝，甫进宫城，但见绿荫如海。宫城内遍栽梧桐，树枝有粗有细，有长有短，或上翘，或下垂，或平展的，上面长着许多嫩绿的新叶，郁郁葱葱，挨挨挤挤，层层叠叠，煞是好看。暖风吹过，一股淡淡的桐花香扑面而来，不时有小小的蕊片安静地掉落。孝静帝与高澄虽为君臣，但动止均仰高欢父子的鼻息，见高澄入宫，自是非常客气，特意在皇极殿接见了他。高澄身穿朝服，参见已毕，坐在一旁，谈起了朝中事务，话里话外暗示孝静帝，打算让崔暹任御史中丞一职。孝静帝心里清楚，论资历与人望，崔暹都不够资格执掌监察大权，但又不敢违拗高澄之意，只得下了一道诏书，命崔暹为御史中丞。朝中文武皆知崔暹是高澄的心腹，听闻这项任命，倒也并不意外。崔暹上任之后的第一件事，就是将现有的御史全部撤免，拟以毕义云、卢潜、宋钦道、崔瞻、杜蕤、嵇晔、郦伯伟、崔子武、李广等人做御史，并将新进御史的名单报给了高澄，很快就得到了批准。随后，他将众御史召集到府里，准备开一次秘密会议。不一会儿，毕义云、卢潜等人奉命来到。这些人都是些钻头觅缝之辈，平时没少给崔暹溜须，今日坐在一起，看着身上簇新的官服，无不兴高采烈，有说有笑的。崔暹见众人到齐，便开门见山地讲明任务，分命众御史去搜集司马子如贪赃枉法的证据。大家素日里虽唯崔暹马首是瞻，但听说要动司马子如，不禁面面相觑，有些发怵。崔暹见大家面露难色，倒也在意料之中，便暗示这是高澄的意思。毕义云等人听了，才放下心来，拍着胸脯答应，出了御史府，分头行动去了。

古语有云："宴安鸩毒，弗可怀也。"是说舒服日子过得久了，不仅使人丧失进取之心，还会麻痹人的神经。司马子如本来机警多智，但长期纸醉金迷的生活使他失去了政治敏感，全然不察危险的到来。作为高欢的老朋友，尚书令司马子如年近六旬，很有才干，在邺城称得上是位高权重，行事也日渐恣睢，一开始，还不过公然受贿，与夺任情，后期，竟至草菅人命，如在巡检定州时，擅斩深泽县令，到冀州后，又擅斩东光县令。慑于司马子如的权势，当时无人敢追究他的责任。

很快，在高澄、崔暹的指使下，毕义云等御史暗中行动，将司马子如的罪状全部调查清楚，整理成一份完整的案卷。崔暹拿到这份卷宗，像立了多大的功似的，兴兴头头地赶去大将军府。高澄早就在等待着消息，一见崔暹到来，不及命坐，便急忙问道："怎样？"崔暹将手里的卷宗呈给高澄，道："大将军请看，司马子如罪状累累，证据确凿，实属不赦。"

高澄忙接过卷宗，仔细看了一遍，不禁大喜，道："仅擅杀两县令之事，就可以要他老命。"说罢，又低声吩咐了崔暹几句。崔暹领命而退，按高澄的指示去安排。

第二天，太阳还没有出来，轻风掠过邺都，驱逐着薄疏的晓雾。百官早朝已毕，出了皇城，各自散去。司马子如昂然走出朝堂，在午门前坐上自己的马车，正准备回府。突然，一个卫士来到车前，拱手施礼，对司马子如说："司马大人，大将军请您议事，请移步过府。"司马子如见高澄有请，也没多想，即命车夫调转车头，去了大将军府，一进府门，就觉得气氛有些不对。原来人来人往的大将军府里，却是冷冷清清。司马子如走过院子，迈上台阶，走进大殿，发现殿内空荡荡的，一个仆人也看不到。偌大的殿堂，竟显得有些阴森。司马子如正在纳闷，忽听身后脚步声响，回头一看，只见崔暹一身官服，带着十几个武士走了进来。崔暹板着脸，立在司马子如面前，不再像往日那么恭敬，只是拱了拱手，冷冷地道："奉大将军令：'司马子如贪赃枉法，恶行昭昭。立即逮捕，送邺城狱。'"话音未落，崔暹身后几个武士一拥而上，将司马子如五花大绑，关押到了邺城监狱里。

邺城监狱建在城西荒僻之处，是专门关押朝廷重犯的地方，由御史中丞直接管辖，四周围墙高耸，禁卫森严。狱中是个大院落，建有若干大大小小的囚室。囚室里老鼠横行，蟑螂出没，阴暗潮湿，至少关押着几百名犯人。这些犯人一个个蓬头垢面，每日里被官呵吏骂，惨不堪言。司马子如进了监狱，是落魄的凤凰不如鸡，不仅要看狱卒的脸色，还要受其他犯人的奚落。司马子如年近六旬，久历显位，一向锦衣玉食，哪受得了这种待遇，没几天，头发就全白了。这天早晨，司马子如喝了半碗黄米汤，正在墙角里蜷着，忽听囚室的铁门"哐啷"一声打开。从外面闯进几个全副武装的狱卒，不由分说，就给司马子如带上了镣铐，将他押出监室。司马子如一看这阵势，心里惊恐，暗道："不会这么快就要把我斩了吧！"正自担心，只见那几个狱卒押着自己七扭八拐，来到一间审讯室里。审讯室的四壁上，挂着几条皮鞭和夹棍。东面墙下，一个大火炉燃得正旺，里面放着两把烧红的烙铁。屋子西面，放着一张书案和一把高交椅。大将军高澄神气活现地居中高坐，两旁摆列十几个打手，手执各种刑具。这时候，司马子如一身囚服，浑没了做尚书令时的威风，只得乖乖跪在地上，低头不语。高澄得意地瞅了一眼司马子如，点手唤过书吏，命其先将司马子如的罪状读一遍。书吏闻命，手捧案卷读了起来。那案卷上详细开列着司马子如的罪状，如渎职枉法若干事、收取贿赂若干事、逼死平民若干事、掠人田宅若干事……司马子如垂首听着，额上的冷汗涔涔而下。高澄待案卷读完，也不多言，让人递上纸笔，命司马子如自写供状。司马子如执笔在手，不由得老泪横流，提笔写道："子如少与相王（指高欢）共交游，后随相王起兵于信都。相王赐子如车一乘，牛一头。如今牛已死，只有角还留着。除此之外，家中所有皆取之于人。"高澄看了，撇撇嘴，命人将司马子如带回囚室，严加看管起来。

司马子如在大将军府被捕之后，他的从人急忙回府报信。司马子如的儿子名叫司马消难，时年二十多岁，凭借着父亲的关系，已是宫中禁军的统领，每日里专与一帮狐朋狗友寻欢作乐。那天，司马消难又约了几个朋友，正要出城围猎，忽见一个家人气喘吁吁地跑进府来。那家人正是司马子如的随从，见了司马消难，慌里慌张地说："公子，大事不好，尚书令大人被大将军抓了。"司马消难一听，不敢相信自己的耳朵，忙道："休得胡说，哪有此事？"那个家人急得一跺脚，道："我随老大人去大将军府，亲眼所见。听说，老大人已被送邺城狱了。"司马消难是个公子哥儿，殊乏应变之才，突闻父亲下狱的消息，犹如雷击了的蛤蟆，张着嘴，半响说不出话来。这时，司马子如的夫人闻讯赶来，提醒道："你快去晋阳向大丞相求救。"一语点醒梦中人，司马消难忙从马厩里挑了匹快马，带了几个从人，纵马出了邺城，连夜赶往晋阳。

邺城之外的官道两旁种着一溜笔直的白杨，迎着风"唰唰"作响。田里的麦穗正在灌浆，三三两两的农人正在地里劳作。司马消难心急如焚，一路纵马飞奔，风餐露宿，以最快的速度赶到了晋阳，在渤海王府前滚鞍下马，请门上人通禀，要求见大丞相。高欢在前殿闻报，命人引入。司马消难急匆匆地来到大殿，一见高欢，双膝跪倒，还未说话，就放声大哭起来。高欢不知何故，忙命人将司马消难搀起来，问道："贤侄，到底出了什么事？"司马消难一边哭一边说："我父亲，他……"高欢心里"咯噔"一声，惊问道："难道你父亲故去了不成？"司马消难摇摇头道："不是，我父亲……他……他被大将军抓起来，投入邺城狱了。"高欢听闻此事，虽感意外，但知司马子如未死，渐渐放下心来，道："你不必着急，先坐下，慢慢讲。"司马消难坐在椅子上，擦了擦眼泪，将司马子如下狱的事原原本本地告诉了一遍。高欢听完，有些不好意思，对司马消难说："贤侄不必惊慌，我这就写封信送去邺城，定保你父无恙。"说罢，高欢命人取来纸笔，给高澄写了封短信，信上写道："司马令毕竟是我的故友，你还是把他放了吧……"随后把信封好，派一名使者持信前往邺城。

司马消难见状，感动得泪花闪闪，叩头谢过高欢，又牵挂着父亲，当即拜辞，与使者同返。回到邺城后，司马消难回家静候消息。使者到了大将军府上，将高欢的亲笔信交给了高澄。高澄收到信，不敢违拗，便于第二天来到邺城监狱，却不进去，只是驻马长街，命人将司马子如从狱中提出。不一会儿，司马子如肩扛长枷，项带铁索，被几个狱卒押着，步履蹒跚地从监狱大门里出来。这时的司马子如，身穿破烂的囚服，满脸的皱纹，一头白发脏乱不堪，全无了往日的儒雅气度，随着狱卒来到高澄面前，双膝跪倒。高澄手执马鞭，骑在马上，轻蔑地看了看他，宣布将司马子如释放，但撤销了他的一切职务，随后就领着人扬长而去。狱卒见高澄等人离开，便将司马子如的刑具去掉。司马消难知道父亲今日出狱，事先带着一辆大车，候在监狱外，忙与家人围了上来，将司马子如搀到车上，回府去了。司马子如经此一番折腾，锐气大挫，自此闭门谢客，再不敢与高澄争衡。

大丞相高欢深知政治斗争的险恶，担心儿子惹出乱子，便于这年六月，再次入朝于邺都。高澄、崔暹等人闻讯，率文武百官出城，在邺城外的馆驿迎候。馆驿之外，列树成行。树荫深处，不时传出鸟儿啁啾之声，再远处是一片广阔的农田，大片油菜花开得正盛。时已过午，阳光照在人的脸上，倒有些刺眼。高澄正与众人在馆驿门前等待，忽见一骑飞来。马上骑士滚鞍下马，小跑着来到高澄近前，单腿跪下，道："启禀大将军，王爷的车队离此还有五六里，马上就要到了。"不一会儿，果见远处尘土飞扬，随着铿锵有力的马蹄声，高欢的车队出现在人们的视野里。当头，是五百铁甲军开路。接着，便是旌旗、伞盖等仪仗。随后，一辆八匹马拉的大车辚辚驶近，正是高欢的坐驾，车旁围绕着三百名执戟武士。车后是渤海王府的文武臣僚，皆骑着高头大马。最后面，是五千铁甲精骑。这一队人马来到众人近前，停了下来。高欢撩起窗帘，打开车窗，微笑着与众人打招呼。

　　这一年，高欢已届五十岁，须发白多黑少，脸上的皱纹非常明显，但一双眼睛仍是炯炯有神。在场的官员见到高欢，呼啦啦跪倒磕头。高欢坐了很长时间的车，有些劳累，本想尽快进城休息，但看到崔暹在场，便推开车门，从车上走下来。这天，高欢穿了一件盘领右衽的王服，上有一条金线绣成的五爪金龙，用孔雀羽绒制成龙纹，旁边还绣着五色云彩和十二章纹，衮服金翠相映生辉，倍显华丽。王服的下摆，斜向纹着许多弯曲的线条，如翻滚的水浪，又绣有诸多山石宝物，俗称"海水江涯"，表示"一统山河"和"万世升平"的寓意。高欢几步走到崔暹面前，亲切地拉着崔暹的手道："季伦，往日朝廷虽有御史，却如同摆设，莫肯尽职。唯有你尽心于国，不避豪强，遂使朝廷肃清。高欢父子无以相报……"说罢，回头向后一招手，让一名侍卫牵过一匹大宛宝马来。高欢从侍卫手里接过缰绳，递给崔暹道："这匹千里马就赠给你，聊表寸心。"崔暹受宠若惊，脸上那副表情真是难描难画，忙跪下谢恩，道："下官受大王知遇之恩，万死难报！"高欢双手将崔暹扶起，又温言嘉勉了一番，便回身登上车子，在百官的簇拥下入城而去。

　　第二天，天还没亮，高欢就已起床，梳洗已毕，穿上朝服，去上早朝。半个月亮斜挂在天际，星星在空中闪烁着。街道像一条平静的河流，蜿蜒在浓密的树影里。微风轻拂，树叶沙沙作响。高欢骑着马，离了王府，来到午门，又过了一会儿，百官们才陆续到齐。随着一阵洪亮的钟声，午门开启，高欢率群臣步入皇城，沿着高高的台阶一路向上，来到皇极殿。钟鼓声鸣过三次，高欢与群臣排好班次，站在殿内。不一会儿，年轻的孝静帝自宫内出来，坐在龙椅上，接受百官朝贺。退朝之后，孝静帝特在华林园摆宴，为高欢接风，命百官相陪。

中午时分，阳光和暖，南风习习。华林园内，百花吐蕊，芳草飘香，还有几十株合抱粗的梧桐树，上面落着些鸟雀。不时有几只鸟儿，一边叽叽喳喳地叫着，一边飞落在奇形怪状的太湖石上。大丞相高欢带着几个卫士，步入园中。朝中文武早已恭候多时，见了高欢，忙不迭地起身相迎。高欢走进长青亭，在位子上落座。那几个卫士就立在高欢身后。长青亭是园内的一座石制凉亭，斗拱月梁，出檐平短，内用四根石柱顶起一个石质的六角凉亭盖，造型质朴、厚重。亭子里十分宽敞，摆着两席，孝静帝与高欢各占一席。其余朝臣的席面摆在了长青亭的周围，每两人一席。

不一会儿，三声静鞭响过，孝静帝头戴冕旒，身穿龙袍，腰系玉带，乘着御辇来到。高欢走下亭子，与百官一齐跪倒在地，山呼万岁。孝静帝下了辇，命众人平身，进到亭子里，又命高欢与百官入席。御膳房的主管太监盼咐一声传菜。很快，各种山珍海味流水般地摆了上来。酒席上除了羔羊肥牛，还有八瓣鸡、白扒广肚、翡翠鱼丝、芙蓉海参、果汁龙虾等名菜。那道八瓣鸡，又称"炸八块"，是由四只小公鸡烧煮后，配上盐、酱油、生姜汁过油再煎，然后配盐、辣酱装盘，吃起来脆嫩清爽，堪称色香味俱佳。今天，孝静帝的兴致也挺不错，举杯连劝了三杯酒，高欢与众官员一齐举杯，连连饮尽。孝静帝饮了几杯酒之后，放下杯子，对高欢道："丞相，今天的酒与众不同，好像以前没喝过！"高欢笑道："陛下，这是臣从晋阳带来的松苓酒，非比寻常。"孝静帝有些好奇，问道："丞相，何为松苓酒？"高欢答道："酿制此酒，需采深山古松，挖至树根，再将酒瓮开盖，埋在树根下，使松根的液体被酒吸入。一年后挖出，酒色一如琥珀，味道极美。长饮此酒，可使人身体康健。这次，臣由晋阳来朝，特带了二百坛，献与陛下。"孝静帝大悦，劳赐高欢名缎千匹。不一会儿，几个太监将绸缎抬到席前。高欢见孝静帝颁下重赐，忙跪下启奏："朝中文武，只有崔暹一人堪称公直。请陛下将我的赐物转赐给他。"孝静帝点头允准。这些绸缎全是上好苏绣，用真丝织成，手感细腻、质地柔软，绸面光滑亮丽，绚烂多彩。御史中丞崔暹忽得一注横财，自然是感激万分，忙过来谢赏。宴席结束后，高欢等人向孝静帝告辞。宫监套上牛车，将一千匹绸缎送到崔暹家。

高欢在宴会上没见到司马子如，问过高澄，知司马子如已被撤职，心中过意不去。恰巧，河南道大行台侯景也来京述职。高欢便约上侯景，一起去探望司马子如。二人坐着车，带着卫队，来到司马子如的府第，见门前车马稀少，甚是冷落。两扇大门上油漆斑驳，露着里面发黑的木板。大门左右原有两个石狮子，现在只剩了一下，还倒卧在地上。高欢与侯景下了车，便令侍卫叩门通报。司马相如听得高欢到来，赶忙出门相迎。高欢与侯景大半年未见司马子如，今日一见，都是大吃一惊。但见司马子如须发皓白，面容憔悴，两目无神，身上穿了件旧袍子，手里柱着根拐杖，足下蹬着一双破棉靴，整个人的精气神儿已是大不如前。司马子如见到高欢，忙丢了拐杖，颤颤巍巍地上前磕头。高欢心下不忍，双手相搀，二人携手入府，走进客厅，促膝而坐。侯景搬了把椅子，坐在旁边。客厅内除了几张桌椅外，再无别物，地上灰尘寸壅，与整个府第一样，透露着一股衰败的气息。原来，司马子如入狱后，高澄派人来抄家，将值钱的东西全部掠走。司马子如见到高欢，未及说话，鼻子一酸，流下两行泪来。高欢喟然叹息，道："子如，小儿无状，可苦了你了！"说着，将司马子如的头放在自己的膝盖上，亲自为他择头发里的虱子，又命人取来美酒百瓶、羊五百口、米五百石，全部赐给了司马子如。日已近午，侯景命人去外边的酒楼订了一席酒菜来。三人边吃边谈。到了下午，高欢先行回府。侯景与司马子如出府相送，然后，二人又回到府里，继续饮酒。侯景与司马子如是总角之交，向来亲密。酒酣耳热之际，司马子如才慢慢向侯景说起高澄相欺之事。侯景听了，甚是不平，悄悄地对司马子如说："高王在，我不敢有贰心。有一天高王若是不在了，我可不能与那小儿（指高澄）共事。"司马子如听了，脸色骤变，急忙捂住侯景的嘴。过了几天,高欢命司马子如为兖州刺史,别封野王县男,邑二百户。司马子如很识趣地离开了邺城,去了冀州。

司马子如被逐出朝廷后,高澄权势大张,乘势清理在朝异己。数月之内,又有十几名官员被免职,吏部尚书尔朱文畅就是其中之一。尔朱文畅是尔朱荣的第四个儿子。当年,尔朱荣被杀时,尔朱文畅尚在襁褓之中。尔朱文畅的姐姐原为孝庄帝的皇后,后做了高欢的侧室。高欢看在尔朱夫人的面子上,对尔朱文畅还算不错,提拔他为吏部尚书。尔朱文畅生性贪婪,在吏部大肆索贿,有"饿虎"之号,与丞相司马任胄、主簿李世林、都督郑仲礼、房子远等结为死党。这次,高澄欲染指吏部,命崔暹搜集到尔朱文畅的罪证,又派人将尔朱文畅找来,指着鼻子痛骂一番,将其贬官为民。尔朱文畅自知胳膊拧不过大腿,在高澄面前唯唯诺诺,大骂自己该死,回到府内,却在书房里发起了脾气,将一屋子的家什器皿摔了个粉碎。

尔朱文畅正在书房里砸东西,忽听门外脚步声响,接着门帘一挑,见是任胄走了进来。任胄原籍武川,曾是尔朱荣的卫士,时年四十多岁,面色青白,身形瘦削,穿件青缎棉袍,胁下悬刀。今天,任胄听说尔朱文畅罢官的消息,特来相慰,一脚踏进书房,见地上扔的全是碎木破瓷,忙上前劝解。尔朱文畅满脸紫胀,恼得像红虫似的,见任胄来了,气呼呼地坐在椅子上,一语不发。书房里的家人早吓得远远躲开。任胄悄悄对尔朱文畅说:"那高欢本是太原王手下一将,受太原王厚恩,不思报答,反屠灭尔朱氏。今高澄又恃其父势,横相欺辱。是可忍,孰不可忍?下官愿为将军刺杀高欢,一雪前耻。"尔朱文畅正在气头上,听了任胄这一番挑拨,不禁怦然心动,缓缓点头,低声道:"兹事体大,仅我们两人恐怕难以成事!"任胄又道:"都督郑仲礼原为贺拔岳幕僚,当年因病留在邺城。自贺拔岳死后,郑仲礼常思替故主报仇。我们将他找来,一说准成!"尔朱文畅大喜,便又派人将郑仲礼找来,引入密室,将谋刺之事告诉他。郑仲礼听了,满口答应,并献计道:"马上就是新年了,到正月十五那天,府上有歌舞。届时,尔朱大人就去请高欢过府观赏。只要他来到府上,我们便把府门一关,乱刀将其砍死,再兴兵杀了高澄，共奉尔朱大人为主。"尔朱文畅与郑胄听了，拍手称妙。当下，三人计议已定。

　　过了几天，已是年底。邺城年味儿渐浓，家家户户都在置办年货。人们三五成群地聚在一起，玩握槊、樗蒲等游戏，聚众赌博的也多了起来。任胄府中有个叫薛季孝的门客，是个滥赌鬼，最近输了不少钱，打算向任胄借银子去翻本。薛季孝这个人嗜酒好赌，向来不为任胄所喜。最近，任胄又正密谋大事，心绪烦乱，不但不肯借钱，还把薛季孝大骂了一顿。俗话说得好："宁得罪君子，莫得罪小人。"薛季孝没借到钱，还挨了顿骂，从此怀恨在心，就发现这几天任胄、尔朱文畅、郑仲礼三人行迹诡秘，常聚在一起咬耳朵，猜测到任胄等人有所密谋，便留意起来。这天傍晚，天空渐渐阴暗。邺城的楼宇第舍笼上了一层暮霭。四下里乳白的炊烟袅袅升起，与灰色的暮霭交融，笼罩着墙头、屋脊、树顶和街口。尔朱文畅又来见任胄，二人去了西花厅，屏退侍者，密谈不已。薛季孝见机会来了，悄悄溜到西花厅的后窗下，附耳细听，影影绰绰地听到二人反复提到"正月十五……歌舞……请高欢过府……下手……"等语，过了良久，尔朱文畅起身告辞。薛季孝忙从窗边闪身而退，按原路返回。

　　回到自己的房中，薛季孝背着手在地上踱来踱去，满腹狐疑，判断任胄等人会在正月十五那天有所行动，而且是对高欢不利。薛季孝心想："我若揭发尔朱文畅等人，以高王出手之豪阔，必有重赏。就算是告错了，也不会如何责罚于我。"想到这里，便悄悄溜出了任胄的府第，一溜烟直奔渤海王府。到了王府前，薛季孝先四下看了一下，见无人留意自己，便走近前去，口称有机密事情要禀报丞相。门上人听了，倒也不敢怠慢，急忙入府通报。

　　这段时间，大丞相高欢一直在邺城王府，打算过了年再回晋阳，见门上人来报，称有人有要事相告，便命薛季孝入见。薛季孝随同侍卫进了王府，来到前殿，见高欢居中而坐，忙跪下磕头。高欢上下打量着薛季孝，问道："你是什么人，因何要见我？"薛季孝跪在地上答道："小人薛季孝，是任胄的门客，有密事要奏报丞相，乞屏退左右。"高欢挥挥手，让身边的侍卫

退下。薛季孝见厅上再无外人，就对高欢说："这几天，小人见任胄形迹诡秘，又与尔朱文畅、郑仲礼等人来往来频繁，貌似要谋害丞相，故特来禀报。"高欢一听，半信半疑，再仔细询问。薛季孝含含糊糊地，也说不出个所以然，只是一口咬定尔朱文畅等人要谋反，又道："启禀丞相，还有几日就是正月十五了。小人所言是真是假，到那一天您自然清楚。"高欢欲待不信，转念又想："'小心驶得万年船'，多提备些有什么坏处？"便对薛季孝说："你先暂留在我的府里，不得外出，免得走漏风声。到正月十五那一天，若你所说为实，我必有重赏。"说罢，命人将薛季孝带下去。

新年已至，邺城洋溢着节日的气氛。自正月初五日起，至二十日止，万姓歌欢，普天同庆，处处张灯结彩，街上不时传来鞭炮的响声。早在冬至之前，皇城外就张灯结彩，这几天，人们游玩赏灯。一些达官贵人在府中彻夜歌舞升平。

正月十五日凌晨时分，大街上人烟稀少，人们还都沉浸在梦乡，远处传来零星的爆竹声。任胄、郑仲礼带了五十多名杀手，各怀利刃，悄悄到了尔朱文畅府第的后门。这些杀手都是任胄、郑仲礼四下搜罗的亡命之徒，收了重金，前来执行刺杀高欢的任务。尔朱文畅带着几个心腹，早已守在后门之处，听到门外有动静，知是任胄等人到来，急忙打开后门，将他们引进府内，又拿出些仆役服饰，让这些人换上，分头埋伏，准备行刺。

上午时分，东方现出几抹微红的霞光。尔朱文畅在府里安排妥当，便换上一套新衣服，来到渤海王府，要请高欢过府一叙。王府侍卫将尔朱文畅引入客厅，请其稍坐等候，自去堂后请丞相。尔朱文畅坐在客厅里，脸上不动声色，心里却是七上八下，十分的忐忑，不一会儿，只听得一片杂沓的脚步声越来越近，像是有不少人到来，然后就见门帘一挑，从外面闯进来一群全副武装的武士。尔朱文畅未及开言，就被这群武士按倒在地，用麻绳捆了个结结实实。然后，高欢身穿团花锦袍，内罩软甲，手按剑柄，阴沉着脸，从门外走了进来。尔朱文畅大叫道："我一片好意，来请丞相过府一叙，不知丞相为何抓我？"高欢冷笑一声，道："你是要请我过府一叙，还是要杀我?"尔朱文畅心中一惊,但还是嘴硬,道:"丞相何出此言?下官莫名其妙!"高欢也不与之辩,喝令卫士将尔朱文畅押下去,严加看管,又点起五千铁甲军,包围了尔朱文畅的府第。

这五千铁甲军便是高欢的亲兵,行动迅速,不到一盏茶的工夫,就赶到尔朱文畅的府外,将这座府第包围。任胄等人在府里不见尔朱文畅回来,正在纳闷,忽见大批兵马赶到,尽皆大惊,知道走漏了风声,正在想办法脱身,却见两扇府门"哐当"一声被撞开。大将军、京畿大都督高澄面沉似水,全副武装,手提宝刀,带着众军兵走了进来,冷冷打量了一下满院子的人,喝道:"来呀,将府中的家眷、宾客、仆役全部抓了起来,一个也不能放走。"众军兵轰然答应,闯上前来,绳捆索绑,将府里的老老少少全部抓了起来。任胄、郑仲礼与那五十多名杀手知众寡不敌,只得束手就擒,一个没有漏网。高澄命人仔细搜检,从任胄、郑仲礼及众杀手身上搜出利刃。任胄等人见阴谋败露,一个个面如土色,悔之不已。高欢既已拿到了确凿的证据,便将尔朱文畅等人下了大狱,严刑拷问。几个打手如狼似虎地冲上来,不到一顿饭时间,就将尔朱文畅等人打得皮开肉绽。尔朱文畅平日里养尊处优,哪受得了这等大刑,首先招供,竹筒倒豆子一般,将逆谋和盘托出。任胄、郑仲礼等人无从抵赖,也只得伏罪。高欢杀了尔朱文畅、任胄、郑仲礼等人全家,将任胄的家产全部赏赐给了薛季孝。

第二十章

> 公元546年，高欢五十一岁，已是满头银发的老人了，领下一部胡须也变得斑白，高大的身躯略显佝偻，虽自感体力衰迈，但仍想在有生之年吞并关中，消灭宇文泰这个宿敌，完成统一天下的大业。

公元546年，高欢将邺城的事料理清楚，将朝廷大权正式交到了高澄手里，放心地回到了晋阳。这一年，高欢五十一岁，已是满头银发的老人了，领下一部胡须也变得斑白，高大的身躯略显佝偻，虽自感体力衰迈，但仍想在有生之年吞并关中，消灭宇文泰这个宿敌，完成统一天下的大业。上次邙山之战后，宇文泰担心高欢再次强渡黄河，派兵进驻了河东（今山西运城）。高欢若想进入关中，只能南下，在与陈元康等人商议后，将攻击的目标选在了玉璧城（今山西稷山西南）。

这一年的九月份，天空澄清，如一望无际的碧海。木叶萎黄，给旷野染上一层金色。东魏大丞相、渤海王高欢倾国兴兵，在晋阳集结起二十万大军，再次出征，准备孤注一掷，先下玉璧，再渡黄河，进而进军长安。

玉璧城坐落在汾南的峨嵋原北部，城池险固，横亘在东魏进军汾阴、南下蒲津的要冲上。这座城池是四年前由西魏名将王思政一手所筑。在修筑城墙时，人们在黄、灰色胶泥里掺上料礓石与鹅卵石，大幅提高了墙垣的坚实程度，可以抵抗抛石、冲车的攻击。整座城池周长八里，北濒汾河，三面并临深谷，只有南面有条狭窄的道路与台地相接，不利于大部队展开。城池四角上均建箭楼一座。城南还建有两个"马面"，即凸出城墙外的墩台。因外观狭长如马面，故名。这两个"马面"的宽度都达十五米，凸出墙垣外有十二米，将整个南城墙全部控制在弓矢、投石的有效射程以内，能够自上往下从三面攻击城下的敌人，形成独具特色的立体防御体系。两年前，高欢曾试探性地攻打过一次玉璧，但遭到王思政的顽强抵抗，最终无功而返。去年，王思政调任荆州刺史，临行前，宇文泰专门向他写信询问道："玉璧城控带汾、绛二州，地势险要。将军去后，谁堪镇守？"王思政回信道："晋州刺史韦孝宽文武足备，足镇玉璧。"宇文泰便命韦孝宽为大都督，代王思政镇守玉璧城。

　　韦孝宽年方三十七岁，原名叔裕，京兆杜陵人，长身玉立，猿臂蜂腰，善弓马，好读书，为人深沉机敏，有卓越的军事才能，堪称西魏最会打仗的将领。韦孝宽率兵进驻玉璧城后的第二天，便披上战袍，骑马巡城，发现这座城池虽得山川之利、据岗垄之脊，但护城河有些窄，便征集民夫将护城河加宽，又在南城上建起数个敌楼，用来瞭望敌情。时当秋初，天气还热。随从奇怪地问："边境无警，将军甫一到任，就急于修城，让别人知道，恐怕会笑您胆怯！"韦孝宽也不多解释，只是笑笑说："怯防勇战，此之谓也。"在加固城防的同时，韦孝宽派出大批间谍到东魏搜集情报。高欢的大军一离晋阳，韦孝宽就已经收到消息，立即将周边府县兵马调入玉璧城，使城中守军达五万之众，又在玉璧城内屯积了大批军用物资。等到高欢兵临城下时，玉璧城已成为一座坚不可摧的军事堡垒。

　　高欢统率大军来到玉璧城下，在城南五十里修建起一座城堡，作为指挥中心。城堡外环以十余米高的土堤，上有石头垒起的箭塔。土堤前，是一道宽达二十余丈的壕沟。东魏二十万大军分驻四门之外，如云屯雾集，声势十分浩大，白天擂鼓吹号，震动远近，夜晚点起灯火，光照百里。韦孝宽二十几岁就开始统兵作战，从无败绩，这一次，虽是独抗高欢，却是丝毫不惧，在城头树起大将旌旗，密布滚木擂石，备好投石机、床子弩，命将士隐于城

堞之后，严阵以待。

第二天，秋阳当空，万里无云。枯黄的木叶落在地上，像铺了一层黄色的地毯。高欢骑在马上，率彭乐、斛律金、刘贵、陈元康等人出了城堡，到南城下视察敌情，只见城门紧闭，想必已用砖石堵死。城墙高近百尺，上面隐约可见军兵走动。高欢观察了半天，回到大营，又派出侦察兵四下打探，看看西魏方面有什么反应。不久侦察人员回报："西魏后方很平静，除了各地加强了守备，并无援兵赶来。"高欢有些奇怪，但又想玉璧孤立无援，正好破城，便传下令去："明日攻城。"

一夜时间很快过去了。第二天清晨，太阳升起，灰蒙蒙的晨雾很快散去，空气里没有一丝风丝。大丞相高欢用过早饭，召集手下诸将来到帅帐，一齐商讨攻城方案。大将彭乐越众而出，建议将总兵力一分为二，轮流攻城。斛律金点头赞成道："这样于我甚逸，于彼甚劳，用不了多久，就能将守军拖垮。"高欢也觉得这个主意不错，道："那我先与彭乐统兵攻城。斛律将军，你统兵五万，且养精蓄锐。"当下计议已定，众人分头行动。高欢率彭乐等人，调动部队来到城南，擂动战鼓。隆隆的战鼓声里，数万东魏士兵齐向城下涌来，刀枪、盔甲反射着摄人的寒光。韦孝宽在城上督战，令万箭齐发。随着一阵密集的箭雨射过，冲在前面的东魏将士纷纷中箭倒地。后面士兵踏着同伴的尸体，继续向前冲，到得城下，立起盾牌，遮挡着箭矢，很快就竖起了数百架攻城梯。军中勇士头戴铁盔，身披重铠，顺着云梯源源不断地向城头爬来。城上的守军则是以逸待劳，等敌人快爬到城头的时候，突然伸出叉竿，齐力将云梯推倒。云梯上的士兵重重地摔落地面，不死即伤。有几个勇悍的军士趁乱爬上了城头，也很快就被守军杀掉。

一阵西北风刮过，太阳躲进了厚重的云层，阴影笼罩着大地，万物一时失去了光彩。高欢见部下死伤甚重，便派出特制的冲撞车向城池冲去。冲撞车是专为攻城而造，下有两个轮子，可以推动。车上悬挂着一个巨大的木桩，可以前后摆动。木桩前端是一个铁头，可往城墙或城门上连续冲撞，从而在城墙或城门上打开一个缺口。韦孝宽见冲撞车临城，立即命守军从上方掷下大石，大量杀伤推车的士兵，又将油脂泼到冲撞车上，再投下火把，将数辆冲撞车全部烧毁。红日西沉，暮色渐浓。高欢见冲撞车无功，叹了口气，下令收兵。

第二天，斛律金率兵开到城南，继续攻城。虽然换上了斛律金的五万生力军，但攻城作战仍然很不顺利。不到中午，城下又堆满了东魏阵亡将士的尸体，还有许多伤兵，一个个血染征袍，川流不息地被抬往后方，高欢在城下督战，见此情形，心中十分焦灼，到了傍晚，收兵而退，将众文武集于帐中，打算商量个破城的办法出来。不一会儿，众人到齐，围坐在帐内的书案前。斛律金披着一件大氅，眉头紧皱，似在想着白天的战事。彭乐大大咧咧地坐在一张条凳上，对破城倒是信心十足。刘贵一只脚踏在椅子上，一只手撑在膝盖上，托着腮，正看着书案上的地图。高欢见众人到齐，坐在桌前开言道："这两天，攻城作战没什么进展，反而折损了数千精锐。再这样打下去，就算能拿下城池，也是得不偿失。大家想想，有什么好主意没有？"陈元康正坐在书案右侧的一把椅子上，听到高欢问话，便捻着胡须说："丞相，汾水流经城中，为城民提供用水。若截断汾水，断敌水源，定会使城内大乱。那时，我军攻城就容易多了。"众人听了，纷纷点头，都道："这个主意倒可一试。"当晚，高欢调动数万军队背土担石，截断了汾水上游，另遣数万军人开挖新的河道。仅一天时间，就使汹涌澎湃的汾水绕城而行，玉璧城内的河床很快见了底。韦孝宽见状，却并不惊慌，命将士们在城中打井。不几天时间，城中挖出了上百口水井，解决了用水问题。

这一天，狂风卷地，铅云压城，尘沙夹杂着树叶四处飞舞，天地间灰蒙蒙的一片。高欢从后方调集数万民夫，在城南筑起了土山，欲使其高于城墙，从而派兵从土山上攻入城内。韦孝宽随机应变，在土山对面的城墙上造起两个木楼，屯精兵于楼上，下面支以巨木为楼基，形成一个活动的作战平台。随着城外土山的高度，韦孝宽命人以巨木接高楼基。土山筑多高，木楼的楼基就接多高。缚木接楼要比筑土山轻便省力得多，从而使城上木楼永远高于城外土山。这还不算完，韦孝宽又命人赶制了几台巨型投石机，用齿轮绞着绳子制造拉力，将大块巨石抛掷出去，重重地砸在土山周围，将东魏军兵砸死了许多。

城下的高欢见状，气急败坏地命部队停止筑土山，转去城下挖地道。几天下来，东魏在玉璧城南挖了几十条地道，渐渐接近城内地下。高欢暗喜，准备待地道挖成，派兵从地道入城。这一日，韦孝宽麾下的一名校尉来报，说："将军，南城墙边有几口水井的水位突然下降，其中一口井已打不上水来了，不知什么原因？"韦孝宽一听就明白，道："这一定是东魏在挖地道的缘故。"便传下令去，命城内守军沿着城墙，掘出一条又深又宽的长濠，又选战士屯于濠上，时刻注意濠中动静。很快，一条地道挖到了城内濠边。地道内的士兵见地道挖通，悄悄探出头去，打算察看外面的动静，立即就被濠上的哨兵发现。哨兵鸣锣大喊起来："快来呀，这里有敌人！"语声未落，一阵密急的箭雨将地道口封住。东魏将士赶紧缩回头去，躲在地道内，不敢再出去，打算等晚上偷袭。韦孝宽闻讯赶来。濠上军士指着地道口说："将军请看，这里被挖通了。敌军就藏在地道中。"韦孝宽站在濠边观察了一番，见敌人在地道里不出来，便吩咐道："来人，在这里积柴贮火！"很快，濠上燃起几个大火堆。韦孝宽指挥着军兵，将木柴点燃后塞入地道口内，再用皮排大力鼓风。一阵烈焰卷入地道内，登时烧死了十几个人。其余的东魏士兵见势不妙，连滚带爬地逃了回去。

傍晚时分，激烈的战斗停止，城上城下终于安静了下来。韦孝宽却无心休息，身披战袍，带着亲兵，遍走四城，命人整治倾颓的城防。忙完这些，已近二更。城头夜风渐紧，砭骨生寒，城外敌营里的篝火渐次熄灭。韦孝宽紧了紧身上的战袍，回到帐内，将诸将召到帐中。自围城那天起，韦孝宽就把帅帐扎在城头马道上，白天亲当矢石，晚上就在城上休息。诸将接令，齐到帅帐，只见帐内点着数支蜡烛。帐口透进丝丝冷风，吹得烛火直摇。韦孝宽头顶帅盔，居中而坐。诸将向韦孝宽施礼，分列两边。韦孝宽见众人到齐，对大家说："敌人欲从地道入城，虽被我军用火击退，但地道仍在。我想派一勇将，率领敢死队，从地道出城，夜袭敌军，杀杀敌人的威风。不知哪位将军敢去？"话音刚落，都督王锋挺身而出，拱手施礼道："未将愿往。"二十六岁的王锋是韦孝宽的旧部，为人机警，胆识过人，精通武艺。韦孝宽高兴地点点头，道："王都督随我多年，屡立殊勋，这次又能主动请缨，我必奏报丞相，予以重赏。"说罢，韦孝宽便命王锋与五百敢死队全部换上黑衣，带好刀枪，又带了许多硫磺、焰硝等引火之物，沿着地道悄悄出城。东魏军士连日攻城，已是人困马乏，万料不到城中派人偷袭，所以无人把守地道口。王锋等人很顺利地出了地道，在夜幕的掩护下，慢慢接近了东魏军营。

　　天上不见月亮，一颗星也没有，城外连天漫地一片黑。前方军营里是彭乐的五万多人马，外列木栅，环以濠沟，营内还有巡逻队定时巡逻。王锋带着五百敢死队悄悄地越过濠沟，埋伏在木栅栏之外，待巡逻队走过，一齐翻过木栅栏，潜入东魏军营，四处放置引火之物，按照约定的暗号，同时放起火来。顿时，营中火蛇乱窜，烈焰升腾。帐篷里的人来不及穿齐衣服，惊恐万状地跑到外面。许多人的头发被火烧着，惨叫着倒在地上打滚儿。受了惊的战马在营里横冲直撞，踏倒了许多帐篷。王锋等人齐声呐喊，亮出刀枪，冲入乱军之中，如削瓜切菜般，斩杀了上千人。黑夜之中，东魏将士们自相蹈藉西魏援军到来，连忙披甲上马，召集队伍，列开阵势，却迟迟不见敌人来攻。天色大亮后，高欢命彭乐详查。彭乐带着人沿敌踪一路追到城下地道口，发现敌人早已退入城中，只得回报高欢。高欢这才知道是韦孝宽派人偷营，忙命人将地道全部堵塞。

　　这一次，东魏军中有两千多人被杀，还许多中刀、中箭的将士，躺在地上痛苦地呻吟着。高欢见士气大挫，只得暂缓攻城，回到城堡的帅帐中，不禁又气又恼，心口隐隐有些疼痛。陈元康从帐外走了进来，见高欢面色灰暗，心绪不佳，一时不知说些什么，脑筋急转，灵机一动道："丞相，可否记得当年取邺城之役？"高欢闻听此言，心中一动，忙传下令去，命韩轨率三千工兵去南城墙下穿洞。东魏工兵头戴铁盔，举着盾牌，抵挡着城上射来的箭弩飞石，迅速抵近玉璧城下，用了几天时间，在城墙下穿了数十个大洞。这些地洞中都支上巨木为柱,每根柱子上全部涂满油脂,以便放火焚烧。这一策略,自是仿效高欢攻取邺城的打法。十几天过后,韩轨来向高欢禀报,说洞已挖好,诸事皆备,随时可以烧柱破城。高欢大喜,挑选了三万精锐士兵作突击队,准备第二天发动总攻。

到了这天早上,一轮红日自东方喷薄而出,驱散了晨雾,露出玉璧城高大的城堞。金风阵阵,吹得城头军旗烈烈飘扬。城外,东魏部队正在列阵,传来一片兵甲铿锵之声。传令官手持令箭,骑着马往来奔驰。高欢头戴铁盔,身披铁甲,骑着战马,亲督诸军来到城下,将三万精兵列于阵前,命地洞里的工兵依次撤出。地洞内的工兵一边外撤,一边在柱子上点火。那些木柱上涂满了油脂,沾火即着,迅速燃烧起来。随着柱子被烧毁,玉璧城的南城墙轰然倒塌,出现一道数十丈的缺口。三万敢死队齐声呐喊,一齐向玉璧城发起冲锋,居然有两千多人从缺口冲入城中。高欢大喜,觉得这回克城有望了。但守将韦孝宽足智多谋,远非当年的刘诞可比。东魏工兵在城下穿洞时,韦孝宽就已命人用巨木编成许多栅栏。城墙一倒,守军立即在缺口处树起栅栏,一边奋勇拒敌,一边抬石筑墙。这些木栅栏都是用一搂多粗的木头编成,系以铁索,很快就将缺口堵得严严实实,任凭东魏军队刀砍斧剁,也难以将其砍断。东魏军兵靠近了些,则会受到守军长枪的攻击,离远些,又被城内密集的箭矢射中,死伤狼藉。冲入城中的两千多东魏将士,马上被数倍于己的守军包围,虽负隅顽抗,但终究寡不敌众,被杀得干干净净。韦孝宽见内敌肃清,命人将地洞填死,又倚着栅栏,用石块垒起新的城墙,比以前的还牢固。高欢见此情形,又气又恨,却也无可奈何,只得下令收兵回营。

此后的一个多月里,韦孝宽临危不乱,见招拆招,挫败了高欢无数次的进攻,使玉璧城安如磐石。时已入冬,朔风渐劲,天气越来越冷了。围城之前,韦孝宽就已命人将周边山上的树木砍伐一空。现在,东魏二十万大军连做饭取暖的木材都没有,一日三餐只得生食,渴了就喝生水,很多人得病,军中弥漫着一股厌战、畏战情绪。万般无奈之下,高欢遂命人写信给韦孝宽道："君独守孤城而西方无救，恐终不能全，为什么不投降呢？"韦孝宽看过信后，回信道："我城池严固，兵食有余。攻者自劳，守者常逸。岂有旬日之间已须救援？韦某堂堂关西男儿，决不会投降！"高欢还不死心，又命人将书信绑在箭上射入城中。信上写道："能斩城主降者，封太尉、开国郡公，赏帛万匹。"城中的人拾到书信，交到韦孝宽那里。韦孝宽拿起笔来，题书其背："能斩高欢降者按此奖赏。"写罢，命人将书信返射城外。

  转眼已是数九寒天，凛冽的北风呼啸着掠过大地。这一日，突然下起了大雪。气温骤降，滴水成冰。西魏将士有城垣、屋宇的遮挡，可避风躲雪。东魏将士却驻扎在城外，白天要冒雪攻城，晚上只能在帐篷里度过寒夜。薄薄的帐篷外，就是数尺深的积雪，根本挡不住刺骨的寒气。将士们身上只盖着一张毯子，躺在帐内，只觉寒气刺入肌骨，浑身打着颤，把身子蜷起来，还是睡不着。连日来，东魏军中很多士兵被冻伤，甚至冻死，再加上前些天战死、病故者，已达七万多人。军中没有这么多棺材收殓尸体，只能将死者一齐埋葬在城南四十里处。

  下葬那天，韩轨调了数千将士，扛着锹镐，去野外开掘葬地，在冻得梆硬的土地上，挖了几个巨大的土坑，每个土坑都深广数里。然后，两个军士一组，将尸体一具具地抬入坑中，层层堆叠起来，再洒上黄土掩埋。下午，大雪仍在下着，将四野涂得一片银白。高欢头戴蓑笠，骑着马，率领众文武前来致祭。众人驻足坑前，见此惨景，无不心酸。高欢心中愧愤交加，颌下的白须颤抖着，嗓子眼有些发甜，但为了不在人前失态，只得强自抑制着。数千将士用了大半天的时间，才将尸体全部埋进坑中，又在坟前垒起一座祭台。那祭台用土堆成，呈方形，高达数丈，西侧有台阶。祭台上面，摆着一张香案，香案上，堆着不少香烛黄纸。全军缟素，列阵于祭台之前。陈元康戴着风帽，来到高欢马前，低声请高欢登台致祭。高欢微微颔首，翻身下马，走到祭台前，历阶而上，忽觉一阵头晕，脚步竟有些蹒跚起来，勉力走到台上，立在香案前，手捧祭文开始读诵。祭文未读到一半，一阵寒风吹过，高欢的头颅一阵剧痛，眼前发黑，口中鲜血喷涌，一头栽倒在祭台上。

侍卫们抢上台去，把高欢抬回城堡休息。军医闻讯赶来，全力施救。军中大将斛律金、刘贵、彭乐、韩轨等人闻讯，齐来探望。到了傍晚，高欢总算是醒了过来，躺在病榻之上，缓缓睁开眼睛，扫视着环绕在身边的诸将，心下黯然，百感交集，嘴唇微动，一时却说不出话来。诸将忙宽慰道："丞相的病体要紧，请安心养病，攻城之事暂缓不妨。"话虽是这么说，但大家心里都明白，破城是没有指望了。

高欢一病十几天，病情不但没有好转，反而越来越重。一天夜里，城下一片寂寥冷落。营中将士皆已入睡。巡逻的士卒忽见天上有一大星如月，由东南方向疾坠于营中，其声如雷，火光赫然照天，周围的帐篷皆为所焚。过了一会儿，那火熄灭。众人才敢近前观看，但见地上有一窍，如茶杯口那么大，却是极深。有大胆的军兵走近前，向下望去，但见洞口向外散发着丝丝的热气，内有一颗陨星，犹自泛着荧荧火光，良久才变暗。陈元康闻声赶来，到前看了看洞窍里的陨星，若有所思，随即传下令去，令人严加把守，不让任何人接近。第二天，天光大亮，陈元康命人从洞里挖出一块圆形的陨石。这块陨石有拳头大小，一头微锐，颜色如铁。按古人的说法，下界之人皆与天上的星宿相应，人死则星落。现在巨星陨落，则代表着有大人物要去世。东魏军中讹言四起，军心浮动，士卒皆惶恐不安。十一月，东魏军队只得解围而去。

玉璧保卫战奠定了韦孝宽一代名将的地位，从此声名鹊起。消息传到长安，宇文泰加封韦孝宽为大将军、开府仪同三司，进爵建忠公。若干年后，宇文泰的儿子建立北周，以韦孝宽曾立勋玉璧，遂于玉璧置勋州，授韦孝宽勋州刺史之职，以纪念这位名将的功绩。

第二十一章

> 546年，高欢倾国出兵，围攻玉璧，遭到西魏名将韦孝宽的顽强抵抗。高欢损兵八万，黯然而返，途中勉坐见诸将，令斛律金唱起《敕勒歌》。公元547年1月9日夜，东魏渤海献武王高欢去世。一代枭雄，披星戴月地离开人间，永不复返。
>
> 公元549年，高澄被仆人刺杀，高洋接东魏大丞相之位。
>
> 公元550年，高洋迫东魏孝静帝禅位，遂登基称帝，国号为齐，尊高欢为神武皇帝。

公元546年十二月，一连十几天的暴雪湮没了道路，笼罩着村镇，将山林川泽的面目涂抹得模糊不清。天地之间一片银白，鸟兽绝迹。

大雪刚停，天空灰蒙蒙地不见太阳，路上积雪没膝。一支军队自西向东蜿蜒而来，队伍前面，几个扛旗的军兵拢着手，缩着脖子，无精打采地走着。旗帜在竿头低垂着，像是被冻僵了似的。掌旗兵的后面，将士们四人一行，排成行军队列，踏着齐膝的雪，艰难地行进着。步兵过后，便是骑兵。因为雪积得太深，战马也难以奔驰。骑兵们全都跳下马来，牵着马缰，深一脚、浅一脚地在雪地里行军。这支队伍，正是由玉璧撤退回来的东魏大军。

长长的队伍里，有一辆八匹马拉的大车，便是东魏大丞相高欢的坐驾，虽是行在雪地上，车速也并不算慢。车旁有数百名卫士昼夜值守，戒备森严。高欢病势日重，每日只能躺在车中，由军医服侍汤药，已有二十几天没有接见军中将领了。这天一早，陈元康前来探视，进到车中，见高欢刚喝完汤药，正卧着闭目养神，车窗关得紧紧的，车厢里弥漫着草药的味道。高欢身下铺着厚厚的毯子，盖着两层被子。军医坐在一旁，为高欢号着脉。陈元康轻轻坐在高欢的旁边，低声向军医问了问病情。高欢听到说话声，微微睁开眼睛，叹了口气，道："看来我这病是好不了啦！"陈元康忙安慰道："吉人自有天相。丞相刚过五十，区区小恙一定会康复如初！"高欢轻轻摇了摇头，又问道："这几天外面的情况怎么样？"陈元康犹豫了一下，未及开口，高欢立刻警觉起来，勉力问道："元康，外面情形到底怎么样？你可不要瞒我！"陈元康见高欢起疑，忙道："啊！丞相，倒没别的事。只是众将有二十多天没见到您，甚是想念！"高欢一听就明白了，肯定是因为自己多日不曾露面，所以军心不稳，略一思索，微微气喘着对陈元康道："元康，你这就去安排一下，中午我要和大家一起喝顿酒！"陈元康忙道："丞相使不得，还是等病情缓解以后再说吧！"高欢摇了摇头，道："自离了玉璧，我就不曾与大家见过面。正好今天觉得轻松些，与众人聚聚无妨。你速去安排就是了！"陈元康不敢违拗，只得下了车，命车夫将马车停大道旁，设好警卫，又"咯吱咯吱"地踩着雪，来到了辎重营，找到了潘相乐，交待了高欢的命令。潘相乐不敢怠慢，命人在道旁寻了一块平坦地，扫清积雪，搭起了帐篷，摆放桌椅。那帐篷搭起来后，足有数十丈方圆，很是宽敞。为了保暖，潘相乐又命人在帐篷四周围了一层布幔。陈元康离开辎重营后，派人知会诸将，让大家前来赴宴。这天中午，斛律金、彭乐、刘贵、潘相乐、韩轨等军中大将得到消息，陆续来到帐篷里，依次坐好。每人前面都有一张方桌，桌上堆着酒具杯碟。诸将这次出师无功，又不知丞相病体如何，坐在帐内，心中无不忐忑。一时之间，帐内没有人说话，气氛很是沉闷。不一会儿，帐外脚步声响起。两个卫士，一左一右，搀扶着高欢来到帐篷中。

因为多日不见阳光，高欢的脸色很是苍白，脸上皱纹堆累，颔下的胡须已然全白，头上戴一顶厚厚的皮帽子，身裹皮袭，脚下踩着一双长靴，在两个侍卫的搀扶之下，慢慢地走进帐来。诸将见丞相到来，忙起身施礼，

253

七嘴八舌地问安。高欢点头示意,便坐在一张铺了虎皮的宽大椅子上,然后让诸将坐下。侍卫们开始陈设酒馔,分发刀箸,又给大家满上酒。高欢强扶病体,颤颤巍巍地持杯相劝。诸将一齐举杯饮尽,将酒杯放在桌子上。一旁的侍卫忙上前来,再给酒杯里斟上酒。大家一连喝了几杯,见高欢虽勉作笑容,却是形容枯槁,难掩病容,不由得心中惴惴。韩轨最爱喝酒,平日里在酒桌上也很活跃,但这次也是默不作声。高欢看到大家情绪不高,便停杯不饮,望向斛律金,道:"斛律将军,今日大家聚在一起,可否高歌一曲,为大家助兴?"斛律金慨然领命,端起面前的酒杯,一饮而尽,略一思忖,唱出本部落传诵的《敕勒歌》:"敕勒川,阴山下,天似穹庐,笼盖四野。天苍苍,野茫茫,风吹草低见牛羊。"这首歌描绘的是塞外图景,歌词质朴无华,寥寥几句便展现出天高地远、山川长在的壮阔画面,使人如见亘古的野风吹过草原,还有成群的牛羊正安祥地咀嚼着青草。听着这雄浑的歌声,高欢不禁想起自己的少年时代,想起那些已过去许久的春天,想起自己在草原上牧马放鹰的快乐时光,一时百感交集,不由得潸然泪下。

回到晋阳后,高欢的病势越加沉重。娄夫人与高演、高湛等人日夜轮流服侍。高澄与高洋在邺城得到消息,忙带了数名御医,前来探视。几个御医看过高欢的病后,都说不好。高澄慌了,花重金遍请四方名医,但高欢的病情仍不见起色。这一天,娄夫人又到病榻前探望。高欢合着眼,昏昏沉沉地平躺在床上,两只青筋虬结的手放在被子上,嘴唇紧闭,额头上的皱纹打着褶,脸颊消瘦,面色蜡黄。娄夫人见丈夫不复当年雄姿英发的模样,不由得悲从中来,眼泪顺着脸庞滚滚而下。高澄在旁见了,忙上前安慰道:"母亲这般悲伤,让父亲见了,反而心里不好过。"娄夫人忙强止悲痛,拭去眼泪,侧身坐在病榻上,握住丈夫的一只手,轻声道:"但愿苍天保佑,让你速速痊愈。"高欢缓缓睁开眼睛,看着夫人鬓边新添的白发,心中伤感,轻轻点了点头。这时,仆人将凉好的汤药端来,娄夫人让高澄将高欢扶起,亲手将药为丈夫喂下。高欢喝了药,觉得有些疲困,便闭上眼睛,沉沉睡去。娄夫人、高澄等人见高欢睡着,轻手轻脚地从房内退出，命从人立在房外，有事通报。娄夫人自行回房，高澄来到书房，开始阅览从邺城传来的各地奏报。

忽有从人来报，说是御史中丞崔暹来见大将军。高澄令人将崔暹引到书房。崔暹来到书房，见高澄坐在书案后的一张椅子上，便上前施礼，高澄摆摆手道："罢了，崔中丞请坐。"崔暹坐在一旁，看了看高澄的脸色，问道："敢问丞相病势如何？"高澄叹了口气，沉默不语。崔暹见状，知道高欢的病势不容乐观，便道："吉人自有天相，丞相的病不日自将痊愈。但目前还有一事，倒不可不虑。"高澄问道："何事？"崔暹道："便是那河南道大行台侯景。此人手握重兵，身经百战，除了大丞相，再无人能制得住他……"高澄本没想到这一点，听崔暹提醒，不禁心里一震，暗自思忖："侯景狡诈阴险，素日只畏服父王，却从不将自己放在眼里。一旦父王辞世，侯景便有尾大不掉之势。"想到这里，高澄便与崔暹计议，以高欢的名义写了封信，召侯景回晋阳。

河南道大行台侯景身有残疾，不以弓马见长，唯兵机武略，为世所推。这次，侯景并未参加玉璧之战，受命镇守虎牢关，虽远在千里之外，却也耳目灵通，不仅知道大军在玉璧失利，还听说了高欢发病之事。侯景据各方传来的情报推断，高欢可能命不久矣，便又将自己的亲信派往晋阳探听消息。

过了几天，高澄派出的使者飞马赶到虎牢关，到了行台府，进至厅上，见过侯景，施礼已毕，从身上取出信件，双手呈上。侯景接过信，一边命使者落坐，一边持信细读，见那信是以高欢的口气写的，要召自己回晋阳，信尾却并无墨迹暗号，不由得大起疑心，便将信放在一旁，转弯抹角地盘问了使者几句。使者吞吞吐吐，不肯说出实情。侯景何等的狡猾，见使者言辞闪烁，眼神里透着一缕虚光，料定信是假的，便借故推托，称要过段时间再动身。不久，晋阳传来高欢病危的消息。侯景闻讯，遂拥兵自固，拒绝前往晋阳。

使者无可奈何，只得回去向高澄报告。高澄见侯景抗命，知道后患非小，心中颇为不安。

　　这天早晨，阳光穿过树叶间的空隙，透过窗户，一缕缕地照进房内。高欢仰卧着靠在床头，觉得略有些精神，微微睁开双目，瞥见高澄神情怔忡地坐在床边，便用微弱的声音对高澄说："我虽然病得厉害，你却好像还有别的心事？"高澄见父亲问及，嗫嚅着不知如何措辞。高欢不待高澄答话，又说道："大概是在担心侯景叛变吧？"高澄只得点头称是。高欢喘了口气，缓缓说道："侯景专制黄河以南，已十四年了，常有飞扬跋扈之志，唯我能畜养，却不是你所能驾御的。"高澄正听得入神，高欢话锋一转，冷静地对自己的身后事做了安排："今四方未定，我死之后，不要急于发丧。斛律金性情耿直，一定不会负你。潘相乐以前做过道人，心地和厚，你们兄弟当得其力。韩轨有些戆直，你凡事要宽待他，不必与之较真儿。彭乐心腹难测，却要小心提防。"然后，高欢明确说："堪敌侯景者，唯有慕容绍宗，我故意不提拔他，就是为了留给你。"慕容绍宗时任青州刺史，论谋略不在侯景之下，论资历更在诸将之上。当年，尔朱兆死后，慕容绍宗率众归降了高欢。高欢知慕容绍宗颇具帅才，却一直没有重用他，为的就是这一天。

　　公元547年一月九日夜，东魏渤海献武王高欢去世。一代枭雄，披星戴月地离开人间，永不复返。史称："（高）欢性深密，终日俨然，人不能测，机权之际，变化若神。制驭军旅，法令严肃。听断明察，不可欺犯。知人受任，在于得才，苟其所堪，无问厮养，有虚声无实者，皆不任用。雅尚俭素，刀剑鞍勒无金玉之饰。知人好士，全护勋旧；每获敌国尽节之臣，多不之罪。由是文武乐为之用。"

　　河南道大行台侯景听到高欢的死讯后，立刻就反了，被慕容绍宗率军击溃，只带八百骑逃到江南。

　　公元549年，高澄被仆人刺杀，高洋接东魏大丞相之位。

　　公元550年，高洋迫东魏孝静帝禅位，遂登基称帝，国号为齐，尊高欢为神武皇帝。（终）